Parole aux jeunes

Parole aux jeunes

Joyce Block Lazarus

Framingham State College

Heinle & Heinle Publishers
A Division of Wadsworth, Inc.
Boston, Massachusetts 02116 USA

HH

Publisher: Stanley J. Galek
Editor: Petra Hausberger
Production Editor: Barbara Browne
Development Editor: Jacqueline Rebisz
Project Editor: Claire M. Caterer
Design Supervisor: Mary Archondes
Text Design: Peter Noa
Cover Design and Illustration: Amy L. Wasserman
Illustrator: Claude Martinot Design
Photo Research: Mira Schachne
Production: Beth Maglione

Parole aux jeunes

Manufactured in the United States of America.

ISBN 0-8384-3688-9

Library of Congress Cataloging-in-Publication Data

Lazarus, Joyce Block.
    Parole aux jeunes / Joyce Block Lazarus.
        p.   cm.
    Text in French; introd. and notes in English.
    ISBN 0-8384-3688-9 : $17.00
    1. French language—Textbooks for foreign speakers—English.
    2. French language—Readers.   I. Title.
PC2129.E5L39   1992
448.6'421—dc20   91-40736
                                                        CIP

91   92   93   94   9 8 7 6 5 4 3 2 1

In loving memory of my mother,
Natalie Relman Block

Table des matières

Preface

Parole aux jeunes addresses several challenges of the second- and third-year French class. One of these is to present thought-provoking literary and cultural material that will stimulate fruitful class discussion. A second challenge is to provide students with the linguistic tools that will enable them to read well, to begin to think in French, and to discuss reading selections in the target language. A final challenge is to provide a bridge to more advanced literature and civilization courses.

Parole aux jeunes offers a novel response to the first challenge by including in each chapter one or more short, unedited reading selections by young contemporary francophones (in their twenties or younger) on a given theme. The second half of each chapter illustrates new facets of the chapter's theme (such as the family, men's and women's changing roles) with a short literary work (poem, song, short story, or play) by a recognized writer of any age. While selections presenting the thoughts of young francophones are samples of everyday speech or writing, those written by recognized writers usually represent more formal literary French. Students are thereby exposed to several different levels of the French language and to a variety of points of view about each chapter's theme.

Most intermediate readers emphasize comprehension of a literary or cultural text, often through innumerable plot questions and development of vocabulary skills. These skills are important to develop, but students are left unprepared to discuss a literary text in the target language. *Parole aux jeunes* approaches literature in a different manner in order to place reading alongside speaking and listening as active language skills.

Each literary text is preceded by an introduction in French that places the work in its historical and cultural context and gives a short biographical note on the author. These introductions help students to examine literature as a reflection of a particular society and period of history.

In addition, each text is accompanied by prereading exercises (*Avant de lire le texte*) that help students anticipate both the themes and the style of the literary work. Students are placed in the situation of the author and are asked to find imaginative solutions to dilemmas presented in the text. These questions are designed to be discussed in class before analyzing each reading selection. They will pique students' curiosity about the topic and activate their background knowledge about the themes of the readings. The stylistic exercises will help students overcome difficulties they might encounter in understanding the text.

Finally, each text is followed by questions that go beyond testing the students' grasp of its plot and content. *De quoi s'agit-il?* asks students not only to skim and scan a text to see if they have understood its gist, but also to characterize literary characters and to create new dialogues inspired by it. *Questions d'interprétation* ask students to discuss some important themes and stylistic characteristics of the text. Some of these questions review the topics discussed in the prereading exercises, *Avant de lire le texte*. The questions in *A votre tour* are designed to provoke debate, small-group discussions, and role-playing in class.

Parole aux jeunes attempts to break down the barriers between everyday life and literature. A text consisting of everyday spoken French (at the beginning of each chapter) is paired thematically with one or two literary texts. This reader also seeks to break down the notion of studying literature as an act of individual learning, in isolation, by emphasizing the active, creative role of students in approaching literature. *Parole aux jeunes* attempts to bring literature into the center of classroom activity with exercises that ask students to use their imagination to anticipate or recreate the author's work, as well as to examine closely in class some stylistic elements that make each literary work unique.

Since the emphasis in *Parole aux jeunes* is on ideas rather than on individual vocabulary words, vocabulary practice appears at the end of each chapter in *Pratique de la langue*. Exercises in this section help students to practice new vocabulary in synonym matches, to build vocabulary through word-derivation patterns (*Les familles lexicales*) and to try to guess the meaning of false cognates from their context (*Attention aux faux amis!*). Each chapter concludes with a thematic vocabulary list and a set of composition topics.

Courses for Which it is Intended

Parole aux jeunes is designed as a reading supplement to a grammar text for the third or fourth semester of college French, or as the main text in a third-year reading or conversation and culture course. It consists of twelve chapters; the texts in Chapters 1 to 5 may be used as early as third-semester French, while those in Chapters 6 to 12 are more appropriate for fourth-semester French.

Suggested Classroom Use of this Reader

The materials in *Parole aux jeunes* are designed to be used in small blocks of time, alternating with grammar or composition work, but the text also lends itself to longer, more concentrated work in class. Students should study a chapter section first at home, then come to class prepared to discuss it in French. In order to provide a bridge to advanced literature and civilization courses and to allow students to begin to think in French without interference from their native language, *Parole aux jeunes* is written entirely in French (with the exception of marginal glosses).

Parole aux jeunes seeks to make reading and discussing French culture and literature activities in which French students can actively participate at the intermediate level. If this book encourages students to use creativity and imagination in approaching literature, and if it helps to transform a teacher-oriented class into one in which—*la parole est aux jeunes*, then its goals will have been achieved.

Acknowledgments

I am grateful to the following reviewers, whose comments and suggestions helped enormously to strengthen *Parole aux jeunes*:

James J. Herlan
University of Maine

Claudine G. Fisher
Portland State University

Thomas J. Cox
San Diego State University

Kenneth H. Rogers
University of Rhode Island

James J. Baran
Marquette University

James Gaasch
Humboldt State University

Stamos Metzidakis
Washington University

Rosalee Gentile
University of Illinois at Chicago

Jo Ann M. Recker
Xavier University

Anton Andereggen
Lewis & Clark College

Alfred Cismaru
Texas Tech. University

Dorothy M. Betz
Georgetown University

Daniel Moors
University of Florida

Victor S. Drescher
Indiana University of Pennsylvania

Michael West
Carnegie Mellon University

Carl L. Garrott
Chowan College

Mary B. Rogers
Wichita State University

Lynn Klausenburger
University of Washington

Richard C. Williamson
Bates College

Margo R. Kaufman
University of California, Davis

Liette Brisebois
University of Illinois at Chicago

David M. Uber
Baylor University

Judith Aydt
Southern Illinois University—
Carbondale

Marvin Weinberger
San Francisco State University

Angèle Kingué
Bucknell University

Jane Z. Jackson
Miami University of Ohio

Kenneth A. Gordon
Central Missouri State University

Paul Kinzel
California State University at Fresno

Ruth E. Nybakken
Ohio University

Leslee Poulton
University of Wisconsin at La Crosse

Edouard Thai
Colorado State University

I would like to express appreciation to Laura McKenna and Jacqueline Rebisz, whose many suggestions guided me in my revisions, and whose encouragement and pleasant humor helped me through the myriad stages of the project.

I am also most grateful to the supportive and hardworking staff at Heinle and Heinle Publishers for bringing this project to completion.

I wish to thank the staff of the French Library in Boston for their patience and assistance in my research.

I owe a warm thank-you to my French students at Framingham State College for their many comments and reactions to *Parole aux jeunes* during the years when I field-tested it in class.

I am deeply grateful to my colleague and friend Dr. Marise Thompson for her constant support and encouragement, her meticulous reading of the manuscript, and her creative suggestions that helped to shape *Parole aux jeunes*.

Finally, I thank my dear husband, Carl, and my children, Suzanne and Michael, whose patience, love, and support enabled me to turn ideas into reality.

J. B. L.

Reading and Writing Strategies for Students

Many French readers invite you to improve your reading comprehension in French; *Parole aux jeunes* invites you to be an active participant in reading, to get involved, and to "take the floor." To accomplish this, and to reap the rewards of discovering a new culture, you may want to modify some techniques you have previously used in learning a foreign language and to adopt some new strategies.

Motivate Yourself for Learning

Find a quiet place to study at a regular time every day, and avoid distractions. *Parole aux jeunes* is written entirely in French, except for marginal glosses, to immerse you completely in French language, culture, and literature, and to help you begin to think in French without interference from your native tongue. Take advantage of this opportunity for immersion by leaving American English behind you for a time and by being open to new ideas.

Read the Sections of Each Chapter in Order

Each chapter progresses from sections developing your receptive skills—comprehension of basic information and ideas, to sections developing your productive skills in French—your ability to debate a controversial issue, to role-play, or to give your opinion orally and finally in written form.

   The *Introduction* will give you the historical and cultural context needed to understand each chapter's reading selections. As you examine the *Avant de lire le texte* sections, think about the knowledge, feelings, and experiences you have concerning the theme of each chapter, such as family life, travel, or modern technology. Doing so will help prepare you to discuss these topics in class. Then, while reading the biographical sketch of the author, use your knowledge of the period of history described and of other artists of that time to help you anticipate the main features of the reading selection that follows.

The first reading in each chapter is usually short and written in colloquial style, making it less demanding, while the second text will require more thought and analysis. The *Vocabulaire utile* expressions will help you to think in French, to participate in debates, and to role-play. Don't be afraid to get involved in class discussions, to experiment with new vocabulary, and to paraphrase an idea in order to fill in your vocabulary gaps. All successful foreign language learners have taken risks and made mistakes as they gradually mastered a new tongue.

Re-read Each Text, Each Time with a Different Goal

Read quickly first, just to get the gist of the text. Don't stop to look up unfamiliar words unless you find yourself lost, and don't translate the text into English. Before looking at a marginal gloss, first see if you can make a logical guess about the word's meaning, based on its context. Let the theme of the chapter and the illustrations help you. Is the word a cognate? Does it belong to a word family you already know? Does it have a prefix or suffix that gives you a clue to its meaning? Skip over insignificant words and pay extra attention to the opening sentence of each paragraph.

As you read a text for the second time, fill in the details you missed earlier. Look for themes and character descriptions. Let the characters come alive for you. Try to visualize them and analyze them as you work through the exercises in *De quoi s'agit-il?* and *Questions d'interprétation*. Look for connectives and adverbs, such as the following ones, which help you understand the logical connection between groups of words:

Cause and Effect	Contrast	Temporal Relationship
parce que, car	bien que, quoique	d'abord, au début
puisque	pourtant, cependant	autrefois, dans l'avenir
ainsi, donc, alors	malgré que	pendant
par conséquent, aussi	néanmoins	avant que, après que
	en dépit de	quand, lorsque
	mais	aussitôt que, dès que
	par contre	déjà
		plus tard
		ensuite, puis
		enfin
		toujours

Here are some common prefixes and suffixes and their meanings:

Prefix	Meaning	Example	Suffix	Meaning	Example
é	*removal*	écrémer	-able (*adj*)	*possibility*	mangeable
en	*in*	enterrer			buvable
em	*in*	empocher	-age (*nom*)	*collection*	feuillage
entre	*between,*	entrelacer	-ier (*nom*)	*occupation,*	pâtissier
	half	entrouvrir		*fruit tree*	cerisier
para	*opposite,*	paradoxe		*container*	saladier
	to protect	parapluie	-oir (*nom*)	*location where*	dortoir
	against			*action occurs,*	
sous	*under,*	sous-titre		*object with a*	arrosoir
	subordination,	sous-chef		*particular*	
	insufficiency	sous-estimer		*purpose*	
contre	*against*	contre-attaquer	-eux (*adj*)	*abundance*	peureux
					malheureux

You can easily multiply your French vocabulary by recognizing a few common word derivation patterns such as the following ones. The sections *Attention aux faux amis!* and *Les familles lexicales* in each chapter will improve your skill in identifying many of these word patterns and in recognizing false cognates.

Ending of verb	Example	Noun derived from verb	Adjective
-uire	produire	production	productif
	détruire	destruction	destructif
-quer	éduquer	éducation	éducatif
	indiquer	indication	indicatif
-dire	prédire	prédiction	
	contredire	contradiction	contradictoire
-mettre	omettre	omission	
	transmettre	transmission	
-crire	décrire	description	descriptif
	prescrire	prescription	
-primer	imprimer	impression	impressionnant
	exprimer	expression	expressif

You will probably want to read a difficult literary text a third time, this time observing more closely the stylistic features of the text and following the exercises *Questions d'interprétation* and *A votre tour*. A literary work requires the active participation of the reader to fill in the gaps of the text. What makes a literary text interesting is not so much the things the author says directly, but the many ideas, feelings, and thoughts that are implied. *Parole aux jeunes* encourages you to use creativity and imagination to complete the author's text or to create a text of your own.

Composition writing

After you have selected one of the *Sujets de composition* at the end of a chapter, begin to organize your ideas in outline form, following this format:

Introduction

Present the main subject of your composition, with an introductory expression such as:

Dans cette composition, je vais discuter (décrire, analyser, traiter, examiner…)
On lit souvent dans le journal que…
On dit souvent que…
Un des grands sujets de controverse est…
A mon avis…

Main body of composition

Present here specific examples that illustrate the general idea(s) you mentioned in your introduction. The opening sentence of each paragraph should summarize the theme of that paragraph. Transitions such as the following may be helpful in clarifying your ideas:

D'un côté..., de l'autre côté—on the one hand . . . , on the other hand
En ce qui concerne—with regard to
Quant à...—concerning
Par exemple—for example
De plus—furthermore
En outre—moreover
D'ailleurs—besides

Cependant, pourtant—however
Au contraire—on the contrary
Par contre—on the other hand
Mais—but
Tandis que—whereas

Conclusion

Summarize briefly the main ideas of your composition, using one of these expressions:

En conclusion, pour conclure—in conclusion
En résumé, pour résumer—to summarize
Donc—thus
A mon avis—in my opinion
En somme—all in all

Parole aux jeunes seeks to transform a teacher-oriented class, in which you as students passively absorb information, into a class in which you actively interact with one another and with the reading selections, as you discover the richness of francophone culture and literature.

Codes and Symbols Used in This Text

(abrév de)   = abbreviation of

(argot)   = slang, nonstandard French

(fam)   = colloquial French

(faux ami)   = false cognate

(fig)   = figurative meaning

(ici)   = meaning of word in this context

(litt)   = literal meaning

(vulg)   = vulgar French

≠   antonym

= synonym

Chapitre 1

L'Amitié

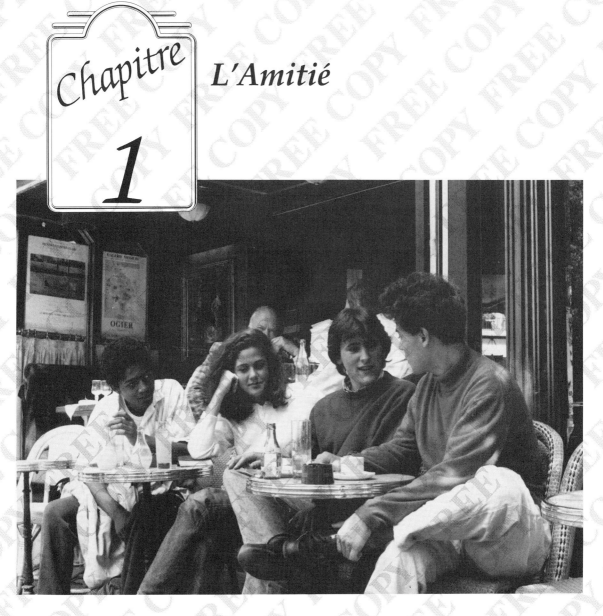

Le café—lieu de rencontre préféré des amis.

Introduction

Avec qui parlez-vous le plus souvent de vos secrets ou de vos problèmes? Les Français, d'après un sondage° récent, parlent le plus volontiers° avec un ami ou un copain (une amie ou une copine), avant de parler avec leurs parents ou d'autres membres de leur famille. L'amitié est en effet un idéal, un absolu, qu'ils placent au-dessus de tout. Jusqu'à l'âge de dix-neuf ans, les rapports d'amitié sont en général beaucoup plus forts que les rapports entre petits amis°, souvent des ''flirts'' qui ne durent° pas plus d'un mois. Le sentiment d'amitié fait place° plus tard, bien sûr, à l'amour et à la sexualité, mais l'amitié reste une des valeurs les plus estimées des Français de tout âge, idéalisée dans la littérature et dans la chanson.

Le clan des copains aide l'adolescent à vivre hors du nid° familial, à trouver une identité dans le monde des adultes. Avec des amis ou des copains, on a la possibilité d'essayer des rôles différents dans les relations avec les autres, et de se connaître° à travers ces rapports. Où est-ce que ces bandes de copains se réunissent? Le terrain de prédilection est le café, qui est hors des contraintes° du milieu familial. Les jeunes adolescents se rencontrent aussi dans les salles de jeux et à travers les activités sportives—le vélo° et le football°, par exemple. Les jeunes de plus de dix-huit ans préfèrent le cinéma et les concerts de rock.

Si les adolescents français apprécient beaucoup l'amitié, cela ne veut pas dire qu'ils négligent leur vie familiale. Au contraire, ils continuent à maintenir de bons rapports avec leurs parents et la majorité des adolescents ne se plaignent° pas d'un fossé° entre les générations. Ce que les jeunes estiment le plus, en somme, ce sont les plaisirs de la famille et des amis. S'ils sont souvent sceptiques ou apathiques à

according to a survey
most willingly

boyfriends and girlfriends
last / is replaced by

hors . . . outside of the nest

to get to know oneself, to know each other
restrictions

bicycle / soccer

complain (of) / gap

l'égard des° institutions telles que la politique et la religion, c'est que le bonheur individuel, l'intimité d'un cercle d'amis et de leur famille proche leur semblent beaucoup plus importants que la vie collective de la société.

regarding

Avant de lire le texte

La revue *Elle* a récemment fait une enquête sur cette question: l'amitié est-elle possible entre deux personnes de sexes opposés? Les quatre réponses qui suivent représentent divers points de vue des Français sur cette question.

1. A votre avis, est-ce que l'amitié est possible entre hommes et femmes?
2. Quels sont les obstacles à cette sorte d'amitié?
3. Comment peut-on surmonter ces obstacles?

Interviews avec Julie, Christelle, Jeanne et Vic

« Dès qu'°une femme n'a, pour une raison quelconque,° ni mari ni amant, les hommes modifient leur conception de l'amitié… Ils [les hommes que j'ai rencontrés] se montraient compassés° au début. Une veuve, c'est une femme libérée contre son gré°, mais pas libre. Assez vite, j'ai décidé de ne pas cultiver mon chagrin. Alors, les compassés sont devenus collants°, commençant à me faire des reproches°, à m'épier°, à manifester plus ou moins ouvertement de la jalousie. »

as soon as / pour… for one reason or other

stuffy, formal

contre… against her will

clinging / faire… to reproach, blame / to watch closely

Julie,
veuve° depuis l'âge de 32 ans

widow

« Après mon divorce, j'ai décidé de faire un entracte° affectif°, de vivre pour moi, de me consacrer à° mon travail, de prendre du recul°. Des amis, oui, mais pas d'amants. Des liens, mais pas de liaisons. Il faut presque se bagarrer° pour tenir de telles résolutions, car les hommes doivent avoir horreur du vide°: pour eux, une femme libre est une incongruité et certains ne pouvaient s'empêcher de° se travestir en° prétendants° plus ou moins habiles. J'ai enfin rencontré un homme sympathique, et les choses étant claires et nettes°, nous avons gardé d'exceptionnels rapports de tendresse et d'intimité; nous nous aimons d'amitié… »

interlude / emotional
to devote myself to / to stand back
(fam) fight
void
certains… some couldn't help / to disguise themselves as suitors
clear-cut

Christelle,
jeune divorcée de Lyon

« Je pense que ça n'intéresse absolument pas les hommes de devenir amis avec des femmes. Les hommes savent qu'ils ne comprennent pas les femmes, mais ils s'en fichent°. Ce n'est pas important pour eux. Ils veulent faire l'amour avec des femmes, épouser des femmes, ils les veulent comme mères, filles ou maîtresses, mais pas du tout comme amies. [Au contraire] les femmes veulent être amies avec les hommes. Elles savent qu'elles ne les comprennent pas, mais elles s'obstinent à° vouloir les comprendre. Elles pensent que si elles deviennent amies avec eux elles y parviendront°, et qu'elles pourront faire quelque chose. »

don't give a darn about it

persist in

will succeed at it

Jeanne,
écrivain et scénariste

« Contrairement à ce qu'on peut croire, ce sont souvent les femmes qui faussent° les rapports. Pour peu qu'on soit gentil° avec elles, voire° spontanément complice, on est soupçonné d'avoir une idée derrière la tête°, qui n'est pas toujours vrai. L'amitié et l'amour débutent° avec les mêmes schémas de séduction, ce qui engendre souvent des quiproquos° dont on ne sait plus comment se dépêtrer.° Voilà l'ambiguïté entre les deux sexes. Si je me sens bien° avec un copain, il ne va pas croire (ou espérer) que je suis pédé° et que je veux lui sauter dessus°; si je suis gentil et gai avec une femme, elle va s'ouvrir à la séduction, surtout si elle est disponible°. Je n'ai jamais pu connaître d'amitié avec une femme sans avoir vécu de longs moments de tension ou sans être passé à l'acte° qui débarrasse de° ces quiproquos. »

to distort / pour… just because one is nice / indeed
idée… an ulterior motive / begin
misunderstandings / extricate oneself
sens… feel good
pédé (vulg) gay / pounce on
available
sans… without taking action / gets rid of

Vic,
jeune Parisien

''Amitié homme/femme—la Grande Illusion?'' tiré de *Elle*, 13 novembre 1989, pp. 144–145. Copyright 1989 Elle/Dormann et Elle/Alix de Saint-André.

De quoi s'agit-il?

Pour chaque personne nommée à gauche, choisissez la phrase qui résume le mieux ses pensées. Expliquez les circonstances dans lesquelles elle ou il exprime cette pensée. Il y a parfois plusieurs réponses possibles.

1. Vic

2. Julie

3. Christelle

4. Jeanne

a. Un homme devient souvent possessif, même si la femme veut seulement avoir des rapports d'amitié.

b. Les hommes et les femmes ne se comprennent pas; ils ne peuvent donc pas « s'aimer d'amitié. »

c. Si deux personnes de sexes opposés se parlent avec franchise, il leur est possible d'être amis.

d. Les hommes ne cherchent jamais à devenir amis avec des femmes.

e. Une femme s'imagine qu'un homme veut toujours avoir une liaison amoureuse avec elle.

f. Les amis et les amants utilisent tous les deux la séduction dans leurs rapports.

A votre tour

1. Julie et Christelle parlent de la difficulté de maintenir l'amitié entre hommes et femmes. Est-ce qu'elles auraient la même difficulté si elles vivaient aux Etats-Unis? Pourquoi?
2. *Travail oral par groupes de deux étudiants.* Utilisez, pour vous aider, des expressions de la section suivante, *Vocabulaire utile.* Chacun des Français cités au début de ce chapitre vous écrit pour raconter un ennui personnel. Discutez avec votre camarade une solution possible à son dilemme. Présentez ensuite vos conclusions à l'ensemble de la classe.
   a. Julie: « Un de mes copains au bureau veut être maintenant mon petit ami. Il m'a demandé de sortir avec lui samedi soir. Je ne suis pas à l'aise dans ce rôle de petite amie; je préfère rester amie. Qu'est-ce que je dois lui dire pour ne pas le blesser? »

b. Vic: « Depuis quelques semaines, mon amie Hélène ne trouve plus le temps de me voir, ni même de me parler au téléphone. Elle ne pense qu'à son nouveau petit ami. Est-ce que l'amitié n'a plus d'importance dès qu'on découvre l'amour? Dois-je me résigner à la quitter, ou est-ce que je dois continuer à attendre? »

c. Christelle: « J'ai enfin trouvé le grand amour. Je vais me marier au mois de mai avec un homme charmant et adorable. Le seul ennui, c'est qu'il est jaloux de mon ami Jean, que j'aime d'amitié depuis trois ans. Faut-il que je dise adieu à Jean, que j'estime beaucoup, simplement parce que c'est un homme? »

d. Jeanne: « J'ai rencontré un homme très intelligent, plein d'esprit, qui partage ma passion pour le jazz et le cinéma. L'ennui, c'est qu'il veut me parler seulement de la couleur de mes yeux ou de mes cheveux. Comment puis-je devenir son amie, plutôt que son amante? »

Québec: Le carnaval de Mardi Gras.

3. *Travail oral par groupes de trois ou quatre camarades.* Classez les rôles de l'amitié dans votre vie par ordre d'importance. Discutez vos réponses avec vos camarades. Pouvez-vous ajouter d'autres rôles que l'amitié joue dans votre vie? Après quelques minutes de discussion, un représentant de chaque groupe présentera ses idées à l'ensemble de la classe.

Un ami est quelqu'un qui

a. comprend mes ennuis et me donne des conseils.

b. me stimule intellectuellement, en présentant des points de vue originaux sur des sujets divers.

c. partage mes joies et mes chagrins.

d. m'accompagne dans mes sorties.

e. me présente à beaucoup de gens.

f. me permet de connaître une culture ou un milieu différent.

Vocabulaire utile: l'Amitié

un(e) ami(e) = quelqu'un qu'on connaît bien et qu'on aime beaucoup

un copain (une copine) = un(e) camarade

un(e) petit(e) ami(e) = quelqu'un du sexe opposé avec qui on sort souvent

se comprendre = se respecter (mutuellement)

avoir des liens étroits avec quelqu'un = s'entendre bien avec quelqu'un

respecter, admirer quelqu'un ≠ mépriser quelqu'un

donner des conseils à quelqu'un = aider quelqu'un à résoudre une difficulté

se détacher de quelqu'un = se séparer de quelqu'un

se disputer avec quelqu'un = se quereller avec quelqu'un

faire des sorties ensemble = aller ensemble au cinéma, à un match de baseball, à une soirée, etc.

bavarder avec quelqu'un = parler de choses et d'autres entre amis

---

Jean-Jacques Sempé et René Goscinny

Jean-Jacques Sempé (né en 1932) et René Goscinny (1926–1977) ont créé ensemble la bande dessinée, *le Petit Nicolas*, histoire des aventures d'un écolier naïf. Avant de créer *le Petit Nicolas*, Goscinny, un journaliste, a collaboré avec le dessinateur Uderzo à faire la célèbre bande dessinée, *Astérix*. Sempé a aussi fait des bandes dessinées pour des revues telles que *Paris-Match*, *Punch*, et *L'Express*, et a fait plusieurs albums de dessins. Le conte, "L'Insigne," est tiré du recueil, *Joachim a des ennuis* (1964), qui raconte les aventures des amis du petit Nicolas.

Avant de lire le texte

Les enfants français font souvent partie d'une bande—c'est-à-dire, d'un groupe de copains.

1. A quel âge fait-on partie d'une de ces bandes aux Etats-Unis? Pourquoi les copains aiment-ils être membres d'une bande?

2. Quand vous étiez petit, faisiez-vous partie d'une bande? Vous
   disputiez-vous quelquefois? Pourquoi?
3. Regardez la première illustration. Quel est le nom de la bande de
   copains? Que signifie ce nom? Combien de membres y a-t-il dans la
   bande?

L'insigne°   badge, emblem

C'est Eudes qui a eu l'idée ce matin, à la récré°:   *(fam)* school break

—Vous savez, les gars°, il a dit, ceux de la bande, on devrait° avoir une   *(fam)* guys / *(conditional of*
insigne!   *devoir)* should

—« Un » insigne, a dit Agnan.

—Toi, on ne t'a pas sonné°, sale cafard°! a dit Eudes.   *on… (fam)* nobody asked you /
                                                                     (fam) sneak, tattletale
Et Agnan est parti en pleurant et en disant qu'il n'était pas un cafard,
et qu'il allait le lui prouver.

—Et pourquoi faire, un insigne? j'ai demandé.

—Ben°, pour se reconnaître, a dit Eudes.   *ben (fam)* bien

—On a besoin d'un insigne pour se reconnaître? a demandé Clotaire,
très étonné.°   astonished

Alors, Eudes a expliqué que l'insigne c'était pour reconnaître ceux de

la bande, que ça serait drôlement° utile quand on attaquerait les ennemis, et nous on a tous trouvé que c'était une idée très chouette°, et Rufus
a dit que ce qui serait encore mieux, ce serait que ceux de la bande aient
un uniforme.

　　Et où est-ce que tu vas trouver un uniforme? a demandé Eudes. Et
puis d'abord, avec un uniforme, on aurait l'air de guignols°!

　　—Alors, mon père, il a l'air d'un guignol? a demandé Rufus, qui a un
Papa qui est agent de police et qui n'aime pas qu'on se moque de sa
famille.

　　Mais Eudes et Rufus n'ont pas eu le temps de se battre, parce qu'Agnan est revenu avec le Bouillon°, et il a montré Eudes du doigt.

　　—C'est lui, m'sieur, a dit Agnan.

　　—Que je ne° vous reprenne plus à traiter votre camarade de cafard! a
dit le Bouillon, qui est notre surveillant.° Regardez-moi bien dans les
yeux! C'est compris?

　　Et il est parti avec Agnan, qui était drôlement content.

　　—Et il serait comment, l'insigne? a demandé Maixent.

　　—En or, c'est chouette, a dit Geoffroy. Mon père, il en a un en or.°

　　—En or ! a crié Eudes. Mais t'es complètement fou! Comment tu vas
faire pour dessiner sur de l'or?

　　Et on a tous trouvé qu'Eudes avait raison, et on a décidé que les
insignes, on allait les faire avec du papier. Et puis on a commencé à
discuter pour savoir comment il serait, l'insigne.

　　—Mon grand frère, a dit Maixent, il est membre d'un club, et il a un
insigne terrible°, avec un ballon de foot° et du laurier autour.

　　—C'est bon, le laurier, a dit Alceste.

　　—Non, a dit Rufus, ce qui est chouette, c'est deux mains qui se serrent°
pour montrer qu'on est un tas de° copains.

　　On devrait mettre, a dit Geoffroy, le nom de la bande: «la bande des
Vengeurs », et puis deux épées° qui se croisent, et puis un aigle, et puis
le drapeau, et nos noms autour.

　　—Et puis du laurier, a dit Alceste.

　　Eudes a dit que c'était trop de choses, mais qu'on lui avait donné des
idées, qu'il allait dessiner l'insigne en classe et qu'il nous le montrerait
à la récré suivante.

　　—Dites, les gars, a demandé Clotaire, c'est quoi, un insigne?

　　Et puis la cloche a sonné et nous sommes montés en classe. Comme
Eudes avait déjà été interrogé en géographie la semaine dernière, il a pu
travailler tranquillement. Il était drôlement occupé, Eudes! Il avait la
figure sur son cahier, il faisait des ronds avec son compas. Il peignait°
avec des crayons de couleur, il tirait la langue°, et nous, nous étions tous
drôlement impatients de voir notre insigne. Et puis Eudes a terminé son
travail, il a mis la tête loin de son cahier, il a regardé en fermant un œil
et il a eu l'air content comme tout°. Et puis la cloche a sonné la récré.

　　Quand le Bouillon a fait rompre les rangs°, nous nous sommes tous
mis autour d'Eudes, qui, très fier, nous a montré son cahier. L'insigne
était assez chouette. C'était un rond, avec une tache° d'encre au milieu

(fam) extremely
(fam) great

(ici) clowns

soup broth, *(ici)* nickname
　for supervisor
que je ne... don't let me...
monitor, supervisor

il... he has one in gold

(fam) cool, neat / football

deux... two hands clasped
(fam; ici) a bunch of

(f pl) swords

painted
stuck out his tongue *(ici)* in
　concentration

(fam) as can be
dismissed the class

spot

et une autre sur le côté; à l'intérieur du rond, c'était bleu, blanc, jaune, et tout autour c'était écrit: « EGMARJNC. »

—C'est pas terrible? a demandé Eudes.

—Ouais°, a dit Rufus, mais c'est quoi, la tache, là?   *(fam)* yeah (sceptique)

—C'est pas une tache, imbécile, a dit Eudes, c'est deux mains qui se serrent.

—Et l'autre tache, j'ai demandé, c'est aussi deux mains qui se serrent?

—Mais non, a dit Eudes, pourquoi veux-tu qu'il y ait quatre mains? L'autre, c'est une vraie tache. Elle ne compte pas.

—Et ça veut dire quoi: « EGMARJNC » ? a demandé Geoffroy.

—Ben, a dit Eudes, c'est les premières lettres de nos noms, tiens!

—Et les couleurs? a demandé Maixent. Pourquoi t'as mis du bleu, du blanc et du jaune?

—Parce que j'ai pas de crayon rouge, nous a expliqué Eudes. Le jaune, ce sera du rouge.

—En or, ça serait mieux, a dit Geoffroy.

—Et puis il faudrait mettre du laurier tout autour, a dit Alceste.

Alors, Eudes s'est fâché, il a dit qu'on n'était pas des copains et que si ça ne nous plaisait pas, eh bien tant pis°, il n'y aurait pas d'insigne, et   too bad
que ça ne valait vraiment pas la peine de se donner du mal° et de   *se donner…* to go to great
travailler en classe, c'est vrai, quoi, à la fin. Mais nous on a tous dit que   pains
son insigne était très chouette, et c'est vrai qu'il était assez bien et on
était drôlement contents d'avoir un insigne pour reconnaître ceux de la
bande, et on a décidé de le porter toujours, même quand on serait
grands, pour que les gens sachent que nous sommes de la bande des
Vengeurs. Alors, Eudes a dit qu'il ferait tous les insignes chez lui à la
maison, ce soir, et que nous on devait arriver demain matin avec des
épingles° pour mettre les insignes à la boutonnière.° On a tous crié: *(f pl)* pins / buttonhole
«Hip, hip, hourra! » et Eudes a dit à Alceste qu'il essayerait de mettre
un peu de laurier, et Alceste lui a donné un petit morceau de jambon de
son sandwich.

Le lendemain matin, quand Eudes est arrivé dans la cour de l'école,
nous avons tous couru vers lui.

—T'as les insignes? on lui a demandé.

—Oui, a dit Eudes. J'ai eu un drôle de travail,° surtout pour les dé-   quite a job
couper en rond.°   cut out a circle

Et il nous a donné à chacun notre insigne, et c'était vraiment très bien:
bleu, blanc, rouge, avec des trucs° marron sous les mains qui se serrent.   *(fam)* things

—C'est quoi, les choses marron? a demandé Joachim.

—C'est le laurier, a expliqué Eudes; je n'avais pas de crayon vert.

Et Alceste a été très content. Et comme nous avions tous une épingle,
nous avons mis nos insignes à la boutonnière de nos vestons°, et on était *(faux ami)* jacket
rien° fiers, et puis Geoffroy a regardé Eudes et il lui a demandé: *on…* *(fam)* we were very

—Et pourquoi ton insigne est beaucoup plus grand que les nôtres?

—Ben, a dit Eudes, l'insigne du chef est toujours plus grand que les
autres.

—Et qui a dit que tu étais le chef, je vous prie? a demandé Rufus.

—C'est moi qui ai eu l'idée de l'insigne, a dit Eudes. Alors je suis le chef, et ceux à qui ça ne plaît pas, je peux leur donner des coups de poing° sur le nez!

coups de… punch

—Jamais de la vie!° jamais de la vie! a crié Geoffroy. Le chef, c'est moi!

not on your life!

—Tu rigoles°, j'ai dit.

(*fam*) you're kidding

—Vous êtes tous des minables°! a crié Eudes, et puis d'abord, puisque c'est comme ça, vous n'avez qu'à me les rendre, mes insignes!

(*fam*) pathetic, useless

—Voilà ce que j'en fais de ton insigne! a crié Joachim et il a enlevé son insigne, il l'a déchiré°, il l'a jeté par terre, il l'a piétiné° et il a craché dessus°.

tore it up / trampled on it
spit on it

—Parfaitement! a crié Maixent.

Et nous avons tous déchiré nos insignes, nous les avons jetés par terre, nous les avons piétinés et nous avons craché dessus.

—C'est pas un peu fini, ce manège°? a demandé le Bouillon. Je ne sais pas ce que vous faites, mais je vous interdis° de continuer à le faire. C'est compris?

(*ici*) goings-on
forbid

Et quand il est parti, nous avons dit à Eudes qu'il n'était pas un copain, qu'on ne lui parlerait plus jamais de notre vie et qu'il ne faisait plus partie de notre bande. Eudes a répondu que ça lui était égal° et que, de toute façon, il ne voulait pas faire partie d'une bande de minables. Et il est parti avec son insigne qui est grand comme une soucoupe.°

ça…it was all the same to
him

saucer

Et maintenant, pour reconnaître ceux de la bande, c'est facile: ceux de la bande, ce sont ceux qui n'ont pas d'insigne bleu, blanc, rouge avec EGMARJNC écrit autour et deux mains qui se serrent, au milieu, avec du laurier marron en dessous.

''L'Insigne'' tiré de *Joachim a des ennuis* de Sempé/Goscinny. Copyright Editions Denoël.

De quoi s'agit-il?

1. Quels sont les principaux sujets de dispute concernant l'insigne?
2. Chaque membre de la bande essaie d'avoir le dernier mot dans la discussion. (a) Donnez le point de vue de chacun des garçons suivants dans la discussion et (b) indiquez quelles techniques il emploie pour avoir le dernier mot:

Agnan	Rufus	Maixent	Alceste
Clotaire	Eudes	Geoffroy	Nicolas

3. Chaque copain révèle sa personnalité dans la discussion. Choisissez parmi les expressions suivantes celles qui décrivent le mieux le caractère de chaque copain. Justifiez vos choix.

timide	tyrannique	facile à vivre
naïf	autoritaire	tyrannique
conciliant	impressionnable	sûr de lui
têtu		

4. Qu'est-ce qui arrive à l'insigne à la fin du conte? Qui le porte finalement?

5. Voici un dialogue inspiré de « *L'Insigne.* » Donnez des réponses pour Eudes qui seraient conformes à son caractère.

EUDES: Vous savez, les gars, on devrait avoir une insigne.

AGNAN: «*Un* » insigne.

EUDES:

NICOLAS: Pourquoi a-t-on besoin d'un insigne?

EUDES:

MAIXENT: Comment serait l'insigne?

EUDES:

GEOFFROY: L'insigne devrait être en or.

EUDES:

ALCESTE: On devrait mettre du laurier autour des noms.

EUDES:

RUFUS: (*plus tard*): Eudes, qu'est-ce que c'est que la tache, là?

EUDES:

GEOFFROY: (*le lendemain*): Pourquoi ton insigne est-il beaucoup plus grand que les nôtres?

EUDES:

JOACHIM: Tu n'es plus notre copain! Ton insigne, je le déchire, je le jette par terre, je le piétine, et je crache dessus!

A votre tour

1. Agnan est détesté par les autres élèves. Est-ce seulement parce qu'il raconte toutes les histoires de ses copains au surveillant? Comment appelle-t-on cette sorte d'élève aux Etats-Unis?

2. *Travail oral par groupes de trois ou quatre.* Discutez les sujets suivants avec vos camarades. Ensuite, présentez vos conclusions à l'ensemble de la classe.

a. A votre avis, quelle est la vraie source du conflit entre les copains dans « L'Insigne »? Avez-vous eu autrefois des disputes semblables avec des copains américains?

b. Avec quel personnage de « L'Insigne » est-ce que vous vous identifiez le plus? Le moins? Pourquoi?

c. Combien d'adultes y a-t-il dans ce conte? Quelles sont vos impressions sur cet (ces) adulte(s)? Avec qui est-ce que vous vous identifiez le plus, avec les enfants ou avec les adultes? Expliquez pourquoi.

d. Est-ce que les personnages et les situations dans « L'Insigne » sont vraisemblables? Réalistes? Stéréotypés? Justifiez vos réponses.

3. *Travail oral par groupes de deux ou trois.* Imaginez que Nicolas et ses amis sont américains. Quels changements y aurait-il dans l'histoire de la bande? Jouez le rôle d'un élève ou celui de l'instituteur dans les situations suivantes. Ensuite, présentez votre petit sketch devant la classe.

a. Chaque copain décrit l'insigne idéal pour la bande.

b. Eudes essaie de dessiner l'insigne dans son cours de géographie, mais son instituteur découvre son dessin.

c. L'instituteur découvre que plusieurs élèves se disputent et se battent dans la cour de récréation.

Pratique de la langue

Le français parlé.

Dans le style familier en français, comme celui des conversations que vous avez lues dans « L'Insigne », on trouve souvent les changements grammaticaux suivants:

a. On omet l'inversion dans la forme interrogative.
EXEMPLE: Pourquoi ton insigne est plus grand que nos insignes?
français correct: Pourquoi ton insigne est-il plus grand que nos insignes?

b. On emploie « nous » et « on » ensemble.
EXEMPLE: Nous, on a tout dit.
français correct: Nous, nous avons tout dit.

c. On redouble le sujet ou l'objet.
EXEMPLE: Mon père, il a l'air d'un guignol?
français correct: Mon père a-t-il l'air d'un guignol?

d. On raccourcit certains mots.
EXEMPLE: T'as les insignes?
français correct: Est-ce que tu as les insignes?

Récrivez les phrases suivantes, tirées de « L'Insigne », et faites les changements nécessaires pour transformer la langue parlée en langue soignée, élégante. Ensuite traduisez ces phrases.

1. On a besoin d'un insigne?
2. C'est quoi, un insigne?
3. Il serait comment, l'insigne?
4. C'est pas terrible.
5. T'es fou.
6. Nous, on a tout trouvé.
7. J'ai pas de crayon rouge.
8. Mon frère, il est membre d'un club.

Exercice de vocabulaire.

Donnez un synonyme en français soigné pour les expressions familières soulignées qui suivent.

1. Tous les gars se réunissent au café.
2. C'est une idée chouette de créer un insigne.
3. Il y a un tas de copains au cinéma.
4. C'est un film terrible!
5. Il achète un truc utile pour laver sa voiture.
6. Est-ce que tu rigoles quand tu dis cela?

Attention aux faux amis!

Les mots suivants, tirés des textes de ce chapitre, ressemblent à des mots anglais, mais leur sens est différent. Essayez de déterminer la signification de ces mots dans les phrases à droite, et choisissez la définition a, b ou c.

1. **la récréation**   Les enfants bavardent beaucoup pendant la récréation.

   La récréation veut dire (a) le match de football, (b) le temps de repos accordé aux élèves ou (c) les jeux?

2. **le veston**   Quand il fait froid, les garçons portent un veston.

   Un veston veut dire (a) un manteau, (b) la veste d'un complet ou (c) un pullover sans manches?

3. **la cloche**   Quand la cloche a sonné, les enfants sont montés en classe.

   La cloche veut dire (a) l'instrument musical, (b) la pendule ou (c) le téléphone?

4. **le prétendant**   Le prétendant parle avec les parents de la jeune fille pour leur demander sa main en mariage.

Le prétendant veut dire (a) quelqu'un qui joue un rôle, (b) quelqu'un qui voudrait épouser une certaine femme ou (c) quelqu'un qui ne dit pas la vérité?

Les familles lexicales.

Regardez les mots à gauche. Vous les connaissez déjà. Essayez de deviner le sens des mots de la même famille lexicale à droite. Ces mots se trouvent dans les textes de ce chapitre.

1. le pied   Très en colère, la jeune fille <u>a piétiné</u> son examen après avoir reçu une mauvaise note.

2. couper   Mon frère <u>a découpé</u> un article intéressant d'un magazine.

3. connaître   Il est facile de <u>reconnaître</u> Jean; il a des cheveux roux tout frisés.

4. le bouton   Quand on a un insigne, on le porte à <u>la boutonnière</u>.

Vocabulaire utile: Les traits de caractère des copains et des amis

mûr(e) ≠ enfantin(e)
sage, intelligent(e) ≠ bête, idiot(e)
indépendant(e) ≠ dépendant(e)
enthousiaste ≠ apathique
altruïste ≠ égoïste
travailleur(se) ≠ paresseux(se)
conciliant(e) ≠ tyrannique

responsable ≠ irresponsable
passionnant(e) ≠ ennuyeux(se)
vif (vive) ≠ léthargique
amusant(e), drôle ≠ sérieux(se)
plein(e) d'esprit ≠ ennuyeux(se)
audacieux(se) ≠ timide

Sujets de composition

Utilisez, pour vous aider, des expressions du *Vocabulaire utile.*

1. A votre avis, l'amitié entre filles et garçons est-elle possible? Pourquoi ou pourquoi pas?
2. Faites le portrait de votre meilleur(e) ami(e). Quelles sont les qualités que vous admirez le plus chez votre ami(e)?
3. Si vous deviez choisir entre l'amitié et l'amour dans votre vie, lequel choisiriez-vous: a) à 18 ans, b) à 27 ans et c) à 50 ans? Expliquez vos choix.

4. Les parents de Nicolas lui demandent pourquoi il est de très mauvaise humeur aujourd'hui. Racontez-leur l'histoire de l'insigne, du point de vue de Nicolas.

5. Eudes rentre chez lui en larmes. Ses parents lui demandent: « Qu'est-ce qu'il y a? Pourquoi tu pleures? » Racontez-leur l'histoire de l'insigne, du point de vue d'Eudes. Imaginez quels conseils ses parents vont lui donner.

6. Nicolas et ses copains vont choisir un nouvel insigne pour la bande des Vengeurs. Ecrivez un petit dialogue entre Nicolas et ses copains. Est-ce qu'ils vont recommencer les mêmes disputes qu'ils ont eues avec Eudes?

Chapitre 2

Masculin/féminin

Une jeune avocate au travail.

Introduction

La femme a toujours joué un rôle important dans la famille et dans la société française, mais elle attache plus de prix° à la féminité qu'aux droits féministes. La grande majorité des Françaises sont contre l'idée de militer° pour leurs droits au Mouvement de la libération des femmes (M. L. F).[1]

attache... values more highly

of being militant

L'émancipation légale et politique de la femme est venue très tard en France, contrairement à ce qui s'est passé dans les pays anglo-saxons comme l'Angleterre et les États-Unis. Pendant tout le dix-neuvième siècle et une grande partie du vingtième, le Code Napoléon limitait étroitement l'autonomie de la femme mariée, la considérant comme une mineure sous la tutelle° de son mari. Selon Napoléon, « La femme est notre propriété. Elle est (notre) propriété comme l'arbre fruitier est celle du jardinier. »[2] Ce n'est qu'en 1964 qu'une femme mariée acquiert le droit de toucher un chèque° à la banque ou d'obtenir un passeport sans la permission de son mari.

guardianship

toucher... to cash a check

La femme obtient assez tard les moyens de s'instruire en France. Le premier lycée de filles est ouvert en 1880, mais les programmes sont différents pour les filles et les garçons. C'est en 1937 que les garçons et les filles suivent enfin le même programme d'enseignement secondaire dans un même lycée. Les Grandes Écoles, établissements universitaires prestigieux qui préparent l'élite de la France, ne sont toutes ouvertes aux femmes qu'en 1972.[3]

Quant à son pouvoir politique, la femme française obtient le droit de vote en 1945 seulement, alors que la femme américaine l'a obtenu en 1920 et l'anglaise en 1918. Elle reste encore relativement en marge de° la vie politique d'aujourd'hui, ne constituant que 3 pour-cent environ des assemblées élues.[4] Le premier cabinet du Président François Mitterrand en 1981 comprenait six femmes parmi ses 44 membres, un record pour la France.

marginal with regard to

Bien qu'elle représente 40 pour-cent des travailleurs et qu'elle décide 80 pour-cent des achats du ménage, la Française est nettement défavorisée du point de vue économique. Trois femmes sur quatre sont payées au tarif du S.M.I.C.,[5] et l'écart° moyen° entre le salaire masculin et féminin pour un travail égal dans un temps égal est de 31,6 pour-cent. La femme française accède à moins de 10 pour-cent des postes de chefs d'entreprise ou de cadres°.

(m; ici) difference / average

(m pl) managers

Sous le gouvernement du Président Valéry Giscard d'Estaing (1974–1981) on a promulgué des lois importantes qui concernent la vie personnelle de la femme et de l'homme:

- l'information et la publicité sur les moyens de contraception
- la légalisation de l'avortement° pendant les douze premières semaines d'une grossesse° (1974)
- le congé° payé de maternité de seize semaines
- les allocations familiales[6] versées° aux mères célibataires°
- l'abrogation (en 1975) des articles du Code Pénal qui considéraient l'adultère d'une femme comme un crime beaucoup plus grave que 1'adultère d'un mari.

(m) abortion
pregnancy
(ici) leave of absence
(ici) to give (money) / *(mf)* unmarried

Françoise Giroud, Secrétaire d'Etat à la Condition Féminine.

Giscard d'Estaing a créé un nouveau poste, celui de Secrétaire d'Etat à la Condition Féminine, auquel il a nommé Françoise Giroud (née en 1915), un écrivain et journaliste célèbre.

Aujourd'hui, on trouve la mixité° des hommes et des femmes dans tous les secteurs du travail: aucune carrière ne reste fermée aux Françaises. Mais cette mixité engendre des changements profonds dans la nature du couple. En quoi consiste la féminité et la masculinité aujourd'hui? Quels rôles est-ce que l'homme et la femme jouent dans le mariage et la famille? Les pages suivantes vont examiner de multiples réponses à ces questions.

(mot récent) la présence des deux sexes

Notes culturelles

1. **Le Mouvement de la libération des femmes (M.L.F.),** fondé dans les années 70, organisation qui correspond à la « National Organization of Women (N.O.W.) » aux Etats-Unis.

2. Napoléon Bonaparte, cité par Alain Decaux dans *Histoire des Françaises,* tome 2 (Paris, Librairie Académique Perrin, 1972), p. 616.

3. Parmi les **Grandes Ecoles** les plus célèbres sont **L'Ecole Normale Supérieure,** qui forme les professeurs du niveau secondaire ou supérieur, **l'Ecole Polytechnique** (ouverte aux femmes seulement depuis les années 70), **l'Ecole Centrale** pour les scientifiques et pour les futurs ingénieurs, **l'Ecole Nationale d'Administration,** qui forme les dirigeants du gouvernement, et **l'Ecole des Hautes Etudes Commerciales,** qui prépare ses étudiants à une carrière commerciale. Bien des personnalités célèbres, telles que Jean-Paul Sartre, Simone de Beauvoir, et Georges Pompidou, ont fait leurs études à l'Ecole Normale Supérieure.

4. **les assemblées élues—L'Assemblée nationale** et **le Sénat,** les deux assemblées qui exercent le pouvoir législatif en France.

5. *Le* **Salaire Minimum Interprofessionnel de Croissance (S.M.I.C.)** est réglé sur le coût de la vie par le gouvernement français. Un *smicard,* dans le langage familier, est quelqu'un qui reçoit le salaire minimum.

6. *Les* « **allocations familiales** » sont une somme d'argent versée aux familles françaises par le gouvernement, calculée sur le nombre d'enfants dans chaque famille.

Avant de lire le texte

Les lettres suivantes de trois jeunes Français—Annie, Chantal, et Luc—parlent des rapports d'aujourd'hui entre hommes et femmes.

1. Pensez aux couples mariés que vous connaissez. Est-ce que l'homme et la femme ont des rôles traditionnels (la femme au foyer, s'occupant des enfants, et l'homme gagnant l'unique salaire de la famille) ou modernes?
2. A votre avis, quels facteurs contribuent à un mariage heureux?
3. Quels sont les sujets de dispute des couples d'aujourd'hui?

Lettres d'Annie, Chantal et Luc

« Je vis avec un homme qui vous plairait. Il est en tout cas le moins misogyne° que j'aie jamais rencontré. Il recoud° ses boutons. Il n'est pas très doué° pour le repassage,° mais il lui est arrivé d'être obligé de s'y mettre,° devant une armoire vide de chemises. Nous sommes mariés depuis trois ans, et très amoureux. Nous sommes issus° du même milieu, sa situation professionnelle exige° bien plus de responsabilités que la mienne et rapporte plus d'argent.

(adj) woman hating / sews on again
talented / ironing

to get down to it
born
demands

Pourtant, je n'ai toujours trouvé dans son attitude rien que de très normal. Il est gentil, serviable,° intelligent, et ne parle pas d'égalité de l'homme et de la femme: il la vit, tout simplement. Il ne "prend pas sur lui"°, il ne fait aucun effort pour être comme cela. C'est parfaitement naturel chez lui. Bien sûr, il y a une explication... Il a vécu très tôt un drame familial: mère abandonnée par son mari, malade et sans ressources. Obligé donc de subvenir° aux besoins matériels (cuisine, ménage...) et financiers de lui-même et de sa mère, et pour cela de travailler très jeune tout en poursuivant des études° parce qu'il voulait "s'en sortir"°.

Ce qui prouve à mon avis l'importance capitale de l'éducation°. Si les parents en prenaient conscience, ils cesseraient de faire une différence entre leurs fils et leurs filles. Ce que mon mari a vécu par obligation, d'autres pourraient très bien le vivre par éducation: partager entre les petits garçons et les petites filles des tâches ménagères°, c'est très possible, de même que° leur accorder° des permissions identiques ou leur permettre de poursuivre les mêmes études. Si les hommes avaient été habitués° dès° l'enfance à une éducation égalitaire (donc plus complète, pour le garçon aussi bien que pour la fille), il n'y aurait plus maintenant ces inconcevables différences. »

helpful

ne prend... does not force himself

to provide for

tout . . . while continuing his studies / pull through

upbringing

household chores
just like / granting

avaient... had been accustomed / from

Annie

« [...] Très curieusement, je n'ai eu conscience de la différence entre hommes et femmes qu'à° mon mariage... C'est au bout de deux ou trois jours de repas, vaisselle°, balayage°, enfin en un mot quand le jeu de la dînette° en rentrant du travail, avec mes casseroles° neuves, avait perdu tout son attrait°, que j'allais voir mon tendre époux pour lui dire le plus innocemment du monde que "cela serait plus chouette si en rentrant le soir, on se partageait° le travail à faire, ainsi tous les deux, on serait libres plus tôt pour faire autre chose"... Normal, non!

Je le pensais... A mon ahurissement° je me suis vue remettre en place°: "Ce n'est pas ma faute si tu es une femme et que tu as deux journées à faire dans une!" Je ne comprenais rien... Non, vraiment rien. Jusque-là, pour moi, l'homme et la femme étaient faits l'un pour l'autre (pas pour que l'un bouffe° l'autre). Mais aussi, l'un pouvait très bien vivre sans l'autre, à condition que chacun trouve le moyen de s'épanouir°, de créer, de travailler honnêtement... de vivre quoi°, comme tout un chacun°. Le mariage n'était que l'une des nombreuses façons de vivre et il semblait alors que là plus qu'ailleurs, la solidarité était évidente et réciproque, puisque c'est l'amour qui avait rassemblé ces deux êtres...

Et, ce jour-là, j'eus la triste révélation que non seulement j'étais pauvre, et sans études, le resterais, mais qu'en plus, j'avais une tare° beaucoup plus grave: j'étais une femme, c'est-à-dire à la fois un moule°

ne (verbe) qu' only

dishes / sweeping / *jeu...* tea-party game / saucepans

(*m*) attraction

shared

(*m*) astonishment / put in my place

(*fam*) devours
to fulfill oneself
(*ici, interjection*) that's all / everyone

fault, flaw
mold

(sacré) pour faire des gosses°, un robot (apprécié) ménager perfectionné,   (fam) kids
un valet de chambre (adoré) pour Monsieur, une fleur dans notre mai-
son pour tout égayer° (sa personne en particulier), une canne (indis-   to brighten
pensable) de détresse toujours prête à le soutenir dans les moments
difficiles, et, en plus de tout cela, j'aurais la joie suprême de le voir, lui,
l'homme, mon époux, le père de mes enfants chéris, réussir dans la
vie… Alors, bien sûr, cela va de soi°, je suivais ses conseils bienveillants°   *cela…* it goes without saying /
et ses consignes°.   kindly
                                                                                        consignes orders
    J'avais vingt ans. Je m'étais jusqu'à ce jour toujours définie par "je" et,
dorénavant°, ce serait par rapport à mon mari, à mon ménage, à ma   from then on
cuisine, à ma vaisselle, à mes enfants… Attention, il fallait aussi un juste
milieu, si j'abusais trop au sens réel des adjectifs possessifs, je serais une
mégère° possessive, et si je ne les utilisais pas du tout, je serais une   shrew
femme à problèmes°; une égocentrique.   *à…* mixed-up
    J'avais vingt ans, et on m'assassinait légalement, à grand renfort de°   *à…* by means of
lois civiles, religieuses, de textes de la Bible, de révélations freudiennes
sur mes désirs… "Mais moi, j'ai toujours été heureuse comme ça… Non,
cela ne pouvait être vrai." Alors, j'ai hurlé° de terreur. Prise au piège°!   (faux ami) screamed / trap
Une souris° (on a bien raison de nous appeler ainsi…). »   mouse; (fam) cutie pie

Chantal

Extraits tirés de *Les nouvelles femmes: F. Magazine*, Editions Mazarine.

« Ce n'est pas le mouvement féministe en soi, parfaitement justifié en
son temps, mais ses excès, et surtout les conséquences qu'il a eues sur
les esprits° les plus faibles, qui sont à l'origine du malaise actuel° entre   (m; ici) mind / (faux ami)
les sexes…   present-day
    Il y a un héritage physique, biologique, culturel de l'homme. Il est
censé°, je dis bien censé, être le plus fort°: on ne pleure pas quand on est   supposed to be / strongest
un grand garçon, on aide sa mère à porter les valises en l'absence du
père, on répare le vélo de sa petite soeur, etc. Bref, très vite, le jeune
mâle se sent protecteur, avec l'âge il développe un goût° de paterner° et,   (ici) taste for / (verbe inventé)
éventuellement, un complexe de Pygmalion.[1] C'est dans ses gènes, c'est   to be paternal
son héritage. Si celui-ci vient à être contesté, percuté°, voire nié,° les   (ici, fig) smashed / denied
moins "compréhensifs"° d'entre nous vont le ressentir° comme une   understanding / feel
provocation et revendiquer° alors leur rôle avec toute la brutalité de   demand
l'autoritarisme. On peut donc dire que c'est la non-reconnaissance° de   nonrecognition
cet héritage qui fait les "machos…" Mais si, au contraire, au lieu d'être
directement en compétition sur son territoire, la femme exerce° pleine-   (faux ami) to use
ment son contre-pouvoir°, qui comme chacun sait est plus important   "counterpower," balance of
que le pouvoir, il y a alors complémentarité. »   power

Luc

Extrait tiré de *Elle*, 4 août 1986. Copyright 1986 Elle/B. Gicguel.

1. Pygmalion—Dans la mythologie greco-romaine, Pygmalion, un sculpteur, tombe amoureux d'une statue de femme qu'il a créée lui-même. George Bernard Shaw a popularisé ce sujet dans sa pièce *Pygmalion* (adaptée en comédie musicale, *My Fair Lady*), où un professeur Henry Higgins tombe amoureux de son élève. « Le complexe de Pygmalion », c'est la tendance à vouloir développer la personnalité et/ou les idées de quelqu'un, de modeler quelqu'un conformément à son idéal.

Note culturelle

De quoi s'agit-il?

Vrai/faux.

Dites si les idées suivantes sont vraies ou fausses selon Annie, Chantal et Luc. Si la phrase est fausse, expliquez pourquoi.

1. Annie et son mari se partagent les tâches ménagères.
2. C'est Annie qui a habitué son mari à une conception égalitaire des femmes et des hommes.
3. D'après Annie, les parents doivent élever les filles et les garçons d'une façon différente selon chaque sexe.
4. Le mari d'Annie ne parle pas d'égalité entre l'homme et la femme.
5. Chantal est contente d'être une femme au foyer.
6. D'après Chantal, le plus grand plaisir de sa vie est de voir le succès de son mari.
7. Le mari de Chantal pense que la femme est l'égale de l'homme.
8. L'homme, selon Luc, se sent frustré s'il ne peut pas montrer son côté paternel et protecteur vis-à-vis des femmes.
9. Le mouvement féministe, d'après Luc, n'est pas justifié à présent.
10. La femme ne doit pas rivaliser avec l'homme sur le même terrain, dit Luc.

Résumez les idées.

Pour chaque personne à gauche, choisissez la (ou les) phrase(s) qui résume(nt) le mieux ses pensées:

1. Annie
   a. Aujourd'hui, les rapports entre hommes et femmes sont souvent tendus.

2. Chantal
   b. La division en tâches « masculines » et « féminines» crée des inégalités.

3. Luc   **c.** On doit accepter le fait que l'homme et la femme sont d'une nature différente.

      d. Plus les couples sont égalitaires, plus ils sont heureux.

      e. Si la femme commence à trop ressembler à l'homme, elle va provoquer une réaction d'animosité.

A votre tour

1. Retournez aux questions 2 et 3 de la section *Avant de lire le texte* dans ce chapitre. Avez-vous anticipé les sujets de dispute et les facteurs contribuant à un mariage heureux? Qu'est-ce qui vous a surpris dans les idées d'Annie, de Chantal ou de Luc?

2. *Travail oral par groupes de trois ou quatre.* Utilisez des expressions de la section suivante, *Expressions utiles*, pour vous aider. Choisissez un des sujets suivants à discuter dans votre groupe. Après quelques minutes de discussion, présentez vos conclusions à l'ensemble de la classe.

 a. Faites le portrait du mari d'Annie et de celui de Chantal, d'après la description faite par ces deux femmes, en utilisant les détails qu'elles donnent. **Expressions utiles:** conservateur, compréhensif, tolérant, à l'esprit large ou étroit, juste, serviable, égoïste, altruïste.

 b. Faites un portrait de la femme idéale d'après Luc.

 c. Laquelle des trois personnes (Annie, Chantal ou Luc) vous semble la plus amère? Laquelle est la plus optimiste? Quelles sont les raisons possibles de leur état d'esprit?

 d. Dans les trois textes précédents, quelles opinions vous semblent raisonnables ou justes? Y a-t-il des phrases qui vous choquent? Pourquoi?

3. *Travail oral par groupes de trois ou quatre.* Choisissez un des trois sujets suivants à discuter avec vos camarades. Présentez vos conclusions à l'ensemble de la classe.

 a. A votre avis, y a-t-il une nature féminine et une nature masculine? Mentionnez des traits de caractère que vous associez à la masculinité ou à la féminité. **Expressions utiles:** le courage, la tendresse, la patience, la fragilité, la vulnérabilité, la timidité, la sensualité, l'agressivité, la jalousie, l'orgueil, la vanité, le dévouement

 b. Est-ce que les sujets de désaccord entre les sexes, dans les textes précédents, vous semblent différents de ceux qui existent aux Etats-Unis? Lesquels sont semblables? Expliquez en quoi.

soldes sales   **essayages** trying on (of clothes)   **qu'est-ce qu'il y a?** What's the matter?

c. A votre avis, comment est-ce qu'un homme ou une femme peut s'épanouir, se réaliser? Est-ce que les rôles « masculins » ou « féminins » que notre société nous prescrit sont bons à suivre?

4. *Travail oral par groupes de deux.* Après avoir joué vos rôles avec un(e) camarade, présentez-les devant la classe.

a. Annie et Chantal viennent aux Etats-Unis. Faites-les entrer dans une discussion avec un(e) Américain(e) sur la condition des femmes et des hommes dans ce pays.

b. Luc tombe amoureux d'une belle Américaine qui vient de recevoir son M.B.A., et qui devient vice-présidente d'une entreprise importante. Imaginez leur discussion à propos du mariage et des enfants.

c. Interviewez Annie, Chantal ou Luc dix ans plus tard. Demandez-lui comment sa vie a changé (ou n'a pas changé) depuis sa dernière lettre (que nous avons lue au début de ce chapitre). Un des deux participants joue le rôle d'un reporter qui pose des questions.

Vocabulaire utile: *Les rapports entre hommes et femmes*

un(e) célibataire = une personne non-mariée

un petit ami (une petite amie) = quelqu'un du sexe opposé avec qui on sort souvent

un amant (une maîtresse) = quelqu'un qu'on aime et avec qui on a une liaison

un mari (une femme) = un époux (une épouse)

les époux (*m pl*) = le couple marié

s'aimer = avoir des sentiments mutuels d'amour

se marier avec quelqu'un = épouser quelqu'un (le mariage)

vivre en union libre = vivre avec quelqu'un sans se marier avec lui (elle)

rompre avec quelqu'un = mettre fin à une liaison (la rupture)

se séparer de son mari (sa femme) = ne plus vivre avec son mari (sa femme), (être séparé(e))

divorcer d'avec sa femme (son mari) = se séparer légalement de sa femme (son mari) (être divorcé(e))

avoir des rapports harmonieux avec quelqu'un ≠ avoir des rapports tendus avec quelqu'un

s'entendre bien (mal) avec quelqu'un = vivre en bonne (mauvaise) entente avec quelqu'un

---

Jacques Prévert

Jacques Prévert (1900–1977) est connu pour ses poèmes, dont beaucoup ont été mis en musique et réunis dans des recueils tels que *Paroles* (1946), *Histoire* (1946), et *Spectacle* (1951). Il est aussi connu pour les dialogues qu'il a composés pour des films tels que *Le Jour se lève* (1939) et *Les Enfants du paradis* (1946).

Un des poètes les plus aimés d'aujourd'hui, Prévert chante les joies simples de la vie telles que l'amitié et l'amour, l'amour de la nature et de la liberté. Se prêtant facilement à la mise en musique, ses poèmes sont caractérisés par un langage simple et familier, une répétition des mots clés, et un rythme martelé°. Les deux poèmes qui suivent, *Pour toi mon amour* et *Je suis comme je suis*, sont tirés du recueil, *Paroles*.

hammered out

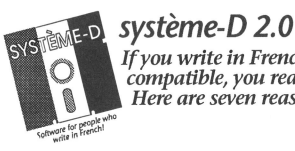

Software for people who write in French!

système-D 2.0

If you write in French and have an IBM PC or compatible, you really should own système-D 2.0 Here are seven reasons why:

1. It's a bilingual word processor.
système-D matches the ease of use that is found in most English word processing packages.

2. It's a bilingual dictionary.
système-D contains a bilingual dictionary of 8,000 words with examples of usage that can be accessed in French or in English.

3. It's a reference grammar.
système-D contains a reference grammar with 250,000 complete verb conjugations and examples of use.

4. It's a phrase book.
système-D includes hard-to-define idiomatic expressions and models for correspondence and everyday communication.

5. It's easy to use.
Everything you need is on-line.

6. It's a winner.
système-D was awarded Best Foreign Language Software by EDUCOM/ NCRIPTAL.

7. It's only $89.
système-D costs the same as a bilingual dictionary but provides much more.

For hardware requirements please see other side.

Ordering Information

❑ **Yes, I wish to purchase système-D 2.0 for personal use.**
Version (check one) ❑ DOS (08384-23655)   Diskettes (check one) ❑ 3 ½"   ❑ Dbl. density
                ❑ Windows (08384-39306)   ❑ 5 ¼"   ❑ High density

Name _____   Telephone # (   ) _____

Address _____

City _____ ST _____ Zip_____

❑ Please send me more information on système-D 2.0 for instructional use.
❑ Please send me information on site licenses and networking for système-D 2.0.

Payment options

❑ Check or money order enclosed

Charge my
❑ Visa   ❑ Mastercard   ❑ American Express

Card number _____

Expiration Date _____

Signature _____

Cost of *système-D 2.0*	$89.00
Plus 7% shipping	$6.00
Subtotal	$95.00
Tax due*	$
TOTAL DUE	$

Please note: Credit card orders cannot be processed without signature and expiration date

Software for people who write in French!

System Requirements

Dos Version
- An IBM XT, AT (or fully compatible), or PS/2, containing a hard disk drive.
- DOS 3.0 or higher.
- A minimum of 512K total RAM (384K free RAM).
- EGA or VGA display quality is recommended.
- A printer that supports the full IBM character set.

Windows Version
- A computer capable of running Windows 3.0 or higher in the enhanced mode (a 386 computer such as PS2-55sx).
- Dos 3.0 or higher.
- A minimum of 2 megabytes of RAM.
- A VGA (monochrome or color) monitor or higher, properly installed for Windows.
- Any printer that is Windows compatible.

DOS Version
James S. Noblitt
Donald F. Solá
Willem J. A. Pet

Windows Version
James S. Noblitt
Willem J. A. Pet

Money-back Guarantee
30 Day money-back guarantee with proof of purchase. Diskettes replaced within 45 days of purchase.
Prices subject to change.

Tax Information
* Residents of CA, CT, CO, FL, GA, IL, KY, MA, MD, MI, MN, MO, NC, NJ, NY, OH, PA, RI, TN, TX, UT, VA, WA, WI add sales tax.

Postage

système-D
Heinle & Heinle Publishers
20 Park Plaza
Boston, MA 02116

Avant de lire le poème *Pour toi mon amour* ▨▨▨▨▨▨▨▨▨▨▨▨▨▨▨

1. Quand vous pensez à l'amour, quelles associations d'idées faites-vous avec ces mots:
   a. les oiseaux
   b. les fleurs
   c. les chaînes

2. Le dilemme que Prévert suggère dans son poème *Pour toi mon amour* est celui-ci: l'amour est-il compatible avec la liberté?
   a. Quand deux personnes s'aiment, pourquoi est-il difficile de préserver la liberté de l'un et l'autre?
   b. Qu'est-ce qui arrive si l'homme ou la femme ne se sent pas libre?
   Expressions utiles: accuser quelqu'un de…, se fier à, se méfier de, respecter, être jaloux(se), tolérant(e), possessif(ve), libéral(e), étouffé(e), prisonnier(ière), à l'esprit ouvert/fermé

Pour toi mon amour

Je suis allé au marché aux oiseaux
Et j'ai acheté des oiseaux
Pour toi
mon amour
Je suis allé au marché aux fleurs
Et j'ai acheté des fleurs
Pour toi
mon amour
Je suis allé au marché à la ferraille°   scrap iron market
Et j'ai acheté des chaînes
De lourdes chaînes
Pour toi
mon amour
Et puis je suis allé au marché aux esclaves°   slave
Et je t'ai cherchée
Mais je ne t'ai pas trouvée
mon amour.

Tiré de *Paroles* de Jacques Prévert. Copyright Editions Gallimard

Questions d'interprétation ▨▨▨▨▨▨▨▨▨▨▨▨▨▨▨▨▨▨▨▨

1. A qui est-ce que le poète s'adresse dans ce poème? Qu'est-ce qui dans le poème confirme votre idée?
2. A votre avis, que représentent les trois « cadeaux » que le poète veut donner: les oiseaux, les fleurs, et les chaînes?

3. Quelle progression voyez-vous dans ce choix de cadeaux? Comment est-ce que les sentiments du poète évoluent à travers le poème?
4. Comment Prévert suggère-t-il le dilemme du conflit entre la liberté et l'amour, mentionné dans *Avant de lire le poème*, question 2? Trouve-t-il une solution à ce dilemme?
5. A votre avis, est-ce que la femme à qui parle le poète est réelle ou une création de ses rêves? Qu'est-ce qui dans le poème justifie votre idée?

Avant de lire le poème *Je suis comme je suis*

1. Les amants se disputent souvent si l'un des deux amants est jaloux de l'autre. Imaginez une querelle entre deux amants. Quelles accusations est-ce qu'un amant jaloux lance contre l'autre? Quelle(s) réponse(s) est-ce que l'autre lui donne?
2. L'amour ne représente pas, bien sûr, la même chose pour tout le monde. Expliquez brièvement la différence entre ces sortes d'amour:
   a. l'amour fou (la passion)
   b. l'amour platonique
   c. l'amour léger (avoir une aventure)

Je suis comme je suis

Je suis comme je suis
Je suis faite comme ça
Quand j'ai envie de rire
Oui je ris aux éclats°   *ris...* roar with laughter
J'aime celui qui m'aime
Est-ce ma faute° à moi   fault
Si ce n'est pas le même
Que j'aime chaque fois
Je suis comme je suis
Je suis faite comme ça
Que voulez-vous de plus°   *Que...* What more do you
Que voulez-vous de moi   expect?

Je suis faite pour plaire°   *(ici)* to be attractive
Et n'y puis rien changer
Mes talons° sont trop hauts°   heels / high
Ma taille° trop cambrée°   shoulders / arched
Mes seins° beaucoup trop durs°   breasts / *(ici)* firm
Et mes yeux trop cernés°   *(ici)* outlined, dark
Et puis après°   *puis . . . (fam)* so what?
Qu'est-ce que ça peut vous faire°   *Qu'est-ce... (fam)* What's it to
Je suis comme je suis   you?

Je plais à qui je plais
Qu'est-ce que ça peut vous faire

Ce qui m'est arrivé
Oui j'ai aimé quelqu'un
Oui quelqu'un m'a aimée
Comme les enfants qui s'aiment
Simplement savent aimer
Aimer aimer...
Pourquoi me questionner
Je suis là pour vous plaire
Et n'y puis rien changer.

Tiré de *Paroles* de Jacques Prévert. Copyright Editions Gallimard.

Questions d'interprétation

1. Qui parle dans ce poème? A qui s'adresse-t-il? Qu'est-ce qui dans le poème confirme votre idée?
2. Ce poème raconte une partie d'une querelle entre deux amants. Le lecteur voit seulement le point de vue d'un des deux amants.
   a. Quelles expressions du poème indiquent que les amants se disputent?
   b. A votre avis, quelles accusations est-ce que l'amant(e) absent(e) porte contre l'autre amant(e)?

3. Regardez les différentes sortes d'amour mentionnées dans *Avant de lire le poème*, question 2. Selon vous, quelle sorte d'amour est-ce que l'amant(e) de ce poème éprouve? Et l'amant(e) absent(e)? Justifiez vos réponses.
4. Quels sont les mots et les vers que Prévert répète souvent dans ce poème? Quels aspects de la personnalité de l'amant(e) veut-il souligner par ces répétitions? **Expressions utiles:** conformiste, non-conformiste, indépendant(e), soumis(e), assuré(e), craintif(ve)
5. Ce poème, comme beaucoup d'autres poèmes de Prévert, a été mis en musique par Joseph Kosma. Selon vous, pourquoi est-ce que ce poème se prête facilement à la mise en musique?

A votre tour

1. Prévert a publié ces deux poèmes dans son recueil, *Paroles*, en 1946. Depuis cette époque, la France et les Etats-Unis ont subi de grandes transformations sociales. Est-ce que les thèmes de ces poèmes vous semblent contemporains ou démodés aujourd'hui? Expliquez pourquoi.

2. Connaissez-vous la condition sociale des femmes dans d'autres pays? Décrivez brièvement cette condition à la classe.

3. *Travail oral par groupes de quatre ou cinq:* Le couple en 2025. Avec vos camarades, faites une liste de changements positifs et négatifs que vous prévoyez pour l'avenir. Ensuite résumez votre vision du futur devant l'ensemble de la classe. **Expressions utiles:** durer, disparaître, la famille nucléaire, l'éducation des enfants, les rapports égalitaires, les rapports complémentaires.

4. *Travail oral par groupes de deux.* Choisissez un des sujets suivants. Après avoir joué vos rôles avec votre camarade, présentez le sketch devant la classe.

   a. Présentez sous forme de sketch la situation décrite dans le poème de Prévert, *Je suis comme je suis.* Ajoutez une conclusion; est-ce que les amants vont se séparer?

   b. Imaginez que l'amant qui parle dans le poème, *Je suis comme je suis,* est un homme au lieu d'une femme. Présentez sous forme de sketch cette nouvelle situation.

Pratique de la langue

Exercice de vocabulaire.

Choisissez, parmi les expressions suivantes, un synonyme pour les mots soulignés dans les phrases qui suivent. Ces expressions sont tirées des textes de ce chapitre.

s'épanouir	nier	partager
revendiquer	exiger	son ahurissement
au bout de	serviable	

1. Ce travail <u>demande</u> beaucoup de responsabilités.
2. Son mari est toujours <u>disposé à aider.</u>
3. Il faut <u>distribuer</u> le travail ménager entre les trois enfants.
4. C'est <u>à la fin de</u> deux ou trois jours de mariage qu'il s'est senti malheureux.
5. A <u>sa grande surprise</u>, sa meilleure amie l'a insultée.
6. Est-ce qu'on peut <u>développer ses talents</u> sans l'encouragement d'une épouse?
7. Les femmes <u>réclament</u> un salaire égal pour un travail égal.
8. Si la femme <u>refuse de reconnaître</u> le coté protecteur chez l'homme, elle provoque son animosité.

Adverbes.

Voici quelques adverbes, tirés du texte, qui joignent une partie d'une phrase ou d'un paragraphe à une autre. Les connaissez-vous? Utilisez un dictionnaire, si c'est nécessaire, pour chercher leur sens. Ensuite, mettez l'adverbe approprié dans les phrases qui les suivent. (Il y a quelquefois plusieurs réponses possibles.)

enfin, donc, éventuellement, bref, pourtant, alors

1. Mon mari partage les tâches ménagères. _____ il ne parle pas d'égalité de l'homme et de la femme; il la vit, tout simplement.
2. Au bout de trois jours de mariage, _____ quand j'étais fatiguée du ménage, je lui ai parlé.
3. Jean a vu l'enfant qui pleurait. _____ il a commencé à lui parler doucement.
4. Quand on est garçon, on ne pleure pas, on répare un vélo cassé, on aide sa mère à porter les valises; _____ on développe un caractère masculin.
5. Si on prend constamment soin des enfants, _____ on devient un parent compréhensif.
6. On peut _____ dire qu'il y a une nature masculine et féminine.

Attention aux faux amis!

Les mots suivants, tirés des textes de ce chapitre, ressemblent à des mots anglais, mais *leur sens est différent.* Essayez de déterminer la signification de ces mots dans les phrases à droite, et choisissez la définition a, b ou c.

1. **actuel (le)**   Comment peut-on expliquer le malaise <u>actuel</u> entre les deux sexes?

     Actuel veut dire (a) réel, (b) présent ou (c) actif?

2. **la dînette**   Les enfants jouent <u>à la dînette</u> avec leurs poupées.

     La dînette veut dire (a) la salle à manger, (b) le jeu où on sert un petit repas ou (c) la cuisine?

3. **ressentir**   Mon père <u>ressent</u> profondément les effets de son mariage malheureux.

     Ressentir veut dire (a) éprouver, (b) avoir de l'animosité contre ou (c) combattre?

4. **hurler**   Pendant le discours du président, quelques spectatrices <u>ont hurlé</u> de rage.

     Hurler veut dire (a) jeter un objet, (b) laisser tomber quelque chose ou (c) crier?

Les familles lexicales.

Regardez les mots à gauche. Vous les connaissez déjà. Essayez de deviner le sens des mots de la même famille lexicale à droite. Ces mots se trouvent dans les textes de ce chapitre.

1. **le couturier, coudre**   Si vous avez le temps de <u>recoudre</u> ce bouton à ma chemise, vous me <u>rendrez</u> service.

2. **venir**   Quand son père est mort, Richard a travaillé pour <u>subvenir</u> aux besoins de la famille.

3. **l'habitude**   Si les garçons sont <u>habitués</u> à une éducation plus égalitaire, ils auront des rapports plus harmonieux avec les femmes.

4. **mettre**   Il va <u>remettre</u> l'enfant insolent à sa place.

5. **servir, le serveur**   Le mari <u>serviable</u> aide sa femme à faire la lessive.

6. **apporter**   L'emploi de Pierre <u>rapporte</u> plus d'argent que celui de sa femme.

7. **gai (e)**   Les enfants <u>égaient</u> beaucoup la maison de leurs parents.

8. **la lumière**   S'il vous plaît, <u>n'allumez pas</u> de cigarette maintenant devant ma mère.

Vocabulaire utile: les transformations des rôles masculins et féminins

la féminité ≠ la masculinité

la féministe = la femme qui réclame l'égalité avec l'homme

l'homme égalitaire = l'homme qui accepte le statut égal de la femme avec l'homme

le phallocrate (*fam*) = l'homme qui n'accepte pas l'égalité de la femme avec l'homme (le chauvinisme du mâle)

la grossesse = l'état physique d'une femme qui attend un bébé (être enceinte)

le contrôle des naissances = la contraception (prendre la pilule)

l'avortement (*m*) = l'arrêt volontaire d'une grossesse (avorter)

l'éducation (*f*) (*faux ami*) *des enfants* = le développement des facultés physiques, intellectuelles et morales d'un enfant

s'occuper des enfants = prendre soin des enfants

La satisfaction personnelle

s'épanouir = développer ses talents (épanoui(e))

poursuivre une carrière

rester au foyer = rester à la maison

poursuivre des études = continuer à s'instruire

être frustré(e), satisfait(e), libéré(e), indépendant(e)

Sujets de composition

Utilisez, pour vous aider, des expressions du *Vocabulaire utile.*

1. Quelle est votre conception du couple idéal?
2. Imaginez que vous êtes marié(e) et que vous avez deux enfants. Décrivez la situation idéale de ce ménage. Qui prendrait soin des enfants? Qui resterait au foyer? Qui travaillerait? Expliquez pourquoi vous trouvez cette situation idéale.
3. Est-ce que les femmes d'aujourd'hui ont perdu leur féminité, et les hommes leur masculinité? Que pensez-vous des transformations des rôles masculins et féminins?
4. A votre avis, est-ce que le mouvement féministe a changé la société américaine (ou française) en bien ou en mal? Expliquez en quoi.
5. Décrivez quelques changements dans la vie des hommes qui sont le résultat du mouvement féministe. Est-ce que ces changements sont bons ou mauvais?
6. Vous sentez-vous optimiste, pessimiste, ou perplexe quand vous imaginez le couple de l'avenir? Expliquez pourquoi.

Chapitre 3

La Société de consommation

« Quand je serai plus grand, j'achèterai… »

Introduction

« L'argent ne fait pas le bonheur »—c'est un proverbe qui résume bien une attitude des Français des générations passées vis-à-vis de l'argent. Un honnête homme ne doit jamais considérer l'argent comme une fin en soi°: l'argent permet de vivre, mais on ne vit pas pour l'argent. Soumis à l'influence de l'Eglise catholique, les Français considéraient la soif d'argent et l'acquisition rapide d'une fortune comme suspectes, et considéraient les « faiseurs d'argent facile »° comme immoraux et dangereux. Beaucoup de Français gardent encore cette attitude, méprisant° le matérialisme trop criard°, mais depuis quelques années ils ont réhabilité la valeur de l'argent et des biens matériels.

    Comment expliquer cette évolution des idées? D'abord, nous vivons à une époque de déchristianisation; les Français sont moins soumis à l'influence du catholicisme. Autre changement essentiel, les Français ont beaucoup plus d'argent qu'auparavant°; le pouvoir d'achat° du Français moyen a triplé depuis la fin des années 40; et avec l'augmentation progressive du S.M.I.C.,[1] cette richesse relative est mieux répartie° dans la société. Les familles ouvrières°, par exemple, possèdent presque tous les mêmes gadgets et autres biens que les familles des cadres supérieurs°: voiture, réfrigérateur, machine à laver, poste de télévision et chaîne stéréo°.

    De plus, l'argent, en changeant de forme depuis quelques années, a perdu son caractère mythique, imposant, en devenant quelque chose de banal, de presque invisible. La carte de crédit a créé une véritable révolution sociale, en permettant à des millions de Français d'avoir un accès immédiat aux biens matériels avant de les payer. Le guichet automatique bancaire°, qui vous donne un accès instantané à votre argent à la banque, rend l'argent encore plus facile à dépenser.

an end in itself

people with "get-rich-quick" schemes

disdaining

showy

previously / buying power

distributed

working-class families

upper-level managers

stereo

automatic teller machine

Il y a donc un changement fondamental dans le style de vie des Français depuis 10 ou 15 ans: ils dépensent une plus grande partie de l'argent qu'ils gagnent qu'auparavant: environ 85 pour-cent de leur salaire aujourd'hui. L'achat des biens durables—voitures, bicyclettes, équipement de la maison, postes de télévision, magnétoscope°, radio—a plus que doublé depuis 1970. Les dépenses de santé ont aussi beaucoup augmenté (10,6 pour-cent du budget en 1984, par rapport à 6,9 pour-cent en 1970), réflétant la nouvelle importance que les Français donnent à la forme et au maintien de l'état physique. Le jogging, la gymnastique et les autres sports jouissent d'une grande popularité en France aujourd'hui.

    videocassette recorder

Les Français achètent non seulement le nécessaire, mais très souvent le superflu—l'équipement de loisirs, la résidence secondaire à la campagne, et ils les achètent sans délai. D'après la nouvelle mentalité française, le loisir constitue non seulement un droit°, mais un des aspects les plus nécessaires et les plus importants de la vie. Ayant plus de revenu disponible°, et profitant d'une réduction du temps de travail (39 heures par semaine, et des vacances payées de 6 semaines pour tous les employés français), les Français de toutes les classes sociales peuvent se consacrer° de plus en plus au loisir.

    right

    (*ici*) disposable

    devote themselves to

La publicité, omniprésente en France comme aux Etats-Unis, pousse le consommateur à consommer de plus en plus. Qui peut résister à la séduction des réclames° qui créent un monde de beauté et de rêve, qui évoquent un style de vie passionnant, prestigieux et beau? On pourrait parodier un poème célèbre de Ronsard, résumant ainsi la devise° des Français contemporains: "Consommez, si m'en croyez, n'attendé à demain."[2] En quoi est-ce que la société de consommation française se distingue de celle des Etats-Unis? Si le « rêve américain » consiste en une maison meublée avec élégance et une voiture prestigieuse, le « rêve français, » pour beaucoup de Français, ce n'est pas tellement les possessions matérielles, mais les voyages, les loisirs, et les activités créatrices.

    advertisements

    motto

Tout en jouissant des plaisirs de la consommation, les Français d'aujourd'hui gardent, en somme, une attitude ambiguë envers l'argent: l'argent fascine et irrite en même temps. Parler d'argent, révéler son salaire, est considéré comme de très mauvais goût. Si on court après l'argent comme tout le monde, on a vaguement honte d'en avoir. Quelqu'un qui a fait fortune très rapidement en France est souvent stigmatisé par la société. Par contre, les jeux d'argent à la télévision, comme « La Roue de la fortune, » fascinent les Français, et la loterie nationale jouit d'une popularité énorme.

L'argent est-il donc une valeur qu'on estime ou un sujet de honte? Les lectures de ce chapitre montrent la diversité des points de vue—méfiance°, hostilité, humour—au sujet de l'argent.

    distrust

Notes culturelles

1. S.M.I.C.—salaire minimum interprofessionnel de croissance Voir *Note culturelle* 5 du Chapitre 2 pour une explication de cette expression.
2. Pierre de Ronsard (1524–1585), *Sonnet pour Hélène*. Le poème se termine par ces vers: « Vivez, si m'en croyez, n'attendez à demain,/Cueillez dès aujourd'hui les roses de la vie. »

Avant de lire le texte

Le texte suivant est tiré d'un roman, *Des Cornichons° au chocolat* (1983), écrit par une jeune fille de 13 ans, appelée simplement « Stéphanie ». Dans cet extrait du roman, Stéphanie décrit ses impressions sur le monde des adultes.

pickles

1. D'après vous, quels sont les achats préférés des adultes américains (en dehors des choses nécessaires comme la nourriture, le logement)? Et ceux des adolescents?
2. Quels conflits, provoqués par l'argent, y a-t-il quelquefois entre les parents et les adolescents?
3. Quels appareils ou gadgets vous semblent utiles? Lesquels vous semblent superflus et ridicules?

Des Cornichons au chocolat

Mes parents, ils achètent tout ce qui est à la mode. Ils ont des walkman, des blousons° en soie de toutes les couleurs, ma mère elle s'habille

casual jackets

comme une minette°, c'est un Etre Humain Complètement Risible°. Mon père, si la mode c'était de mettre des plumes sur la tête, il le ferait. J'ai jamais vu des gens qui sont autant à la mode. Ils me font honte°. Ma mère, elle passe sa journée à s'acheter des fringues° et à se faire teindre les cheveux°. Elle a une couleur rousse très bizarre, avec des méchettes et des rouleaux° et des espèces de franges° comme les héroïnes des feuilletons-télé° américains débiles°, on dirait qu'elle veut poser pour des marques° de shampooings tellement elle s'occupe de ses cheveux et de leur couleur. Mon père, il veut s'habiller comme un gamin° de dix-huit ans, il met des jeans qui le serrent° à la taille et des talons hauts parce qu'il doit se trouver trop petit.

Je comprends pas pourquoi ils se déguisent comme ça. Ma mère, je comprends parce qu'elle est tellement moche°, mais mon père je le trouve très beau, il a des yeux verts, même s'il est tout petit, et je comprends pas pourquoi il fait tout pour être autant à la mode et pour se déguiser comme ça. Je veux dire, les papas de mes copines, ils s'habillent normalement, enfin presque. Ils ont des costumes° et des cravates ou des chandails en V° avec des chemises ouvertes et des pantalons avec des plis,° ils essaient pas de ressembler à des Américains chanteurs de rock, ils ont pas l'air de clowns, ils sont sortables°, on n' a pas honte d'être vus avec eux dans la rue. Mon père et ma mère, c'est des désespérés de la mode°. Ils font tous les plans qu'il faut faire, tous. Le plan vacances par exemple, c'est typique ce qu'ils font.

Ils vont à Avoriaz° en hiver, c'est un endroit que j'ai en horreur°, il y a pas une bonne pâtisserie sérieuse avec de la place pour s'asseoir, on vend de la fondue à 200 balles°, il y a pas d'endroit pour se reposer, c'est l'endroit le plus laid du monde. Ils vont à Deauville° en week-end et même l'été, c'est une ville que j'ai en horreur, les gens quand ils viennent au bord de la mer, ils tournent le dos à la mer tellement ça les intéresse pas, tellement la seule chose qui les intéresse c'est de frimer° entre eux et de dire du mal les uns des autres et de parler d'argent. Les mémères°, elles se mettent en maillot de bain mais elles gardent tellement de trucs sur elles qu'on croirait qu'elles sont encore habillées: les gourmettes° en or, les montres en or, les chaînes en or, elles ont toutes des chaînes autour des hanches°, du cou, des chevilles°, ça fait gling gling gling comme les clochettes° du Père Noël dans son traîneau° quand elles marchent, et les pépères°, ils ont presque autant d'or autour des poignets°, c'est le mauvais goût intégral absolu, c'est à gerber° cette plage, ils arrêtent pas de fumer, de jouer aux cartes et de dire du mal des uns des autres et de parler d'argent, c'est affreux° cet endroit.

Extrait tiré du roman *Des Cornichons au chocolat* de Stéphanie, Editions J-C Lattès.

Glossary (right margin):

(*fam*) chick, cutie pie / laughable, ridiculous
They embarrass me.
(*f pl, fam*) clothes
se… have her hair dyed
ringlets / bangs
T.V. soap operas / moronic
(*faux ami*) brand
(*fam*) kid
(*ici*) hug, fit tightly

(*fam*); (*ici*) ugly

(*m faux ami*) suits
V-neck
pleats
(*fam*) presentable

(*fam*) slaves of fads

station de ski aux Alpes / *j'ai…* I hate
(*fam*) francs
station d'été en Normandie, sur la Manche

(*fam*) to show off
(*fam*) old ladies
chain bracelets
hips / ankles
sleigh bells / sled
(*fam*) old men
wrists / *c'est…* (*argot*) it's nauseating

(*fam*) horrible

De quoi s'agit-il?

Pour chaque personne ou groupe de personnes à gauche, choisissez les
choses à droite qu'il (ou elle) achète souvent.

1. la mère de Stéphanie	**a.** les blue-jeans
2. le père de Stéphanie	**b.** le lecteur de cassettes
3. les pères des amis de Stéphanie	**c.** le veston
4. les vieillards de Deauville	**d.** les talons hauts
	e. le chandail en V
	f. le pantalon avec des plis
	g. la montre et la chaîne en or
	h. le bracelet en or

Promenade à Deauville.

Pour chaque personne ou groupe de personnes à gauche, choisissez l'expression qui explique pourquoi il (ou elle) a acheté des vêtements ou des gadgets. Il y a parfois plusieurs réponses possibles.

1. la mère de Stéphanie	**a.** pour paraître plus jeune(s)
2. le père de Stéphanie	**b.** pour étaler sa (leur) richesse
3. les pères des amis de Stéphanie	**c.** pour impressionner les autres
4. les vieillards de Deauville	**d.** pour être conformiste(s)
	e. pour être chic

A votre tour

1. Qu'est-ce que Stéphanie ridiculise surtout chez les adultes?
2. Comment trouvez-vous les parents de Stéphanie, d'après cet extrait:

amusants	compréhensibles	vaniteux
ridicules	semblables aux adultes américains	obsédés par la jeunesse
choquants		matérialistes

Donnez quelques détails qui justifient votre opinion.

3. *Travail oral par groupes de trois ou quatre.* Après quelques minutes de discussion, résumez vos idées pour l'ensemble de la classe.
   a. Dans ce texte, on trouve beaucoup d'exemples de langage familier ou argotique, utilisé souvent par les adolescents. Cherchez dans le texte des exemples de ces caractéristiques du langage familier:
   1) l'omission de « ne » dans une phrase négative
   2) les phrases incomplètes (où il n'y a pas de verbe principal)
   3) les phrases trop longues, qu'on doit diviser en deux ou trois phrases
   4) les hyperboles (exagérations), souvent accentuées par des lettres majuscules
   5) le redoublement du sujet ou de l'objet
   Exemple: « Mes parents, ils achètent tout ce qui est à la mode. »
   b. A votre avis, quelle attitude de Stéphanie est exprimée par son langage?

4. *Travail oral par groupes de deux.* Utilisez des expressions de la section suivante, *Vocabulaire utile.* Choisissez un des sujets qui suivent. Après quelques minutes de discussion, présentez vos conclusions à l'ensemble de la classe.

a. Faites un petit portrait de Stéphanie, d'après sa critique des adultes. Comment est-ce que vous imaginez son apparence physique?

b. Racontez à votre partenaire comment vous dépensez votre argent en général. Avec ce (cette) partenaire, faites une liste de vos priorités.

Vocabulaire utile: la société de consommation

le niveau de vie (élevé, bas) = le mode d'existence d'une société

augmenter ≠ diminuer

la période de prospérité ≠ la période de crise

l'inflation ≠ la déflation

le consommateur (la consommatrice) = quelqu'un qui achète quelque chose, qui dépense de l'argent (faire des achats)

les biens **(m)** *matériels* = les possessions

les valeurs **(f)** = les idées et croyances qu'on estime beaucoup

dépenser son argent ≠ économiser son argent (la dépense)

estimer, apprécier (l'argent) ≠ mépriser (l'argent)

le matérialisme = l'obsession de l'argent et des possessions (matérielles) (être matérialiste)

la publicité = l'art de faire connaître un produit et de persuader le consommateur d'acheter ce produit (la réclame)

Boris Vian

Poète, romancier, dramaturge, chanteur, et compositeur de grand talent, Boris Vian (1920–1959) incarne l'esprit non-conformiste et provocateur de la jeunesse. Les chansons suivantes, tout en provoquant le rire, mettent en question les valeurs de la société contemporaine.

Avant de lire la chanson Boris Vian, *J'suis snob* (1954)

1. A votre avis, qu'est-ce que c'est qu'un snob?
2. Qu'est-ce qu'un snob aime acheter? Quelles sont ses distractions? Comment s'habille-t-il?
3. Quel rapport voyez-vous entre le snobisme américain et les noms ou expressions suivantes: Bloomingdale's, yuppie, Porsche, la haute couture, le Club Med, la nouvelle cuisine?
4. Dans une conversation familière en français, on omet souvent le **e** muet et on laisse tomber le mot *ne* du négatif. Récrivez les expressions suivantes, tirées des chansons de Boris Vian que vous allez lire, et ajoutez les lettres ou les mots absents. Ensuite traduisez ces expressions.

a. J'suis snob.
b. l'seul défaut
c. J'ai pas mal au foie°   liver
d. Personne fait plus ça
e. J'l'ai r'tourné
f. d'l'aut'côté
g. c'est plus pareil

J'suis Snob

Refrain 1

J'suis snob
J'suis snob
C'est vraiment l'seul défaut° que j'gobe°   fault / swallow, accept gladly
Ça demande des mois d'turbin°   (*fam*) hard work, grind
C'est une vie de galérien°   galley slave
Mais lorsque je sors à son bras°   arm in arm
J'suis fier du résultat
J'suis snob
J'suis snob
Tous mes amis le sont
On est snobs et c'est bon.

Couplet 1

Chemises d'organdi
Chaussures de zébu°   rare Asiatic ox
Cravate d'Italie

Et méchant° complet° vermoulu°   (*ici*) sorry-looking / (*faux ami*)
Un rubis au doigt   suit / decrepit
De pied°! pas cui-là°   *doigt*…toe / (*celui-là*) that one
Les ongles° tout noirs   (*m*) (fingers) nails
Et un **très** joli p'tit mouchoir.

J'vais au cinéma
Voir les films suédois
Et j'entre au bistro
Pour boire du whisky à gogo°   galore, in large amounts
J'ai pas mal au foie
Personne fait plus ça
J'ai un
Ulcère
C'est moins banal et plus cher.

Refrain 2

J'suis snob
J'suis snob
J'm'appelle François mais on dit Bob
Je prends des places à l'Opéra
Pour chaque soir mais j'y vais pas
Je ne fréquente que des baronnes
Aux noms comme des trombones.
J'suis snob
J'suis snob
Et quand je fais l'amour
C'est à poil° dans la cour.°   *à*… naked / yard

Couplet 2

On se réunit
Avec les amis
Tous les mercredis

Pour faire des snobisme-parties
Il y a du coca°   (*fam*) Coca-Cola
On déteste ça
Et du camembert
Qu'on mange à la petite cuiller.°   teaspoon
Mon appartement
Est vraiment charmant
J'me chauffe° au diamant   warm myself
On n'peut rien rêver d'plus fumant°   *On*… It's incredibly awesome
J'avais la télé

Mais ça m'ennuyait
Et j'l'ai
R'tournée
D'l'aut' côté c'est passionnant.

Refrain 3

J'suis snob
J'suis snob
J'ai une foudroyante° garde-robe°   *(fam)* fantastic / wardrobe
J'ai des accidents en Jaguar
Je passe le mois d'août au plumard°   *(fam)* bed, sack
C'est dans les p'tits détails comme ça
Que l'on est snob ou pas
J'suis snob
J'suis snob
Et quand je serai mort
J'veux un suaire° de chez Dior.   shroud

Chanson tirée de *Textes et chansons* de Boris Vian, Editions René Julliard.

De quoi s'agit-il?

1. Boris Vian ridiculise plusieurs formes de snobisme dans cette chanson. Trouvez dans la chanson quelques exemples de chaque forme de
   snobisme.
   a. On veut impressionner les autres en fréquentant la haute société.
   b. On aime scandaliser ou choquer les autres.
   c. On aime ce qui est exotique, ou ce qui vient de l'étranger.
   d. On aime ce qui est très coûteux.
   e. On fait le dandy.

Questions d'interprétation

1. Trouvez-vous la chanson, « J'suis snob » amusante? Voici trois techniques humoristiques utilisées souvent par Vian: a. les répétitions, b.
   les exagérations (les hyperboles) et c. l'absence de logique. Classez
   les vers suivants, tirés de la chanson, par technique humoristique.
   Ensuite trouvez d'autres vers qui illustrent les techniques a, b et c.
   a. Ça demande des mois d'turbin/ C'est une vie de galérien
   b. J'ai pas mal au foie/ Personne fait plus ça
   c. Je ne fréquente que des baronnes/ Aux noms comme des trombones
   d. J'suis snob/ J'suis snob/ Tous mes amis le sont/ On est snobs et
   c'est bon.
   e. J'me chauffe au diamant/ On n'peut rien rêver d'plus fumant.

2. Avec un(e) partenaire, récrivez un refrain ou un couplet de la chanson en français soigné (correct). Quel est l'effet de ce changement? Quelle sorte de langage préférez-vous pour cette chanson—le français familier ou le français soigné? Expliquez pourquoi.
3. Boris Vian fait le portrait dans cette chanson d'un type social. Résumez les traits de caractère de ce type. A votre avis, pourquoi veut-il être snob? Ressemble-t-il un peu au bourgeois gentilhomme de Molière?

Avant de lire la chanson *Complainte du Progrès* (1955)

1. Est-ce que les gadgets et les appareils modernes simplifient ou compliquent notre vie? Donnez un exemple de chaque situation.
2. Dans cette chanson, Boris Vian invente les noms de gadgets en combinant un verbe (à la troisième personne du singulier) avec un nom; par exemple, « le chasse-filou » est un gadget qui sert à chasser des voleurs.

Combinez un verbe de la colonne de gauche avec un nom de la colonne de droite pour créer quelques noms de gadgets imaginaires. Ces noms sont tous masculins. Ensuite expliquez la fonction de chaque gadget. Cherchez les mots que vous ne connaissez pas dans un dictionnaire.

A	B
couper	le poulet
cirer	la poussière
repasser	le gâteau
chasser	l'insecte (*m*)
chauffer	la vaisselle
effacer	les chaussures
laver	la chemise

Complainte° du Progrès

Autrefois pour faire sa cour°
On parlait d'amour
Pour mieux prouver son ardeur
On offrait son cœur
Aujourd'hui, c'est plus pareil°
Ça change, ça change
Pour séduire le cher ange
On lui glisse à l'oreille°
Ah... Gudule°!... Viens m'embrasser... Et je te donnerai

Un frigidaire
Un joli scooter
Un atomizer

(faux ami) lament

pour... to woo someone

(ce n'est plus pareil) it's not the same anymore

glisse... whispers in her ear
(interjection) a medieval saint

Et du Dunlopillo°   brand of foam rubber
Une cuisinière°   mattresses and cushions
Avec un four° en verre°   stove
Des tas de couverts°   oven / glass
Et des pell' à gâteaux°   (*m*) silverware
Une tourniquette°   cake servers
Pour fair' la vinaigrette°   egg beater
Un bel aérateur°   salad dressing
Pour bouffer° les odeurs   (*m*) ventilator
Des draps° qui chauffent   (*fam*) to devour
Un pistolet° à gaufres°   (*faux ami*) sheets
Un avion pour deux   pistol / waffles
Et nous serons heureux

Autrefois s'il arrivait
Que l'on se querelle
L'air lugubre on s'en allait
En laissant la vaisselle°   dishes
Aujourd'hui, que voulez-vous
La vie est si chère
On dit: rentre chez ta mère
Et l'on se garde tout°   *on…* (*fam*) you keep
Ah… Gudule… Excuse-toi… ou je reprends° tout ça.   everything for yourself
                                          take back

Mon frigidaire
Mon armoire à cuillères
Mon évier° en fer   (*m*) sink
Et mon poêl' à mazout°   *poêle…* oil-burning stove
Mon cire° godasses°   (*ici*) polisher / (*fam*) shoe
Mon repasse°-limaces°   (*ici*) ironer / (*fam*) shirt
Mon tabouret° à glace°   stool / mirrored
Et mon chasse-filou°   (*fam*) crook
La tourniquette
A faire la vinaigrette
Le ratatine°-ordures°   (*fam*) crusher / (*f*) garbage
Et le coupe-friture°   French fry cutter
Et si la belle
Se montre encore rebelle
On la fiche° dehors   (*fam; ici*) kick out
Pour confier son sort°   *confier…* to abandon her
Au frigidaire
A l'efface°-poussière°   (*ici*) eraser / dust
A la cuisinière
Au lit qu'est toujours fait
Au chauffe-savates°   (*f pl*) slippers
Au canon à patates°   (*f; fam*) potatoes
A l'éventre°-tomates   *éventrer* … to rip open
A l'écorche°-poulet   (*ici*) skinner

Mais très très vite
On reçoit la visite
D'une tendre petite°   (*fam*) girl, chick
Qui vous offre son cœur
Alors on cède
Car il faut qu'on s'entraide°   help one another
Et l'on vit comme ça
Jusqu'à la prochaine fois.

Chanson tirée de *Textes et chansons* de Boris Vian, Editions René Julliard.

De quoi s'agit-il?

Vrai/Faux.

Si la phrase est vraie, écrivez *V*. Si elle est fausse, écrivez F et expliquez pourquoi.

1. Autrefois les amants ne se donnaient pas tant de gadgets coûteux.
2. Les couples d'aujourd'hui aiment surtout les plaisirs simples de la vie.
3. Beaucoup de gadgets mentionnés par Vian servent à préparer les repas.
4. Aucun gadget de la chanson ne simplifie le travail ménager.
5. On trouve la majorité de ces gadgets dans la cuisine du Français moyen en 1955.
6. D'après le poète, les Français accumulent des appareils de plus en plus compliqués.
7. Selon le poète, ce sont les hommes surtout qui désirent posséder les gadgets.
8. Après sa rupture avec une femme, le poète préfère vivre en solitaire.

Avec un(e) partenaire, complétez le tableau suivant, en classant les gadgets mentionnés dans « Complainte du progrès »:

Gadgets réels	Gadgets réels, mais avec des noms inventés	Gadgets imaginaires
l'avion pour deux	le ratatine-ordures (le broyeur d'ordures) le chasse-filou (la sonnerie antivol)	le canon à patates

Questions d'interprétation

1. Le titre de cette chanson, *Complainte du progrès*, suggère une attitude désillusionnée envers le progrès. D'après Vian, est-ce que le progrès et le succès matériel rendent la vie compliquée ou désagréable? Expliquez pourquoi.

2. Dans *Complainte du progrès*, l'humour prend des formes variées. Avec un(e) partenaire, trouvez dans la chanson quelques exemples de chaque forme d'humour suivante. Expliquez comment chaque technique contribue à l'effet comique de la chanson:

   a. la répétition de certaines rimes
   b. l'énumération des gadgets bizarres, fantastiques ou frivoles
   c. l'emploi du langage familier

3. Est-ce que Vian mentionne des gadgets agressifs ou terrifiants? Quelle évolution dans le choix de gadgets voyez-vous à travers la chanson? Devinez-vous quelle est son attitude envers la société moderne?

4. Est-ce que le poète semble présenter un point de vue masculin dans cette chanson? Donnez les détails qui justifient votre opinion.

5. Quelle image de l'amour est-ce que Boris Vian nous présente dans cette chanson?

A votre tour

1. Vian a composé les deux chansons, *J'suis snob* et *Complainte du progrès*, pendant les années 50. Quelles transformations sociales est-ce que ces chansons reflètent? Est-ce que les thèmes de ces chansons s'appliquent aussi à la société américaine des années 90?

2. A votre avis, à quelle classe sociale appartient le snob décrit par Boris Vian? Et dans la société américaine contemporaine, à quelle(s) classe(s) appartient-il?

3. *Travail oral par groupes de trois ou quatre.* Choisissez un des sujets suivants. Après quelques minutes de discussion, quelqu'un résumera les arguments de son groupe pour l'ensemble de la classe. Utilisez des expressions de la section suivante, *Vocabulaire utile.*

   a. « L'argent ne fait pas le bonheur. » Etes-vous d'accord avec ce proverbe? Dans votre groupe de camarades, chacun présentera des arguments pour ou contre ce proverbe.
   b. Est-ce que la critique de la société faite par Stéphanie peut s'appliquer à la société américaine de nos jours? Donnez des détails pour illustrer votre point de vue.
   c. Est-ce que les Américains respectent et admirent en général les personnes qui ont rapidement acquis une grande fortune? Est-ce que la soif d'argent et l'ambition sont des sentiments admirables aux Etats-Unis? Donnez quelques exemples pour illustrer votre point de vue.

4. *Dialogue.* Le « snob » de Boris Vian rencontre un snob américain contemporain. Composez, avec votre camarade, un dialogue entre ces deux personnages.

Vocabulaire utile

avare ≠ généreux(se)
économe ≠ dépensier(ière)
gaspiller son argent = jeter l'argent par les fenêtres
préparer, suivre un budget
bon marché ≠ cher (chère)
d'occasion ≠ neuf (neuve)
à prix réduit = en solde

chercher des prix avantageux = essayer de trouver des occasions
c'est une véritable occasion! = c'est un achat avantageux!
être à la mode, chic (suivre la mode) ≠ être démodé(e), vieux jeu
être conservateur ≠ être d'avant-garde

La publicité

Le but de toute réclame, c'est de faire connaître un produit au public, et de persuader les gens d'acheter ce produit. Les armes pour convaincre les consommateurs diffèrent d'un pays à l'autre, et révèlent des aspects particuliers à chaque culture. Lisez la réclame pour la Crème Antirides de Vichy à la page 50, et répondez ensuite à ces questions.

1. Quelle sorte de produit décrit-on dans cette réclame? Qu'est-ce que le produit va accomplir, d'après la réclame?
2. Regardez maintenant le langage utilisé dans la réclame.

   a. Lesquelles des déclarations de la réclame vous semblent convaincantes, et lesquelles semblent fausses? Pourquoi?
   b. Relisez la réclame. Choisissez un mot qui revient très souvent, et qui semble résumer le message de la réclame. Est-ce que ce mot a une connotation positive ou négative?
   c. Lesquelles de ces armes de persuasion trouvez-vous dans la réclame?

   • les renseignements scientifiques ou pseudo-scientifiques
   • les renseignements pratiques, utiles au sujet du produit
   • la description de la sensation agréable du produit
   • la facilité d'application du produit
   • l'évocation d'un style de vie prestigieux et chic
   • l'appel au sentiment de panique

   d. Regardez le nom de la marque du produit. A votre avis, est-il bien choisi? Quelles associations d'idées faites-vous avec ce nom?

3. Après avoir lu cette réclame, voulez-vous acheter le produit? Pourquoi ou pourquoi pas?

4. Identifiez les idées présentées ou suggérées dans la réclame. Expliquez vos réponses.

   a. La femme idéale est jeune.

   b. La science a conquis le vieillissement.

   c. Si on prend soin de sa peau, on peut éviter le vieillissement.

5. A votre avis, est-ce que la publicité rend service au public en général, ou est-ce qu'elle le trompe? Justifiez vos arguments.

1. wrinkles 2. skin 3. conceived (past participle of *concevoir*)
4. little wrinkles 5. loosening, slackening 6. skin 7. tones up, firms up

Pratique de la langue

Exercice de vocabulaire

Choisissez parmi les expressions suivantes, tirées des textes de ce chapitre, un synonyme pour les mots soulignés.

le (la) gamin(e)   le plumard   pareil(le)
affreux(se)   se teindre   avoir en horreur

1. Mon père s'habille comme un adolescent de 18 ans.
2. La plage, c'est un endroit que je déteste quand il y a trop de monde.
3. Que pensez-vous de cette mode? Elle est horrible!
4. Ce n'est pas la même chose aujourd'hui; tout a changé depuis les années 70.
5. Ne passez pas toute la journée au lit! Levez-vous!
6. La jeune femme veut changer la couleur de ses cheveux pour être à la mode.

Attention aux faux amis!

Les mots suivants, tirés des textes que vous venez de lire, ressemblent à des mots anglais, mais *leur sens est différent.* Essayez de déterminer le sens de ces mots dans les phrases à droite, et choisissez la définition a, b ou c.

1. la marque   Quelle est la marque de ce poste de télévision? Il est excellent.

La marque veut dire (a) le prix allemand, (b) l'image ou (c) le nom du fabricant?

2. les couverts (*m*)   Nos amis nous montrent leurs couverts en argent, qu'ils viennent d'-acheter.

Les couverts veulent dire (a) les ustensiles pour manger, (b) les nappes qui couvrent la table ou (c) les serviettes?

3. passionnant(e)   Comment trouvez-vous ce mélodrame? Je le trouve passionnant!

Passionnant veut dire (a) plein de passion, (b) romanesque ou (c) excitant?

4. le costume   Jacques porte un beau costume au restaurant.

Un costume veut dire (a) un déguisement, (b) un veston et un pantalon ou (c) un ensemble de vieux vêtements?

5. le drap   Mireille a acheté des draps de satin pour sa chambre à coucher.

Le drap veut dire (a) le tapis, (b) le rideau pour les fenêtres ou (c) ce qu'on met sur le matelas d'un lit?

Les Familles lexicales

Regardez les mots à gauche. Vous les connaissez déjà. Essayez de deviner le sens des mots de la même famille lexicale à droite. Ces mots se trouvent dans les textes de ce chapitre.

1. **rire** — Mon frère est un garçon risible; il fait toujours le clown.

2. **sortir** — S'il met une chemise blanche et une cravate, mon ami sera sortable.

3. **prendre** — Après leur rupture, Paul reprend la bague de fiançailles qu'il a donnée à Carole.

4. **aider** — Si tout le monde veut bien s'entraider, nous allons résoudre tous nos problèmes.

5. **l'espoir, le désespoir** — Vous avez l'air désespéré; la vie n'est pas si triste que cela.

6. **la séduction** — Qu'est-ce qui séduit les jeunes couples d'aujourd'hui? Les belles automobiles, les nouveaux gadgets, les voyages?

Vocabulaire utile: les styles de vie

l'avarice (f), la cupidité ≠ la générosité

la mesquinerie = la petitesse d'esprit ≠ la générosité

intéressé(e), mercenaire ≠ désintéressé(e)

la frugalité = la parcimonie

la simplicité du style de vie ≠ l'extravagance (vivre simplement, vivre avec extravagance)

le luxe, la richesse ≠ la pauvreté (vivre dans le luxe, s'offrir le luxe d'un voyage, etc.)

C'est du luxe!

étaler, faire l'étalage de sa richesse = montrer sa richesse d'une façon éclatante, criarde

vivre au-dessus de ses moyens = dépenser plus qu'on ne gagne

vivre au jour le jour = ne pas penser au lendemain

être indigent, sans le sou = être très pauvre

un salaire misérable = un salaire minime

faire faillite = être ruiné(e) (être en faillite)

Sujets de composition

Utilisez, pour vous aider, des expressions du Vocabulaire utile.

1. Les Américains ont la réputation d'être trop matérialistes. D'après vous, est-ce que cette critique est justifiée?

2. Imaginez que vous allez passer un mois dans une île déserte. Quels gadgets voulez-vous apporter avec vous? Pourquoi? Pourrez-vous vous adapter facilement à une vie plus simple?

3. En général, êtes-vous une consommatrice (ou un consommateur) sage, économe, ou êtes-vous dépensière (dépensier)? Est-ce que la publicité vous influence beaucoup? Racontez des anecdotes qui montrent votre tempérament de consommateur.

4. Comparez le niveau de vie et le style de vie de l'Américain moyen avec ceux des gens d'un autre pays que vous connaissez. Quelles sont les différences les plus frappantes que vous avez remarquées?

5. Dans l'extrait du roman, *Des Cornichons au chocolat,* et dans la chanson, « J'suis snob », les deux auteurs ridiculisent le snobisme des Français qui essaient d'imiter la mode des étrangers. Trouvez-vous ce même phénomène aux Etats-Unis? Racontez des anecdotes qui illustrent cette forme de snobisme.

Chapitre 4

Le Voyage

Marché en plein air au Maroc.

Introduction

Désirez-vous faire un voyage? Aimez-vous feuilleter° les brochures qui montrent la mer, les plages de sable blanc, les palmiers et les fleurs exotiques? On associe souvent le voyage au rêve et à l'évasion loin du monde du travail et des contraintes°.

En France, comme aux Etats-Unis, avec la diminution du temps de travail et le développement des emplois à temps partiel, le loisir° joue un rôle de plus en plus important dans la vie. C'est la France qui a inauguré le système des congés payés° en 1936. Aujourd'hui les salariés° français ont tous six semaines de vacances payées, et la majorité des Français passent leurs vacances loin de chez eux—à la mer, à la montagne, à la campagne, ou en faisant un circuit° dans plusieurs régions. Le tourisme est aujourd'hui une des plus grandes industries de France, occupant° plus d'un million et demi de salariés, et rapportant° environ 18 milliards° de francs par an.

Depuis quelques années, la notion de vacances est en train de changer fondamentalement. Traditionnellement, les congés payés étaient considérés comme un moyen de récupérer ses forces de travail, de « recharger les batteries » avant une nouvelle année de travail. Les vacances, prises en juillet ou en août, étaient rarement passées en dehors des frontières° de la France. On choisissait les vacances pour faire un contraste total avec les onze mois précédents: oisiveté,° bronzage°, insouciance° totale, fête et gastronomie. Gilbert Trigano, directeur du Club Méditerrannée, résume ainsi la conception traditionnelle des vacances: « le soleil, la mer, et dix mille corps allongés sur le sable. »

Beaucoup de Français partagent encore cette notion de vacances. Mais les nombreux inconvénients, tels que les autoroutes encombrées° en juillet et en août, l'inflation des prix dans les stations d'été° et l'omni-présence de la foule découragent de plus en plus de gens. D'autres

leaf through

restrictions

leisure

congé... paid vacations / salaried employees

tour
(*ici*) employing
yielding (financially) / billions (1 franc = $.20, 18 milliards de francs = $3.24 billion)

borders
(*f*) idleness / tanning
(*f*) carefree attitude

congested
summer resorts

personnes refusent d'accepter la différence brutale entre la période de
travail et la période de loisirs. Et si on pouvait mieux intégrer les loisirs
et les vacances à la vie quotidienne°?   everyday

Les Français essaient de nouvelles formules de vacances et de voyages, pour trouver un meilleur équilibre entre le travail et le loisir. Beaucoup d'entre eux possèdent une résidence secondaire à la campagne.
C'est un moyen de profiter des sports d'été ou d'hiver et de faire un   *faire...* make an investment /
investissement° souvent lucratif dans l'immobilier°. Ils passent dans   (*m*) real estate
cette résidence des fins de semaine ou plusieurs semaines pendant l'an-
née. D'autres gens préfèrent la formule de la multipropriété°, qui leur   time-sharing property
permet de passer des vacances moins chères.

On a le goût aujourd'hui des vacances plus fréquentes et en général
plus actives qu'auparavant°. Les Français sont plus nombreux à partir en   before
vacances d'hiver, bien que° le coût des vacances de neige décourage le   although
Français moyen. Le ski de fond°, très à la mode de nos jours en France,   cross-country skiing
est moins coûteux que le ski alpin° et offre moins de risques aux gens   downhill skiing
plus âgés.

D'après Gilbert Trigano, les Français considèrent maintenant les vacances non seulement comme un moyen de se reposer, mais comme un
moyen d'apprendre, de communiquer avec les autres, et de se découvrir
des talents nouveaux. Le Club Med, la plus grande entreprise de vacances du monde, qui a compté 1,5 millions de clients en 1987, attire des
gens de divers âges et classes sociales, qui veulent pratiquer un sport,
apprendre une nouvelle langue, ou même s'initier° à un métier°. En   to begin / trade
1990, Trigano a ouvert le premier centre à vocation multiple, qui groupe
un centre de sports et de loisirs (terrains de golf, piscine, courts de
tennis, zones de pêche° et de chasse) et un centre de formation° aux   fishing / training
professions du tourisme et de l'informatique°.   computer science

Les vacances de demain, selon Trigano, intégreront, de plus en plus,
la détente°, l'enrichissement culturel et la formation aux métiers. D'après   relaxation
lui, tout le monde a besoin de profiter des vacances pour retourner à la
nature, et pour développer les facettes multiples de sa personnalité. Et
si l'on est content de rester simplement chez soi, et de ne rien faire
pendant les vacances? Ne soyez pas complexé° si vous ne partagez pas   (*fam*) be hung up, have
les idées de Trigano. Le célèbre humoriste français, Pierre Daninos,   complexes
refuse de bouger de° Paris en juillet et en août, malgré les questions   move from
incessantes de sa concierge°: « Alors, pas encore parti? » « Alors, ces   building superintendent
vacances...? » « C'est pour quand, le départ? »

Avant de lire les textes

Dans les lettres suivantes, cinq étudiants décrivent le pays qu'ils voudraient visiter.

1. Rêvez-vous de visiter un pays étranger? Où voulez-vous aller? Combien de temps aimeriez-vous rester dans ce pays?

2. Quels aspects de ce pays vous semblent intéressants ou fascinants? Mentionnez deux ou trois endroits que vous aimeriez visiter dans le pays de vos rêves.

Lettres de quelques étudiants

« Je crois que je suis folle de l'Egypte: j'écris des poèmes, je collectionne les timbres°, les posters, les photos, les livres sur l'Egypte.

Le plus beau cadeau que l'on pourrait° me faire, ce serait un billet d'avion pour Le Caire, aller simple° car je crois que je ne pourrais pas repartir! Ou alors des cours d'arabe, car communiquer avec les autochtones°, ce serait très intéressant, et on apprend toujours plus de choses avec les gens que dans des livres. »

(faux ami) stamps
l'on... one could
one-way

(mf) native inhabitants

Annie

« Moi, j'ai un pays très particulier, l'Angleterre. J'aime cette île, car c'est un pays britannique. J'aime beaucoup parler anglais (c'est une passion).

Là-bas, il y a un genre° bien précis: les taxis identiques, les autobus rouges à deux étages. J'adore leurs menus, les maisons avec leurs portes rouges, noires, bleues, violettes, etc.

La relève de la garde°, les joyaux° da la couronne, le palais, la cathédrale Saint-Paul: toutes ces choses sont fantastiques.

J'y vais deux semaines: quelle joie! »

look

La... The changing of the guard / jewels

Charlotte

« Moi aussi, je me passionne pour un pays, l'Australie. J'aime sa sauvagerie°, ses mystères, sa faune et sa flore hors du commun°. Je crois que l'Australie est le pays rêvé° pour laisser libre cours à° ma soif d'apprendre des choses nouvelles!

Mon rêve: avoir le bac°, et partir seul faire le tour de° l'Australie, avant de continuer des études d'océanographie.

En attendant de m'envoler° vers mon rêve, je continue de dévorer des bouquins° sur le "cinquième paradis". »

(ici) wildness / unusual
ideal / *laisser...* give free rein to
get my high-school diploma / *faire...* travel around
to take off
(fam) books

Frédéric

« Je suis Canadienne, de père français. Mon pays préféré est la France.

Chaque année, lorsque j'y retourne, je me fais une joie de revoir la campagne française, les grandes villes qui ont un cachet° extraordinaire. En plus, les Français sont un peuple sympa°. »

style, character
(fam; abrév de sympathique) likeable

Marie

« Moi, j'aime les Etats-Unis. C'est un pays très grand, avec une histoire derrière lui, très puissant. Il existe une grande différence entre les Etats: le Texas et ses cow-boys, par rapport à° New York et ses gratte-ciel°... *compared to / skyscrapers*

C'est aussi le pays qui a vu naître° Walt Disney et Tex Avery, les deux grands du dessin animé°, qui possède Hollywood, la capitale du cinéma. *vu... seen the birth of* / *dessin... cartoon*

C'est aussi le pays des pionniers° du Far West, comme Buffalo Bill. C'est un pays très avancé industriellement. J'adorerais y aller. » *pioneers*

Philippe

De quoi s'agit-il?

Choisissez la raison pour visiter un pays étranger qui résume le mieux les pensées de chaque personne à gauche. Justifiez vos choix. Il y a parfois plusieurs réponses possibles.

1. Marie   **a.** connaître une autre façon de vivre

2. Annie   **b.** découvrir un paysage exotique

3. Frédéric   **c.** faire la connaissance des gens d'un pays étranger

4. Charlotte   **d.** visiter des sites historiques

5. Philippe   **e.** parler une autre langue

A votre tour

1. Selon vous, quelle partie de mythe et quelle partie de vérité y a-t-il dans les idées des cinq étudiants cités?

2. D'où viennent probablement les idées de ces adolescents sur leur pays préféré—des livres, des discussions avec des amis, de la télévision, du cinéma ou d'autres sources?

3. Quand vous pensez à la France, quelles associations d'idées faites-vous avec les mots qui suivent:

  a. les vêtements

  b. les villes

  c. le paysage

  d. la cuisine

  e. les jeunes

Comparez vos réponses avec celles de vos camarades de classe. Quelle partie de mythe et quelle partie de vérité y a-t-il dans vos idées?

4. *Travail oral par groupes de deux.* Choisissez une des trois situations suivantes à présenter sous forme de sketch. Utilisez les expressions du *Vocabulaire utile* pour vous aider. Après avoir répété vos rôles avec votre partenaire pendant quelques minutes, présentez le sketch devant la classe.

  a. Philippe consulte un agent de voyage et discute ses projets pour un voyage aux Etats-Unis. L'agent lui donne des conseils sur les hôtels bon marché et les endroits intéressants à visiter. Philippe lui explique combien de temps il veut passer aux Etats-Unis, quelles villes il voudrait visiter et quel est son budget pour ce voyage.

  b. Un des cinq adolescents français vous téléphone et vous invite à partir avec lui pour son pays préféré. Décidez ensemble combien du temps le voyage doit durer, quels moyens de transport vous allez prendre, où vous allez loger, etc. Préparez votre itinéraire.

  c. Une des cinq adolescents revient d'un voyage à son pays préféré. Elle raconte à son (sa) meilleur(e) ami(e) le moment le plus passionnant de son voyage, ou le moment le plus terrifiant, bizarre ou intéressant.

Vocabulaire utile: le voyage

voyager en avion, en voiture, en bateau, en autobus, par le train, à pied, à bicyclette

partir pour un pays = aller à un pays

acheter un billet aller simple ≠ aller et retour

faire un voyage individuel ≠ organisé

un voyage à forfait = un voyage où les prix d'avion, d'hôtel, et de repas sont compris

décoller de la piste = quitter l'aéroport (pour un avion)

atterrir sur la piste = arriver à l'aéroport (pour un avion)

voyager par la S.N.C.F. (la Société Nationale des Chemins de Fer) = voyager par le train

prendre le (train) rapide = prendre le T.G.V. (train à grande vitesse)

le guichet = bureau où on achète les billets (le guichet de réservation des places)

la consigne = l'endroit où on laisse les bagages (la consigne automatique = le compartiment fermé à clé pour les bagages)

la douane = l'administration qui s'occupe des marchandises entrant dans un pays (le douanier, passer à la douane)

loger à l'hôtel, à l'auberge (f), à l'auberge de jeunesse, sous une tente, coucher à la belle étoile

prendre une chambre = réserver une chambre

louer une chambre (au mois)

verser des arrhes = payer une somme d'argent à l'avance pour réserver une chambre à l'hôtel

régler la note = payer la note

payer comptant ≠ payer à crédit, payer par chèque, par chèque de voyage (un carnet de chèques, une carte de crédit)

Charles Baudelaire

Poète rêveur et mélancolique, Charles Baudelaire (1821–1867) se sentait attiré dès l'âge de 25 ans par l'œuvre d'Edgar Allan Poe. C'est Baudelaire qui l'a traduit le premier en français et l'a fait connaître en France. Dans son chef d'œuvre, les poèmes intitulés *Les Fleurs du Mal* (1857), Baudelaire évoque le conflit entre deux aspirations opposées chez l'homme—vers le bien et vers le mal. D'après Baudelaire, seules l'imagination et la créativité de l'homme lui permettent d'échapper aux contraintes de la vie, au temps et à l'obsession de la mort, pour atteindre l'Idéal.

Avant de lire les poèmes

1. Les deux poèmes suivants de Baudelaire explorent le thème de l'évasion°. On peut s'évader de beaucoup de façons différentes. Donnez un exemple de chaque sorte d'évasion: *(f) escape, escapism*

   a. le divertissement

   b. l'action de s'échapper d'un endroit déplaisant

   c. l'ivresse

   d. le voyage

   e. l'imagination

2. Le premier poème, *L'Invitation au voyage*, tiré des *Fleurs du mal*, décrit un paradis terrestre où le poète aimerait vivre avec son amante. Quelle est votre image d'un paradis terrestre?

l'Invitation au voyage

Mon enfant, ma sœur,
Songe à la douceur
D'aller là-bas vivre ensemble!
Aimer à loisir°   at leisure
Aimer et mourir
Au pays qui te ressemble!
Les soleils mouillés°   wet
De ces ciels brouillés°   (*ici*) cloudy
Pour mon esprit ont les charmes
Si mystérieux
De tes traîtres° yeux,   treacherous
Brillant à travers leurs larmes.

Là, tout n'est qu'ordre et beauté,
Luxe, calme et volupté°.   sensual pleasure

Des meubles luisants°,   shining
Polis par les ans,
Décoreraient notre chambre;
Les plus rares fleurs
Mêlant° leurs odeurs   mixing
Aux vagues senteurs° de l'ambre°,   scent, perfume / (*m*) amber
Les riches plafonds,
Les miroirs profonds,
La splendeur orientale,
Tout y parlerait
A l'âme en secret
Sa douce langue natale.

Là, tout n'est qu'ordre et beauté,
Luxe, calme et volupté.

Vois sur ces canaux
Dormir ces vaisseaux°   ships
Dont l'humeur est vagabonde;
C'est pour assouvir°   to satisfy
Ton moindre° désir   (*ici*) slightest
Qu'ils viennent du bout du monde.
Les soleils couchants
Revêtent° les champs,   adorn

Les canaux, la ville entière,
D'hyacinthe° et d'or;
Le monde s'endort
Dans une chaude lumière.

(f) reddish-orange stone

Là, tout n'est qu'ordre et beauté,
Luxe, calme et volupté.

Poème tiré de *Oeuvres complètes* de Charles Baudelaire. Copyright Editions Gallimard.

Questions d'interprétation

1. Le poète s'adresse dans la première strophe à son amante, qu'il appelle « mon enfant, ma sœur ». L'expression « l'âme sœur » veut dire quelqu'un qui vous connaît et qui vous comprend très bien. Quelle image avez-vous des rapports amoureux du poète avec la femme décrite dans le poème? Est-ce que c'est un amour léger ou profond, un amour physique, spirituel?
2. Est-ce que les amants se sont disputés récemment? Est-ce que le poète se fie à la femme? Comment le savez-vous?
3. Le paradis terrestre, d'après le poète, est un pays qui ressemble à la Hollande. Quelles descriptions de ce pays trouvez-vous dans le poème? Trouvez-vous aussi dans le poème des mots qui suggèrent que c'est un pays de l'imagination?

Amsterdam: paysage baudelairien.

4. Le refrain suivant résume l'Idéal, le paradis selon le poète:
Là, tout n'est qu'ordre et beauté,
Luxe, calme et volupté.

Cherchez dans le poème des images qui évoquent ces qualités: l'ordre, la beauté, le luxe, le calme et la volupté.

5. Baudelaire utilise de nombreux adjectifs et noms qui évoquent une sensation, c'est-à-dire, une vision, une odeur, un son, un toucher, ou un goût. Choisissez quelques adjectifs et quelques noms descriptifs du poème, et classez-les par sensation. Y a-t-il parfois une description de deux sensations mêlées ensemble?

   une vision   un son   une odeur   un toucher

6. D'après vous, quel est l'état d'esprit du poète dans ce poème: joyeux, calme, passionné, mélancolique, fâché, blasé? Justifiez votre réponse.

Avant de lire le texte

1. Le texte suivant, *N'importe où hors du monde,* est tiré du recueil, *Les Petits poèmes en prose* (publication posthume, 1869), qui reprend les thèmes des *Fleurs du mal*, mais sous une forme originale, à mi-chemin entre la prose et la poésie. Chaque poème en prose, musique sans rythme et sans rime, est une sorte de rêverie, une méditation sur un thème. Par son choix d'images poétiques, Baudelaire suggère à la fois un aspect du monde extérieur et son propre paysage intérieur.
2. Dans la société contemporaine, pourquoi est-ce qu'on a besoin d'évasion? Quelles formes d'évasion trouvez-vous dans notre société?

N'importe où hors du monde
(Anywhere Out of the World)

Cette vie est un hôpital où chaque malade est possédé du désir de changer de lit. Celui-ci voudrait souffrir° en face du poêle°, et celui-là croit qu'il guérirait à côté de la fenêtre. | suffer / stove

Il me semble que je serais toujours bien là où je ne suis pas, et cette question de déménagement° en est une que je discute sans cesse avec mon âme. | changing places

« Dis-moi, mon âme, pauvre âme refroidie°, que penserais-tu d'habiter Lisbonne? Il doit y faire chaud, et tu t'y ragaillardirais° comme un lézard. Cette ville est au bord de l'eau; on dit qu'elle est bâtie en marbre, et que le peuple y a une telle haine° du végétal, qu'il arrache° tous les arbres. Voilà un paysage selon ton goût°; un paysage fait avec la lumière et le minéral, et le liquide pour les réfléchir°! » | chilled, turned cold / you'd perk up / hatred / rip out / to your liking / to reflect

Mon âme ne répond pas.

« Puisque tu aimes tant le repos, avec le spectacle du mouvement, veux-tu venir habiter la Hollande, cette terre béatifiante°? Peut-être te divertiras-tu dans cette contrée° dont tu as souvent admiré l'image dans | blissful / region les musées. Que penserais-tu de Rotterdam, toi qui aimes les forêts de mâts°, et les navires° amarrés° au pied des maisons? »   *masts / ships / moored*

Mon âme reste muette.

« Batavia° te sourirait peut-être davantage°? Nous y trouverions d'ailleurs l'esprit de l'Europe marié à la beauté tropicale. »   *capitale de l'Indonésie appelée aujourd'hui Djakarta / te... (ici) would appeal to you more*

Pas un mot.—Mon âme serait-elle morte?

« En es-tu donc venue à ce point d'engourdissement° que tu ne te plaises° que dans ton mal? S'il en est ainsi, fuyons° vers les pays qui sont les analogies de la Mort. — Je tiens notre affaire°, pauvre âme! Nous ferons nos malles pour Tornéo°. Allons plus loin encore, à l'extrême bout de la Baltique; encore plus loin de la vie, si c'est possible; installons-nous au pôle. Là le soleil ne frise° qu'obliquement la terre, et les lentes alternatives de la lumière et de la nuit suppriment la variété et augmentent la monotonie, cette moitié° du neant°. Là, nous pourrons prendre de longs bains de ténèbres°, cependant que, pour nous divertir, les aurores boréales° nous enverront de temps en temps leurs gerbes° roses, comme des reflets d'un feu d'artifice° de l'Enfer°! »   *numbness* / *only enjoy / let's escape* / *Je... I've got just what we need* / *Tornéo ville en Finlande* / *skims, grazes* / *half / nothingness* / *(f pl) darkness* / *aurores... northern lights / sprays* / *fireworks / hell*

Enfin, mon âme fait explosion, et sagement elle me crie: « N'importe où! n'importe où! pourvu que° ce soit hors de ce monde! »   *pourvu que provided that*

Tiré de *Oeuvres complètes* du Charles Baudelaire. Copyright Editions Gallimard.

Questions d'interprétation *N'importe où hors du monde*

1. Le poète s'adresse dans ce poème à son « âme malade ». Une des « maladies de l'âme » souvent décrites par Baudelaire est l'ennui, qui est chez lui un sentiment très fort, accablant. Quels détails dans ce poème évoquent l'ennui?

2. Décrivez les endroits mentionnés successivement dans ce texte. Y a-t-il une progression dans le choix des destinations? Quelles caractéristiques des paysages pourraient plaire à l'âme malade du poète?

3. Comparez le ton de ce poème avec celui de *L'Invitation au voyage*. Lequel est le plus sombre? Contrastez le but des voyages décrits dans les deux poèmes.

A votre tour

1. Est-ce que Baudelaire ne se contredit pas dans ces deux poèmes, en traitant si différemment le thème du voyage? Le voyage est-il une source de joie et d'inspiration, ou quelque chose de futile?

2. L'évasion hors de la réalité est un thème important dans les deux poèmes précédents de Baudelaire. Comment est-ce que ce thème s'applique à notre société contemporaine?

3. *Travail oral par groupes de trois ou quatre.* Choisissez la situation a, b, c ou d à discuter par petits groupes.

a. Pendant quelques minutes, chaque étudiant(e) écrira une petite description d'un pays où il (elle) aimerait vivre pendant quelques mois, sans mentionner le nom du pays. Ensuite chacun lira sa description aux autres membres du groupe, et tout le monde essaiera de deviner le pays décrit. Des questions du genre « oui/ non » peuvent être posées pour éclaircir la description.

b. Le rêve est une forme d'évasion que tout le monde connaît. Racontez à vos camarades un rêve fantastique que vous avez fait. Décrivez quelques détails qui ont rendu ce rêve très vivant.

c. Le cinéma est une des grandes formes d'évasion dans la société moderne. Quels genres de films sont les plus à la mode aujourd'hui, et quels sont les titres de quelques films de chaque genre? Numérotez chaque catégorie de film par ordre de popularité. Ensuite comparez votre liste avec celle de vos camarades, et discutez des choix. Comment expliquez-vous la popularité actuelle de ces genres de films?

Expressions utiles:

les films d'épouvante	les films de science-fiction
les films d'aventure	les documentaires ou docu-drames
les films d'amour	les films historiques
les films comiques	les films policiers

d. Seriez-vous content(e) d'habiter la même ville toute votre vie, ou avez-vous envie, comme Baudelaire, de vous déplacer souvent? Pensez-vous que les gens soient plus heureux dans certaines régions ou certains climats du monde? Comparez vos idées avec celles de vos partenaires. Après quelques minutes de discussion, présentez votre point de vue à l'ensemble de la classe.

Pratique de la langue

Exercice de vocabulaire

Choisissez, parmi les expressions suivantes, un synonyme pour les mots soulignés dans les phrases qui suivent. Faites tous les changements nécessaires pour faire l'accord avec les autres mots de la phrase. Ces expressions sont tirées des textes que vous venez de lire.

hors de	les joyaux	mouillé(e)
le pionnier	se divertir	le déménagement

1. Si nous allons en Angleterre, nous irons au musée pour voir <u>les bijoux</u> magnifiques de la reine.
2. Tous ces <u>changements de domicile</u> en une année sont fatigants.
3. Mon ami <u>s'amuse</u> beaucoup en Irlande et en Suède.

4. Les vêtements de François sont tout <u>humides</u> après la tempête.
5. Désirez-vous voyager très loin, <u>en dehors de</u> notre pays?
6. Je m'intéresse à visiter le village que les <u>premiers explorateurs</u> ont construit.

Attention aux faux amis!

Les mots suivants, tirés des textes que vous avez lus, ressemblent à des mots anglais, mais leur sens est différent. Essayez de déterminer la signification de ces mots dans les phrases à droite, et choisissez la définition a, b ou c.

1. le mât   Il est agréable de s'asseoir près du port, et de regarder <u>les mâts</u> et les navires.

Le mât veut dire (a) le tapis, (b) la pièce de bois portant la voile d'un navire ou (c) la caisse de marchandises?

2. l'affaire (*f*)   C'est une <u>affaire</u> urgente; il faut que je rentre à la maison pour la régler.

Une affaire veut dire (a) une liaison amoureuse, (b) un rendez-vous ou (c) un problème?

3. le timbre   N'oubliez pas de mettre <u>un timbre</u> sur l'enveloppe.

Un timbre veut dire (a) une adresse, (b) un petit morceau de papier acheté au bureau de poste ou (c) un petit morceau de bois?

Les Familles lexicales

Regardez les mots à gauche. Vous les connaissez déjà. Essayez de deviner le sens des mots de la même famille lexicale à droite. Ces mots se trouvent dans les textes de ce chapitre.

1. la passion   Mon amie Chantal <u>se passionne pour</u> la musique rock. Elle collectionne les disques de tous ses chanteurs préférés.

2. le vol, voler   Je suis prête à <u>m'envoler</u> pour un pays lointain, dès que j'entre dans une agence de voyage.

3. froid(e)   Cette nourriture <u>refroidie</u> n'a pas très bon goût.

4. sauvage   Si tu aimes la nature, tu vas adorer la <u>sauvagerie</u> du paysage brésilien.

Vocabulaire utile: les vacances

la station balnéaire = la station de vacances à la mer

la station de sports d'hiver = la station de vacances de neige

pratiquer un sport—nager, jouer au tennis, jouer au football, au basket, au baseball, faire du vélo (de la bicyclette), faire de la planche à voile, faire du ski (du ski nautique, du ski alpin, du ski de fond)

faire du bateau, faire de la voile = faire un tour en bateau, en bateau à voiles

prendre un bain de soleil = se bronzer

se promener = faire une promenade (à la campagne, en ville, en montagne)

faire une randonnée à pied = faire une excursion à pied

faire de l'alpinisme = monter en haut d'une montagne

aller voir des expositions (*f*) au musée = regarder des peintures, des sculptures, des objets d'artisanat (*m*) au Musée des Beaux-Arts, etc.

faire un pique-nique

faire du lèche-vitrines = regarder les devantures des magasins sans rien acheter

faire des achats = acheter quelque chose dans les magasins

Sujets de composition

Utilisez des expressions du *Vocabulaire utile* pour vous aider.

1. A votre avis, quels sont les éléments des vacances réussies? Racontez les vacances les plus extraordinaires que vous avez passées.
2. Êtes-vous d'accord avec Gilbert Trigano, directeur du Club Med, quand il dit que les vacances satisfaisantes joignent l'enrichissement culturel ou la formation aux métiers à la détente? Décrivez votre conception de la station idéale d'été ou d'hiver.
3. Imaginez que vous avez gagné beaucoup d'argent à la loterie. Vous avez l'intention de prendre de longues vacances. Quel genre de voyage ferez-vous—un voyage organisé ou individuel, un circuit à travers plusieurs régions, ou un séjour à une station d'été ou d'hiver? Décrivez vos projets, et les buts de ce voyage.
4. Est-ce que tout le monde a besoin d'évasion, comme Baudelaire le suggère? Est-ce que tout divertissement est une forme d'évasion?
5. Aimez-vous rêver? Quelles circonstances vous font oublier ce qui vous entoure et mènent votre esprit à imaginer toutes sortes de choses? Est-ce que l'imagination joue un rôle important dans votre vie? Racontez une expérience qui le montre.
6. Imaginez que vous allez faire une des trois sortes de voyages décrites dans le test, « Aimez-vous voyager? » à la page 68. Décrivez la destination de votre voyage, et vos préparatifs pour le voyage. Expliquez pourquoi ce genre de voyage vous plaît beaucoup.

AIMEZ-VOUS VOYAGER ?

Répondez à ces douze questions, pour tester votre goût pour les voyages !

1 Vous avez envie de partir quand...

a) Vous êtes séduit par une légende d'un pays lointain.

b) Vous sentez l'appel du grand vent qui souffle.

c) Vous entendez le murmure d'une rivière.

2 Ce qui vous tente le plus, c'est d'aller...

a) N'importe où et même au bout du monde.

b) Chez une peuplade[1] mal connue.

c) Sur l'île de votre ancêtre marin.[2]

3 Vous n'avez qu'un seul livre à emporter. Ce sera plutôt :

a) *20 000 lieues*[3] *sous les mers,* de Jules Verne.

b) *Les Trois Mousquetaires,* d'Alexandre Dumas.

c) *Sans famille,* d'Hector Malot.

4 Pour établir votre itinéraire, vous tenez compte...[4]

a) Des adresses d'amis ou de correspondants.

b) De lieux dont on vous a parlé.

c) De votre flair[5] pour vous guider.

5 Vous n'oubliez surtout pas de mettre dans votre sac à dos...

a) Votre carnet de bord.[6]

b) Votre harmonica.

c) Une sélection de photos personnelles.

6 Vous avez surtout envie de rapporter...[7]

a) Des cadeaux typiques.

b) Une foule de[8] souvenirs.

c) Des anecdotes brûlantes.[9]

7 Pour voyager loin, il faut savoir...

a) Partager sa nourriture.

b) Vivre à la dure. [10]

c) Faire des détours pour ne rien manquer d'intéressant.

8 Ce qui vous déplaît le plus, c'est...

a) D'ignorer[11] la langue du pays.

b) De vous perdre.

c) De ne pas avoir le temps de tout voir.

9 Si vous deviez choisir une « mascotte à plumes »,[12] ce serait plutôt...

a) Un pigeon voyageur.

b) Un épervier[13] chasseur.

c) Une hirondelle[14] espiègle.[15]

10 Vous avez l'art de voyager...

a) Incognito, sans vous faire remarquer.

b) Sans bagages.

c) En bonne compagnie.

11 Le mot « ailleurs »[16] vous évoque...

a) Une croisière.

b) Une randonnée lointaine.

c) Un safari-photo.

12 Quelle est la région qui vous attire[17] le plus ?

a) Les rivages du Nil, pour les temples.

b) L'Amazonie, pour la forêt vierge.

c) Les Antilles,[18][19] pour l'accueil des habitants.

1. tribe 2. sailor 3. leagues (*1 lieue = 4 kilomètres*)
4. take into account 5. intuition 6. ship's log
7. to bring back 8. a lot of 9. passionate
10. roughing it 11. not know 12. feathered
13. (*m*) sparrowhawk 14. (*f*) swallow 15. roguish, mischievous
16. elsewhere 17. attracts 18. îles de la mer des Caraïbes 19. (*m*) welcome

RÉSULTATS

Dans ce tableau, cochez,[1] pour chaque question, la lettre qui correspond à votre réponse. Pour chaque ligne, comptez le nombre de cases[2] cochées. (Quand la lettre est soulignée, comptez deux points.) Lisez le texte qui correspond à la ligne où vous avez le plus de points.

1	2	3	4	5	6	7	8	9	10	11	12	VOTRE VOYAGE, C'EST...
b	a	b	c	b	c	b	a	b	b	b	b	Le voyage-aventure
c	c	c	a	c	a	a	b	c	c	a	c	Le voyage accompagné
a	b	a	b	a	b	c	c	a	a	c	a	Le voyage-reportage

LE VOYAGE-AVENTURE

Pour vous, un voyage commence là où commence le monde, dès que vous avez franchi[3] le seuil[4] de votre porte. Vous aimez l'imprévu,[5] les surprises. Vous avez l'âme d'un explorateur, pour une traversée du désert comme pour une simple balade.[6] Vous rêvez de voyages où chaque étape[7] vous donne envie[8] d'aller plus loin, où chaque découverte vous enthousiasme[9] et vous apprend quelque chose sur vous-même.

LE VOYAGE-ACCOMPAGNÉ

Ce qui vous attire dans un voyage, c'est l'atmosphère qui précède le départ, et l'ambiance que le voyage crée. Vous préférez partir avec des coéquipiers[10] qui seront vos complices.[11] Partager avec eux les préparatifs, echanger vos impressions, cela vous donne autant de plaisir que le voyage en lui-même.
Les cadeaux, soigneusement choisis, les souvenirs[12] à se raconter[13] ensuite font de ces voyages des moments inoubliables.[14]

LE VOYAGE-REPORTAGE[15]

Pour vous, un voyage commence par la lecture de revues qui parlent de pays lointains. L'inconnu vous fascine. Cela vous donne envie de vérifier sur place ce que vous avez lu.
Vous collectionnez photos, cartes postales et documents pour préparer vos futurs voyages. A vos yeux, partir n'est intéressant que si cela vous fait découvrir ce que vous ne pouvez pas trouver dans les livres.

Test de Gérard Tixier

1. mark off 2. (*ici*) boxes 3. crossed
4. threshold 5. unforeseen 6. stroll
7. (*f*) leg of journey 8. to make one feel like 9. to fill with enthusiasm
10. teammate 11. partners 12. (*ici*) memory
13. to tell one another 14. unforgettable 15. research

Chapitre 5

France/Amérique

Réunion de deux présidents: George Bush et François Mitterrand.

Introduction

La France a beaucoup idéalisé la jeune nation américaine. La littérature française du 18e siècle imaginait un Bon Sauvage américain qui vivait heureux, en harmonie avec la nature. Le paysage américain, tel qu'il était présenté par les peintres et les écrivains, ressemblait à un paradis terrestre, où l'on trouvait des forêts majestueuses et des chutes d'eau° magnifiques. Les Français du siècle des lumières pensaient que le nouveau monde incarnerait leur idéal de liberté et de tolérance.   waterfalls

Quand la jeune nation américaine a eu besoin d'aide militaire et financière pendant sa guerre de l'Indépendance, le marquis de La Fayette (1757–1834) et le comte de Rochambeau (1725–1807) sont venus à l'aide des Américains, commandant plusieurs régiments dans les grandes campagnes de la guerre. Le roi Louis XVI a apporté aux Américains un secours° financier très précieux. L'Amérique, à son tour°, a aidé la France pendant la Révolution française. Thomas Jefferson, par exemple, qui était alors ambassadeur à Paris, a travaillé avec La Fayette à la rédaction de la Déclaration des droits de l'homme.[1]   help / in turn

Au 19° siècle, alors que la France a vu le retour de la monarchie et la répression de la liberté, l'historien Alexis de Tocqueville (1805–1859) et ses disciples se sont tournés vers les Etats-Unis, pour y chercher des leçons de gouvernement et pour y trouver l'exemple d'un régime où régnaient l'égalité et la liberté. Après avoir passé une année aux Etats-Unis en 1831, Tocqueville a décrit de cette façon ses impressions du caractère américain:

« L'Américain… doit être un homme ardent dans ses désirs, entreprenant°, aventureux, surtout novateur°. Cet esprit se retrouve, en effet, dans toutes ses œuvres… »   enterprising / innovative

« Pour un Américain, la vie entière se passe comme une partie de jeu°, un temps de révolution, un jour de bataille. »[2]   game

Depuis cette époque, les Français ont des points de vue parfois contradictoires sur l'Amérique. D'un côté, les Français appelaient les Américains « libérateurs » à la fin de la Seconde Guerre mondiale (1939–1945), après le Débarquement en Normandie,[3] mais, d'un autre côté, ils les appelaient « impérialistes » quelques années plus tard, les accusant d'abuser de leur pouvoir économique et politique dans le monde. Pendant les années 50, à l'époque du mac-carthysme,[4] les Français considéraient l'Amérique sous un jour surtout négatif: l'Amérique était le pays de l'oppression des Noirs, de la Mafia, de l'alcoolisme, des adolescents délinquants et drogués et des femmes tyranniques.

Pendant les années 60, le président Charles de Gaulle (1890–1970) redoutait° le pouvoir et l'influence des « Anglo-saxons » en Europe, et voulait avant tout restaurer le prestige et l'indépendance de la France vis-à-vis des Etat-Unis et de l'Europe. C'est aussi à cette époque qu'un professeur de la Sorbonne, René Etiemble, a dénoncé « l'invasion » des américanismes dans la langue française, dans un livre à la fois° amusant et caustique, *Parlez-vous franglais?* (1964).

Les stéréotypes contradictoires de l'Amérique persistent toujours en France. Un célèbre sociologue français contemporain, Jean Baudrillard, dans son livre *Amérique* (1986), décrit les Américains comme superficiels, narcissiques, et puritains. Mais d'après un sondage° de 1984, cité dans la revue *France Today*, la majorité des Français ont choisi les adjectifs « dynamique », « travailleur » et « ouvert » pour décrire les Américains. Les Français se passionnent° aujourd'hui pour tout ce qui se rapporte à° l'Amérique. Les « blue-jeans » et les « T-shirts », la cuisine régionale et le cinéma américain, et l'esprit d'innovation et d'initiative sont ce que les Français admirent chez les Américains. Dans les boutiques et les restaurants parisiens, dans les entreprises françaises, « à la mode »° veut dire « à l'américaine »°.

feared

both

opinion poll

are fascinated by
relates to

fashionable / American style

Notes culturelles

1. La Déclaration des droits de l'homme et du citoyen—document adopté en 1789 pendant la Révolution française, contenant les droits de toute l'humanité. Elle a servi de préface à la Constitution française de 1791.
2. Alexis de Tocqueville, *De la démocratie en Amérique.* (Princeton University Press, Institut français de Washington, 1943), pp. 41–42.
3. Le Débarquement des Alliés en Normandie, le 6 juin, 1944, a marqué le début de la libération de la France et de la défaite de l'Allemagne dans la Seconde Guerre mondiale.
4. Le mac-carthysme—Joseph McCarthy (1908–1957), sénateur américain qui, dans les années 50, a mené des enquêtes contre la soi-disant subversion communiste d'hommes politiques américains. L'expression « maccarthysme » est devenue synonyme d'une ambiance d'hystérie créée par des accusations invérifiables.

Avant de lire le texte

Serge Halimi, un journaliste français qui a écrit de nombreux articles pour le *Journal français d'Amérique,* décrit, dans l'article suivant, ses impressions sur la mentalité américaine, la comparant avec celle des Français.

1. A votre avis, est-ce que le peuple américain a des traits qui le distinguent d'autres peuples? Quels sont ces traits que les Américains ont en commun?
2. D'après vous, y a-t-il des croyances ou des valeurs que partagent la majorité des Américains? Lesquelles?

Regards sur le nouveau monde d'un citoyen de la vieille Europe

…Juger l'Amérique c'est comme juger la mer. Parfois froide, parfois chaude, parfois calme, parfois déchaînée°, parfois fluide, parfois gelée°. Puisque la décrire ce serait juxtaposer les adjectifs contradictoires, il vaut mieux se taire° de crainte de° ne jamais pouvoir tout dire. Comment raconter à la fois James Dean et le Ku Klux Klan, Jesse Jackson et les gratte-ciels, Harvard et les ghettos? [wild, raging / frozen solid — to keep quiet / for fear of]

Alors, quand on a tourné et retourné dans sa tête la question « que penser de l'Amérique? », on en revient aux lieux communs° qui sont souvent le signe d'une grande sagesse. Pour moi, Français, l'Amérique c'est grand, c'est différent et c'est divers. L'avantage d'une telle définition, c'est qu'elle est aussi peu normative° que possible. Tout le monde n'aime pas l'espace, la différence et la diversité, tout le monde n'aime pas les sociétés géographiquement et culturellement éclatées°. Moi, si°. C'est probablement pour ça que j'y suis resté si longtemps. [trite observations — prescribing a standard, norm — (ici) heterogeneous — as for me, I do]

La première fois que je suis venu aux Etats-Unis, c'était en touriste il y a maintenant sept ans. Après avoir terminé mon service militaire, je venais d'épuiser° mes allocations chômage°. J'étais donc sans beaucoup d'argent et à l'affût d°'aventures plus exaltantes° que balayer° la cour d'une caserne ou faire la queue devant une agence pour l'emploi. L'aventure, ce fut l'Amérique, de Boston à San Francisco, le tout en auto-stop.° [used up / unemployment benefit — looking for / inspiring / to sweep — hitchhiking]

En auto-stop, il y a un contrat tacite entre le conducteur et le stoppeur, la parole. Elle est d'autant plus libre° que vous savez très bien l'un et l'autre que vous ne vous reverrez vraisemblablement° jamais. Pour moi, étranger de surcroît°, l'experience se transforma en autant de « confessions » que me faisaient—avant ou après m'avoir interrogé—toutes sortes d'Américains sur l'Amérique et sur eux-mêmes°… [all the more free — in all likelihood — moreover, besides — que. . . normal word order: *les « confessions » que toutes sortes d'Américains me faisaient sur l'Amérique et sur eux-mêmes.*]

Au moment où je les écoutais, les récits° qu'on me faisait avaient ceci   *récits* stories / failures
de caractéristique qu'ils étaient presque toujours plus personnels que
sociaux. Chacun me racontait l'histoire de ses réussites et de ses échecs°
comme si ces histoires étaient d'abord individuelles et non produites par
des facteurs extérieurs (société, famille) auxquels elles n'avaient pu se
soustraire°. Par dessus tout°, mes conducteurs se considéraient respon-   to escape / above all
sables de ce qui leur arrivait, c'était eux qui étaient au volant° et qui   at the wheel, in control
choisissaient l'itinéraire, ils se retrouvaient là où ils s'étaient rendus°.   *s'étaient . . .* they had gone
Deux ans plus tard, lorsque je me suis transformé de touriste en rési-
dent, j'ai vécu ces premières impressions comme autant de contrastes à
ma sensibilité propre°, forgée, elle, dans un cadre° national différent.   *(faux ami; ici)* own / *(ici)* environment

Car, contrairement aux Français qui parlent et agissent souvent
comme s'ils étaient enfermés° dans leurs villes, dans leurs vies et dans   shut in, locked up
leurs corps, victimes de la société, de l'Etat ou de leurs familles, les
Américains se comportent en° adultes qui disposent du temps et de   behave like
l'espace de leurs existences. A eux° de les construire. Parfois, exaspéré   It's up to them
par la mentalité passive et geignarde° des premiers, il m'est arrivé d'être   whining
agacé° par la philosophie optimiste et le comportement volontariste° des   annoyed / believer in willpower
seconds.

Après tout, s'il est vrai que tout le monde en Amérique peut devenir
millionnaire, il est tout aussi vrai que la plupart des Noirs sont pauvres
et que la plupart des pauvres le restent. Pour ceux-là, la mentalité du
« on est ce qu'on veut bien être » ajoute à leur malheur la responsabilité
même° de ce malheur. Cela peut être libérateur, c'est souvent injuste. A   *(ici)* very
l'extrême° « français » du « je ne suis pas responsable de ce qui m'ar-   *(m)* extreme notion
rive » répond l'extrême américain: « si je suis responsable de tout ce qui
m'arrive, rien de ce qui arrive aux autres n'est mon affaire°. » Changer   my business
de continent, c'est alors passer du « tous ensemble » au « chacun pour
soi°. »   everyone for himself

...Dans « l'Arrangement » d'Elia Kazan, l'un des personnages lance° à   *(faux ami; ici)* shouts

l'autre: « If you don't like your life, change it! » Si j'avais à choisir une phrase illustrant les dimensions positives de la mentalité américaine, ce serait celle-là. L'amusant° dans une telle philosophie c'est qu'elle corre- — the funny side
spond presque parfaitement à ce qui a été dit et écrit par les existentialistes français—il y a quarante ans.[1] Il est peu probable qu'aux Etats-Unis, leur propos° aurait eu un impact comparable à celui qu'il a — *(m)* words
conservé en France, dans une société où nombreux sont ceux qui rai- sonnent en victimes impuissantes° d'un destin qu'on leur impose. Vivre — powerless
en Amérique ce fut alors pour moi atteindre° l'âge d'une autre raison en — to attain, reach
recréant° le climat des « Chemins de la liberté »[2]... — recreating

En fin de compte°, deux continents, deux comportements, deux cul- — *en...* in the final analysis
tures. Le Français recherche la stabilité (« vivre et travailler au pays »). Il n'a de cesse de° se créer des racines qui le soutiendront et le prolon- — *il n'a...* he will not rest until
geront. Ou de s'installer dans celles de ses aïeux.° Il n'aime pas être loin, — *(m pl)* ancestors
il n'aime pas être ailleurs,° il a peur d'être seul. L'Américain, lui, est — elsewhere
fondamentalement mobile (« Go West, young man! »). Il se sait mortel et vit comme s'il était pressé de ne rien manquer°. Il veut arriver quelque — to miss
part au plus haut de° lui-même. Il y arrive parfois. Volontaire°. — *(fig)* at the peak of / *(faux ami)* willful
Changeant. Un peu seul°. — *(ici)* lonely

« Regards sur le nouveau monde d'un citoyen de la vieille Europe » Tiré de Serge Halimi, *Journal français d'Amérique,* le 12 septembre 1985.

---

1. l'Existentialisme—philosophie fondée par Søren Kierkegaard (1813–1855) et développée en France par Jean-Paul Sartre (1905–1980) dans les années 30 et 40. Selon cette philosophie, l'homme vient au monde sans y trouver aucune valeur morale toute faite. Pour donner un sens à sa vie, chaque homme a la responsabilité de construire ses propres valeurs morales et ses propres véri- tés.

2. *Les Chemins de la liberté* (1945–1949), roman en trois volumes de Jean-Paul Sartre, qui illustre sa philosophie existentialiste. L'expression d'Halimi, « L'âge d'une autre raison » est une parodie du titre du premier volume des *Chemins de la liberté, L'Age de raison* (1945).

Notes culturelles

De quoi s'agit-il?

Chacune des phrases qui suivent décrit le peuple américain ou le peuple français. Dites si chaque phrase s'applique mieux aux Français ou aux Américains. Justifiez votre réponse, en rappelant une des expériences de Serge Halimi.

1. Ils désirent créer des racines et trouver la sécurité.
2. Ils se sentent responsables de ce qui leur arrive dans la vie.

3. Ils aiment suivre l'exemple de leurs ancêtres.
4. La philosophie « tous ensemble » s'applique bien à ce peuple.
5. La philosophie « chacun pour soi » résume un côté du caractère de ce peuple.
6. Ils vivent comme s'ils étaient pressés, comme s'ils avaient peu de temps pour accomplir ce qu'ils désirent.
7. Ils croient que la société et la famille déterminent, en grande partie, leurs actions.
8. Ils mettent en pratique la philosophie existentialiste.

A votre tour

1. Dans l'exercice précédent, *De quoi s'agit-il?*, vous avez résumé quelques traits qui caractérisent les Américains et les Français, selon Serge Halimi. Ressemblez-vous plus à l'Américain moyen ou au Français moyen, d'après les généralisations d'Halimi? Donnez quelques détails pour soutenir votre opinion.
2. A votre avis, est-ce que Serge Halimi a basé ses opinions sur les livres qu'il a lus, sur les choses qu'on lui a racontées, ou sur les expériences qu'il a vécues lui-même? Donnez les détails qui soutiennent votre point de vue.
3. Comme le titre de l'article nous l'indique, Serge Halimi compare la vieille Europe (représentée par la France) avec le Nouveau Monde (représenté par les Etats-Unis). Quels mots de l'article nous rappellent que la France est un pays traditionaliste et que l'Amérique est un pays plus jeune?
4. *Travail oral par groupes de trois ou quatre.* Choisissez un des sujets suivants—a, b ou c—à discuter dans votre groupe. Utilisez des expressions du *Vocabulaire utile* pour vous aider. Après quelques minutes de discussion, un(e) étudiant(e) de chaque groupe résumera les opinions de ses camarades pour l'ensemble de la classe.
   a. Est-ce que les opinions de Serge Halimi sur les Américains vous semblent justes? Parlez des Américains que vous connaissez qui illustrent (ou qui n'illustrent pas) les idées d'Halimi.
   b. Etes-vous d'accord avec les critiques suivantes sur les Etats-Unis, mentionnées dans l'article d'Halimi?
      1) En Amérique, la philosophie générale est « chacun pour soi ».
      2) La solitude est un grand problème dans la société américaine, parce que les Américains ne se créent pas de racines.
      3) Les pauvres souffrent d'autant plus en Amérique parce qu'on les accuse d'être responsables de leur malheur.
   c. Imaginez que vous rencontrez Serge Halimi faisant de l'autostop, et que vous l'invitez à monter dans votre voiture. Quelles questions aimeriez-vous lui poser? Qu'est-ce que vous lui diriez au sujet de l'Amérique?

Vocabulaire utile: portrait d'un peuple

le peuple = la nation (le peuple américain, français)

les gens (*m pl*), *on* (*m f s*) = les personnes (*f*) en nombre indéterminé

le citoyen)(la citoyenne) = quelqu'un qui est membre d'un état, et qui a donc certains droits (comme, par exemple, le droit de vote) et certains devoirs (par exemple, le devoir de servir dans l'armée)

les traits de caractère des gens

accueillant(e) = chaleureux(e)
courageux(se) ≠ lâche, timide
paresseux(se) ≠ ambitieux(se)
indépendant(e) ≠ soumis(e), docile
discret(ète) ≠ indiscret(ète)

têtu(e) ≠ facile à vivre
honnête ≠ malhonnête
optimiste ≠ pessimiste, cynique
idéaliste ≠ réaliste
ouvert(e) ≠ réservé(e), renfermé(e)
chaleureux(se) ≠ froid(e)
tolérant(e) ≠ intolérant(e)
grossier(ière) ≠ poli(e)
vaniteux(se), orgueilleux(se) ≠ modeste(*m f*) (la vanité, l'orgueil (*m*), la modestie)
formaliste ≠ sans façon
tendu(e) ≠ détendu(e)
méfiant(e), sceptique ≠ confiant(e), croyant(e)
individualiste (m f) ≠ conformiste (*m f*)

Eugène Ionesco

Né en Roumanie en 1912 d'un père roumain et d'une mère française, Eugène Ionesco s'installe en France pour préparer une thèse sur « les thèmes du péché et de la mort dans la littérature française depuis Baudelaire », thèse qu'il abandonne. C'est en apprenant l'anglais par la méthode Assimil, en 1948, qu'Ionesco a la révélation de l'absurdité du langage de tous les jours.

De cette découverte est née sa première pièce, *La Cantatrice chauve* (1950), et une suite de pièces dont les plus connues sont *La Leçon* (1951), *Les Chaises* (1952), et *Rhinocéros* (1960). Associé par les critiques au Théâtre de l'Absurde, représenté par d'autres dramaturges tels que Samuel Beckett, Jean Genêt, et Arthur Adamov, Ionesco crée un théâtre où les personnages se disent des banalités et des phrases remplies d'illogismes, témoignant d'un univers « absurde », c'est-à-dire, dénué de sens.

Avant de lire le texte

Quand vous apprenez une nouvelle langue, on vous demande d'improviser des dialogues concernant vos activités quotidiennes, en utilisant le vocabulaire que vous avez appris. Dans le dialogue d'Ionesco que vous allez lire, deux amis américains, Thomas et Audrey, parlent des vacances qu'ils ont passées en France. Ce dialogue, une parodie des dialogues qu'on trouve souvent dans les cours de français, est tiré des *Exercices de conversation et de diction françaises pour étudiants américains* (1974).

1. Pensez à cinq questions qu'on pose souvent à des amis qui reviennent de vacances en France. Inventez un petit dialogue avec un(e) camarade de classe, et jouez vos rôles pendant quelques minutes.

2. Ionesco fait rire ses lecteurs et spectateurs en créant des réponses tout à fait incongrues, imprévues, à des questions banales. Posez à votre partenaire les mêmes questions que vous lui avez posées dans l'exercice précédent. Cette fois, il (elle) donnera des réponses absurdes et incongrues à vos questions. Changez de rôle après quelques minutes.

   Modèle: MARIE: Qu'est-ce que tu as vu à Paris?

   ANNE: J'ai vu Big Ben et le Tadj Mahall.

3. Ionesco nous fait aussi rire quand il emploie un manque total de logique dans ses dialogues. Décrivez à votre partenaire les vacances que vous avez passées récemment, et ajoutez des contradictions avec la logique. Changez de rôle après deux ou trois minutes.

   Modèle: JEAN: As-tu passé de bonnes vacances en France?

   PAUL: Non, je n'ai rien fait d'intéressant. Je me suis ennuyé. Je suis tombé amoureux d'une jeune Parisienne et nous nous sommes mariés.

Vacances

Personnages
DICK, THOMAS, AUDREY

DICK: Bonjour, mon cher Thomas. Avez-vous passé de bonnes vacances?

THOMAS: Je n'ai pas passé de trop bonnes vacances. Audrey et moi, nous sommes partis ensemble, pour aller en France.

DICK: Alors, vos vacances ont dû être° bien agréables.

ont . . . must have been

THOMAS: Pas tellement, Dick. Audrey a habité chez son arrière-grand-mère°, en France, et moi, j'ai dû loger chez le notaire° d'un ami de mon oncle, à Paris. Ainsi, Audrey et moi nous étions séparés. Paris, ce n'est pas la France°.

(f) great-grandmother
lawyer
Paris... (proverbe) There's more to France than just Paris.

DICK: Combien de temps êtes-vous resté à Paris?

THOMAS: Je ne suis pas resté longtemps à Paris. Je me sentais° trop seul. Je me suis tellement ennuyé que j'ai dû abréger° mes vacances. J'ai passé là-bas une partie seulement de mes vacances.

I felt
to cut short

DICK: Combien de temps, exactement?

THOMAS: Exactement, soixante-dix-sept ans.

DICK: Ce n'est pas beaucoup. Vous n'avez donc pas vu Audrey du tout pendant tout ce temps?

THOMAS: Si, mais rarement. Elle habitait trop loin. Je la rencontrais seulement tous les jours, le matin, au petit déjeuner, à midi, au déjeuner, l'après-midi au goûter°, quelquefois entre le goûter et le dîner, ensuite au dîner, et puis au cinéma ou au théâtre, après dîner. Elle ne pouvait pas venir plus souvent car elle habitait loin, à Neuilly°, et moi à Paris, à la porte Maillot°. Puisque Neuilly n'est pas à Paris, et puisque Paris n'est pas la France, elle devait demander un visa sur son passeport chaque fois qu'elle venait me voir à Paris.

mid-afternoon snack

banlieue de Paris près de la porte Maillot / une des portes de la vieille ville fortifiée

DICK: Et vous-même, Thomas, vous n'alliez pas rendre visite à Audrey dans sa province° lointaine°?

(ici) region outside of Paris
faraway, distant

THOMAS: Si. Mais seulement tout le reste du temps en dehors des° heures du petit déjeuner, du déjeuner, du goûter et du dîner.

outside of

DICK: Etes-vous idiot, Thomas?

THOMAS: Si j'étais idiot, parlerais-je le français?

DICK: Certainement pas. Qu'est-ce qui vous a le plus frappé° à Paris?

(fig) caught your attention

THOMAS: Personne n'aurait osé° me frapper. J'aurais répondu par un direct° américain dans le nez, ou par un gauche dans la mâchoire° de celui qui aurait essayé de me frapper. J'ai reçu seulement un coup de pied° au derrière, de la part° du notaire de mon oncle.

would have dared
jab
jaw
coup... kick / de... from

DICK: Et pourquoi donc?

THOMAS: Il s'est fâché. Je lui ai dit qu'il y avait davantage° de myopes° à Paris qu'à New York, alors il s'est mis en colère, il m'a donné un coup de pied, là, « pour mieux voir » m'a-t-il dit.

more / near-sighted persons

DICK: Thomas, décidément, vous êtes idiot.

THOMAS: Non, je ne suis pas idiot. Si vous continuez de m'insulter, je quitte la classe, je choisis un autre professeur et je ne vous paye pas mes leçons.

DICK: Bien, bien, d'accord, vous n'êtes pas idiot, vous n'êtes qu'un imbécile.

THOMAS: Alors ça va, je reste.

DICK: Dites-moi, qu'avez-vous vu à Paris?

THOMAS: Je n'ai pas vu grand-chose° parce que j'avais faim, alors j'ai vu seulement des assiettes au restaurant, et j'avais soif, alors j'ai vu seulement des verres au bistrot, après j'avais sommeil, alors je voyais mon lit et les draps°, pas beaucoup, car je m'endormais trop vite, j'avais les yeux fermés, je voyais seulement en rêve. Le reste du temps, je regardais Audrey, elle venait si peu me voir, j'en profitais donc, mais ce n'était pas nouveau car j'avais déjà vu souvent Audrey à New York et elle n'avait pas changé de visage à Paris, ni même à Neuilly. Je n'ai vu que des myopes qui eux ne pouvaient pas me voir car ils étaient trop loin.

pas grand-chose not much

(faux ami) sheets

DICK: Tiens, justement, Audrey arrive. Bonjour Audrey.

AUDREY: Bonjour Dick, bonjour Thomas.

DICK: Avez-vous passé de bonnes vacances à Neuilly, où vous habitiez?

AUDREY: Je ne logeais pas à Neuilly, mais au centre de Paris, près de l'Opéra. Je me suis beaucoup promenée, j'ai vu des expositions de peinture, le Louvre, j'ai été aux Tuileries, au Luxembourg, au théâtre, je suis tombée dans les égouts°, bref, je me suis bien amusée, parce que j'étais seule et je ne demandais l'avis° de personne.

(m) sewers

(m) opinion

DICK: Thomas prétend° qu'il vous a vue tous les jours, pendant les vacances.

(faux ami) claims

AUDREY: Il se trompe°. Il a voyagé avec ma sœur jumelle°, il croyait que c'était moi. Pourtant, ma sœur jumelle ne me ressemble pas tout à fait. Entre elle et moi, il y a quelques petites différences; moi, j'ai un petit nez en l'air°, ma sœur a un long nez aplati°, ma sœur a les yeux noirs, moi j'ai les yeux bleus; ma sœur est rousse, moi je suis blonde; ma sœur mesure deux mètres° quatre-vingt-dix centimètres, moi je mesure un mètre soixante-huit centimètres, ma sœur...

He's mistaken / twin

le nez . . . pug nose
flattened
meters (1 meter = about 3 feet)

DICK: Excusez-moi de vous interrompre. Pouvez-vous m'expliquer comment il se fait que° Thomas ne se soit pas aperçu de° ces différences?

comment... how is it that...? / did not perceive

AUDREY: Il ne s'en est pas aperçu pour deux raisons: d'abord, ces différences ne sont pas grandes; ensuite, Thomas est très myope.

DICK: Je m'en doutais°. Il a un si mauvais accent en français.

Je... (faux ami) I suspected it.

AUDREY: En anglais aussi.

Tiré de « Exercices de conversation et de diction pour étudiants américains » issus de *Théâtre V*. Ecrit par Eugène Ionesco. Copyright Editions Gallimard.

Questions d'interprétation

1. Qu'est-ce qui est amusant dans ce dialogue d'Ionesco? Parlez de plusieurs des techniques comiques suivantes, ou d'autres que vous avez remarquées. Donnez des exemples de chaque technique.

    a. les réponses inattendues, incongrues aux questions

    b. le manque de logique

    c. les expressions figurées prises littéralement

2. Le Théâtre de l'Absurde d'Eugène Ionesco parodie le théâtre réaliste du 19e et du 20e siècle. Essayez de trouver ces exemples de parodie dans *Vacances*:

    a. Le comportement ou les sentiments des personnages ne sont pas vraisemblables.

    b. Les personnages parlent souvent un langage plein de phrases et d'idées banales.

    c. L'identité d'un personnage est souvent mise en question.

3. Les deux Américains, Thomas et Audrey, parlent de leur voyage en France, en utilisant le vocabulaire qu'ils ont appris. Mais est-ce qu'ils ont vraiment visité la France? Quelles phrases montrent que c'est un dialogue artificiel, créé uniquement pour la classe de français?

4. Pensez-vous qu'Ionesco se moque des Américains en particulier, ou de n'importe quel voyageur qui visite un autre pays? De quoi se moque-t-il dans ce dialogue?

5. Quel est le sens littéral et le sens figuré du mot « myope »? Pensez-vous que cet adjectif s'applique aux personnages dans le dialogue? Expliquez en quoi.

Avant de lire le texte

Quand vous apprenez le français, vous étudiez beaucoup de vocabulaire, au sujet, par exemple, d'une soirée au théâtre ou au cinéma. Vous avez une liste d'expressions comme celle qui suit:

la Pièce de théâtre
acheter un billet au guichet
déposer son manteau (son pardessus) au vestiaire
prendre sa place à l'orchestre (au balcon)
l'ouvreuse (*f*)—la femme qui aide les spectateurs à trouver leur place. En France, on lui donne un pourboire.
s'asseoir dans un fauteuil
on frappe les trois coups—on fait un petit bruit trois fois pour annoncer qu'une pièce va commencer
regarder les décors (*m*), les costumes (*m*)
écouter les paroles des acteurs (*m*) et des actrices (*f*)
applaudir à la fin de la pièce

1. Etudiez le vocabulaire précédent, et inventez un petit dialogue sur une soirée au théâtre, que vous improviserez avec un(e) camarade de classe.

2. Faites quelques changements dans le dialogue précédent: créez des répliques incongrues et absurdes aux questions, pour imiter le style d'Ionesco.

> Modèle: PIERRE: Comment as-tu trouvé la pièce, *Cyrano de Bergerac?*
>
> ETIENNE: Je n'ai pas trouvé la pièce. Je me suis perdu à Paris et je suis finalement rentré à l'hôtel.

3. L'humour noir est un genre de comédie où l'auteur traite légèrement des sujets graves tels que les accidents et la mort. Faites quelques changements dans votre dernier dialogue pour parler légèrement d'un accident ou d'un crime au théâtre. Le dialogue suivant d'Ionesco révèle ce même genre d'humour.

Au théâtre

Personnages
PHILIPPE, *Le professeur*
JEAN-MARIE, *L'étudiant*

PHILIPPE: Bonjour, Jean-Marie.

JEAN-MARIE: Bonjour, monsieur. Vous ne me demandez pas d'où je viens.

PHILIPPE: Je ne vous le demande pas, car je le sais: vous venez de Paris où vous avez passé une partie de vos vacances.

JEAN-MARIE: Comment savez-vous que j'ai été à Paris?

PHILIPPE: C'est vous-même qui me l'avez dit, hier soir, quand je vous ai rencontré à la gare°.   train station

JEAN-MARIE: Excusez-moi, j'avais oublié.

PHILIPPE: Au moins, est-ce que vous avez appris le français?

JEAN-MARIE: Non, je n'ai pas pu l'apprendre. Les Parisiens parlent très mal le français. Ils le font sans doute° exprès° car ils doivent connaître leur langue.   *(faux ami)* probably do it on purpose

PHILIPPE: Avez-vous vu, avez-vous fait ou bien avez-vous vu et fait des choses intéressantes? En avez-vous entendu aussi?

JEAN-MARIE: Je n'ai pas fait grand-chose et je n'ai rien entendu d'intéressant puisque je n'entends rien, mais j'ai vu de très belles choses.

PHILIPPE: Qu'est-ce que vous avez vu? Où avez-vous été?

JEAN-MARIE: Je suis allé au théâtre.

PHILIPPE: Décrivez et racontez-moi cela. Comment était-ce?

JEAN-MARIE: Je me trouvais dans une grande salle avec des fauteuils° rouges, à l'orchestre. Des deux côtés de la salle, j'ai vu des baignoires°. Au-dessus, j'ai vu les balcons, le poulailler°, plus haut encore, au milieu du plafond, il y avait un lustre° énorme qui éclairait° la salle. Pour arriver à ma place, j'ai d'abord acheté un billet, j'ai déposé° mon pardessus° au vestiaire, j'ai traversé un couloir° circulaire, enfin, conduit par l'ouvreuse, je suis arrivé à ma place°.

> *(théâtre)* seats
>
> ground floor boxes / upper balcony
>
> chandelier / lighted
>
> *(ici)* left / overcoat
>
> corridor
>
> *(faux ami; ici)* seat

PHILIPPE: Et sur la scène°, qu'avez-vous vu?

> *(faux ami)* stage

JEAN-MARIE: Je n'ai rien vu sur la scène.

PHILIPPE: Vous n'avez pas vu la pièce?

JEAN-MARIE: Quelle pièce?

PHILIPPE: Une pièce, jouée par des acteurs qui sont des personnages portant des costumes ou n'en portant pas.

JEAN-MARIE: Je n'ai pas vu cela.

PHILIPPE: Il ne devait pas y avoir seulement° les décors.

> *il ne* . . . There must have been more than just . . .

JEAN-MARIE: Je n'ai pas vu de décors non plus.

PHILIPPE: Que s'est-il donc passé?

JEAN-MARIE: On a frappé les trois coups, très fort, il a fait nuit dans la salle. On a frappé encore trois coups, très forts. Le lustre n'a pas résisté°. Il est tombé du plafond sur les têtes des spectateurs qui étaient derrière moi. Heureusement°, les fauteuils ont pris feu°. Alors, j'ai pu voir clair°. C'était très joli, il y avait des flammes partout, beaucoup de cadavres. Les pompiers° sont arrivés. Ils nous ont fait prendre des douches. Je me suis bien amusé. J'ai beaucoup applaudi. Le lendemain, à la place du° théâtre, il y avait un peu de cendre.

> did not withstand it
>
> fortunately
>
> caught fire / saw clearly
>
> firemen
>
> *à* . . . *(ici)* instead of

Tiré de « Exercices de conversation et de diction par étudiants américains » issus de *Théâtre V*. Ecrit par Eugène Ionesco. Copyright Editions Gallimard.

Questions d'interprétation

1. Trouvez-vous ce dialogue d'Ionesco amusant? Quels exemples y a-t-il dans ce dialogue des techniques comiques suivantes:

   a. l'humour noir (Voir la description de cette technique dans *Avant de lire le texte*, no. 3)
   b. la banalité excessive des questions ou des réponses
   c. les réponses incongrues, inattendues

2. Dans ce dialogue, comme dans le dialogue précédent, un Américain parle de ses expériences en France, mais le lecteur a l'impression que cet Américain n'a jamais vraiment visité la France. Quels détails de ce dialogue vous donnent cette impression?

3. *Au théâtre* parodie les dialogues qu'on trouve dans les manuels de langues, où les personnages se disent des banalités, utilisant le vocabulaire de chaque chapitre. Quelles transformations amusantes est-ce qu'Ionesco a faites de ces situations qui sont typiques des manuels de français:

   a. Un(e) Américain(e) apprend à parler couramment le français, après un séjour à Paris.
   b. Un(e) Américain(e) raconte une soirée divertissante passée au cinéma ou au théâtre.
   c. Un(e) Américain(e) parle des endroits intéressants qu'il (elle) a visités à Paris.

A votre tour

1. Comparez les deux dialogues précédents d'Ionesco avec les dialogues que vous avez appris dans d'autres livres de français. Lesquels préférez-vous? Pourquoi?

2. Serge Halimi raconte ses impressions des Etats-Unis, et les personnages d'Ionesco racontent leurs impressions de la France. Quelles différences y a-t-il dans leur façon de connaître un autre pays? Ont-ils basé leurs opinions sur les histoires qu'on leur a racontées, sur les livres qu'ils ont lus, ou sur les expériences qu'ils ont vécues?

3. *Travail oral par groupes de trois.* Inventez avec vos partenaires un dialogue qui traite d'une des situations suivantes. Imitez, si vous voulez, le style d'Ionesco.

   a. Thomas vient de passer des vacances à Londres avec Audrey. Son ami Dick leur pose des questions sur le voyage.
   b. Continuez le dialogue, « Vacances », en racontant deux versions contradictoires de l'histoire des vacances que Audrey et Thomas ont passées en France.
   c. Jean-Marie raconte à ses amis une soirée qu'il a passée au cinéma, ou dans un restaurant à Paris.
   d. En prenant votre point de départ dans le dialogue, « Au théâtre », imaginez la conversation entre les pompiers et Jean-Marie, qui refuse de quitter le théâtre en feu.

Pratique de la langue

Exercice de vocabulaire

Remplacez chaque expression soulignée par une des expressions suivantes, tirées des textes que vous avez lus dans ce chapitre:

au volant   se taire   abréger   le lieu commun
atteindre   le cadre   ailleurs

1. Plutôt que de dire une bêtise, il vaut mieux <u>rester silencieux</u>.
2. Préférez-vous vivre dans ce pays, ou <u>autre part</u>?
3. Etes-vous <u>maîtres de la situation</u>, ou poussés par la force des circonstances?
4. Pourquoi est-ce qu'on décrit toujours les nationalités différentes par des <u>clichés</u> et des stéréotypes?
5. Dans chaque <u>environnement</u> se développe un caractère différent.
6. Quel objectif voulez-vous <u>réaliser</u> par ce voyage à l'étranger?
7. Paul a dû <u>réduire</u> la durée de ses vacances en Europe cette année.

Attention aux faux amis!

Les mots suivants, tirés des textes que vous avez lus, ressemblent à des mots anglais, mais *leur sens est différent*. Essayez de déterminer la signification de ces mots dans les phrases à droite, et choisissez la définition a, b ou c.

1. volontaire   J'admire les gens <u>volontaires</u> qui réussissent à atteindre leur but.

Volontaire veut dire (a) pas salarié, (b) énergique, ou (c) de bonne humeur?

2. propre   Chaque peuple a ses qualités et ses défauts <u>propres</u>.

Propre veut dire (a) plein de dignité, (b) pas sali, ou (c) personnel?

3. le stoppeur   Quand on voyage sur les grandes routes d'un pays, on rencontre parfois des <u>stoppeurs</u>.

Un stoppeur veut dire (a) une personne qui désire voyager dans la voiture de quelqu'un d'autre, (b) un agent de police, ou (c) un panneau qui annonce qu'il faut s'arrêter?

4. prétendre   Chantal <u>prétend</u> qu'elle a vu son petit ami tous les jours à Paris.

Prétendre veut dire (a) faire semblant, (b) ne pas cacher ou (c) déclarer?

5. faire exprès   Elle a offensé son ami, mais elle ne l'a pas <u>fait exprès</u>.

Faire exprès veut dire (a) faire soudainement, (b) faire intentionnellement ou (c) faire vite?

6. la place   Il faisait tellement noir dans la salle de théâtre que j'ai eu des difficultés à trouver <u>ma place</u>.

                           La place veut dire (a) le siège, (b) l'endroit ou (c) la sortie?

7. déposer   Avant d'entrer dans la salle de théâtre, il faut <u>déposer</u> votre manteau ici.

                           Déposer veut dire (a) porter, (b) laisser ou (c) renverser?

Les Familles lexicales

Regardez les mots à gauche. Vous les connaissez déjà. Essayez de deviner le sens des mots de la même famille lexicale à droite. Ces mots se trouvent dans les textes que vous venez de lire.

1. la chaîne   La guerre a éclaté entre ces deux pays quand le meurtre du diplomate <u>a déchaîné</u> une tempête de passions violentes.

2. fermer   Les Américains restent rarement <u>enfermés</u> dans une ville ou dans un emploi désagréable; ils sont très mobiles.

3. la création, créer Quand il rentre en France, Jean-Paul essaie de <u>recréer</u>, dans son livre, ses impressions des Etats-Unis.

4. la production   Qu'est-ce qui <u>a produit</u> cette crise sociale?

5. chercher   Est-ce que les Américains <u>recherchent</u> surtout la réussite matérielle ou la satisfaction dans leur travail?

6. dormir   Pendant son long voyage en avion, Richard a essayé de <u>s'endormir</u>.

7. voir   Il est facile de <u>s'apercevoir</u> des différences entre la mentalité des Français et celle des Américains, quand on bavarde avec eux.

Vocabulaire utile: le patriotisme

la patrie = le pays où l'on est né

le patriotisme = l'amour de la patrie (être patriotique)

le chauvinisme = le patriotisme excessif (être chauvin(e))

le nationalisme = l'exaltation de sa propre nation, la mettant au-dessus des intérêts d'autres nations (être nationaliste)

le drapeau = les couleurs = le morceau d'étoffe, généralement rectangulaire, qui sert d'emblème à une nation

l'hymne (m) *national* = le chant national

mourir pour la patrie

ému(e) par quelque chose = touché(e) par quelque chose

croire à quelque chose = avoir foi en quelque chose (la croyance)

rester fidèle à quelque chose = être loyal(e) envers quelque chose (la fidélité, la loyauté)

le cosmopolite = celui (celle) qui regarde le monde comme sa patrie, et qui se considère citoyen du monde (l'esprit cosmopolite)

Sujets de composition

1. Croyez-vous que chaque nation a des traits de caractère distinctifs? Quelles généralisations à propos de l'Amérique vous semblent valables? Lesquelles sont fausses ou simplistes?

2. Décrivez les réussites des Américains dans un ou deux de ces domaines: la science, la médecine, la technologie, l'art, la cuisine, la musique, la danse, la mode, le cinéma. Desquelles êtes-vous la plus fière (le plus fier)?

3. Etes-vous né(e) dans un autre pays, ou connaissez-vous quelqu'un qui est né à l'étranger? Décrivez vos (ses) premières impressions de l'Amérique.

4. Quel est le pays de vos ancêtres qui ont immigré aux Etats-Unis? A votre avis, quels sont les traits de caractère du peuple de ce pays? Avez-vous jamais visité ce pays? Racontez vos impressions sur ses habitants.

5. Avez-vous jamais fait de l'auto-stop dans un autre pays, ou avez-vous beaucoup voyagé dans un pays étranger? Quelles ont été vos impressions du pays et de ses habitants, d'après vos conversations avec les derniers?

6. Considérez-vous votre génération comme patriotique? Donnez quelques détails pour soutenir votre opinion. A votre avis, dans quelles circonstances est-ce que le chauvinisme peut être injuste ou dangereux?

Chapitre 6

La Criminalité

Grand ensemble près de Paris

Introduction

Comment qualifier cette époque où nous vivons? Epoque de prospérité, société de consommation, bien sûr. Mais c'est aussi une époque de violence. On ne peut pas lire le journal ni regarder les actualités à la télévision sans être frappé d'horreur. En France comme aux Etats-Unis, on trouve ces fléaux°—vandalisme, vols°, cruauté envers les enfants, délinquance de jeunes, viols°, meurtres, et actes de terrorisme. Examinons-en un peu les statistiques et essayons d'analyser quelques causes de cette menace pour la société.

plagues / thefts
rapes

Il y a moins de crimes en France que dans d'autres pays d'Europe: d'après un sondage récent, 6 pour-cent des Français ont été victimes d'un acte criminel, en contraste avec 7 pour-cent des Anglais et des Allemands, et 8 pour-cent des Danois. Mais le nombre de crimes a doublé en 10 ans en France; la violence trouble donc beaucoup la vie quotidienne des Français. Parmi les responsables des crimes, à peu près 75 pour-cent ont moins de 40 ans, et ce sont les adolescents de 16 à 18 ans qui en commettent le plus.

Quelles sortes de crimes commettent-ils? Surtout le vol (79 pour-cent de tous les crimes) d'objets tels que le matériel audio-visuel (magnétophone°, mini-cassettes, disques), d'ordinateurs°, de motos° et de voitures, qui sont souvent abandonnées après une journée de promenade. Voler, c'est une manière d'atteindre° un niveau de vie°, et un sentiment de pouvoir dont ils se sentent privés°.

taperecorder / (m) computers /
(motocyclette) motorcycles
to attain / standard of living
deprived

Quant aux crimes contre les personnes (l'agression, le viol, le meurtre), beaucoup de cette violence est liée° à l'influence néfaste° de la drogue° sur les jeunes. En France, comme aux Etats-Unis, il y a une montée° alarmante du nombre de jeunes « branchés° » —ceux qui prennent de la cocaïne, de l'héroïne, ou du haschisch. Dix-sept pour-cent des Français de 14 à 18 ans ont fumé du haschisch, 58 pour-cent de ces adolescents ont des camarades à qui cela est arrivé et 32 pour-cent de ces

linked / (m f) harmful
illegal drugs
increase / (fam) turned on

jeunes ont été abordés° par un trafiquant° de drogue. La drogue n'est   approached / dealer
pas réservée aux grandes villes ou à certaines écoles; on en trouve par-
tout: dans les petites et moyennes villes, et chez les jeunes de tous les
milieux et de toutes les classes sociales.

Les jeunes se droguent pour des raisons banales: par curiosité, parce
que c'est la mode, pour impressionner leurs amis, ou parce qu'ils asso-
cient la drogue et les vedettes° de Hollywood et les chanteurs de rock.   stars
Ceux qui deviennent adonnés à° la drogue abandonnent leurs études   addicted to
(environ 35,000 des jeunes Français chaque année), et entrent dans l'en-
fer° du crime, des trafiquants de la rue, de la prison. Pour faire face à   (*m*) hell
cette crise, le système judiciaire poursuit avec fermeté les trafiquants, et
punit sévèrement tout crime touchant aux stupéfiants°.   narcotics

Ce qui distingue la violence des jeunes de la génération présente de
celle des années 60, c'est qu'il y a moins de manifestations collectives
aujourd'hui. La violence s'exprime surtout par des conduites individuelles ou de petits groupes, et, en contraste avec la révolte des jeunes des
années 60, ne concerne qu'une minorité de la population.

Comment expliquer ce phénomène de violence? Les Américains, et les
Français à un moindre degré, vivent dans une société de consommation
qui glorifie par la publicité la possession des biens matériels. Les réc-
lames° exaltent un style de vie luxueux, et ceux qui sont exclus de cette   advertisements
prospérité gardent rancune à° la société. Parmi ces exclus on trouve les   bear a grudge against
exclus de l'école—les adolescents qui arrêtent leurs études avant le baccalauréat[1] pour travailler, souvent pour aider leurs parents. Sans le bac,
ils sont exclus de l'université et donc des emplois prestigieux.

Les exclus urbains sont ceux qui habitent dans les grands immeubles°   (*m*) apartment buildings
impersonnels, qui se sentent enfermés dans une sorte de ghetto, exclus
des lieux de divertissement et de réunion° des villes. On trouve aussi les   (*faux ami*) meeting
exclus de la classe moyenne: ceux qui sont défavorisés par la pauvreté,
le chômage°, ou par une famille désunie, et qui ne participent pas à la   unemployment
prospérité de la France. Les immigrés récents, dont beaucoup viennent
des anciennes° colonies de l'Algérie, de la Tunisie et du Maroc, connais-   (*faux ami*) former
sent la difficulté de s'adapter à un nouveau pays et à une culture étrang-
ère. Ces Maghrébins, comme on les appelle, se sentent souvent victimes
aujourd'hui de la discrimination en France.

Un facteur qui peut favoriser la violence et la révolte des jeunes d'aujourd'hui, c'est l'omniprésence de la violence à la télévision et au cinéma. Voilà un sujet que les sociologues et les psychiatres débattent: est-ce
que la présence quotidienne de la violence télévisée banalise° les crimes   renders ordinary, removes
chez les téléspectateurs, et renforce leurs tendances agressives? D'après   the horror of
la recherche récente des psychiatres, il paraît que la réponse est affir-
mative.

Dans ce chapitre, nous allons d'abord étudier le point de vue de
quelques jeunes Français touchant à la criminalité dans la société, pour
examiner ensuite un genre littéraire—l'histoire policière°—qui crée le   *l'histoire...* (*f*) detective story
suspense, prenant son sujet dans la criminalité.

Note culturelle

1. *Le baccalauréat* (*le bac* ou *le bachot*, fam)—examen donné en France à la fin de la dernière année du lycée. Les étudiants qui sont reçus au baccalauréat sont admis à l'université; ceux qui y échouent sont exclus de l'université. Le baccalauréat est à la fois un diplôme de lycée et un examen d'entrée pour l'université.

Avant de lire le texte

1. Pour quelle(s) raison(s) est-ce que les adolescents commettent des vols?

2. D'après les statistiques, la majorité des délinquants en France et aux Etats-Unis sont jeunes. A votre avis, quels facteurs poussent les jeunes à commettre des crimes?

3. La drogue représente une menace très grave pour la société française et pour la société américaine. Pourquoi est-ce que l'usage de la drogue mène souvent au crime?

Témoignages de quelques jeunes Français

« Je vois ma sœur et ses copains, ils ont 13–14 ans, ils ne disent pas qu'ils piquent° ou qu'ils volent, non… ils se débrouillent°, ils s'organisent… C'est inimaginable, les combines° qu'ils ont! Ils emportent toujours l'argent nécessaire pour payer les objets s'ils se font choper°. Pour eux, c'est une provocation qui éclabousse° ceux qui sont autour. Ils vivent là une grande aventure, où ils doivent être courageux, rusés°,…

Quand j'avais leur âge, j'ai piqué moi aussi mais c'était vraiment traumatisant. Je me souviens : dans un magasin, j'avais mis des trucs° sous mon pull, la porte était tout près mais elle me paraissait immensément loin. Je devais avoir les yeux exorbités°, tellement j'étais sûr que tous les gens me regardaient, me dévisageaient°, allaient me dénoncer. Mes os° tremblaient. J'ai fui° vers la sortie. Dehors, j'ai couru, paniqué. Une peur atomique! J'avais fait ça! Là, si on m'avait arrêté, j'aurais été soulagé°, je te jure… »

(argot) steal / cope, manage
(fam) schemes, tricks
se… *(fam)* get pinched, nabbed
smears, insults
crafty, skillful
(fam) things
bulging
were staring at / *(m)* bones
fled
relieved

Philippe,
20 ans

« Quand on a mon âge, on vit vraiment. Mais quand on vit comme nous, qu'on est pauvre°, il faut savoir se débrouiller. On a plusieurs raisons de piquer. Si on trouve que c'est trop cher, qu'ils nous volent, alors nous aussi°.

Il vaut mieux prendre les choses sans payer, ça fait des économies.

qu'on… = *quand on est pauvre*

alors… *(fam)* then we'll steal too.

Mais la plupart, ils volent° pour avoir des habits, des chaussures, des af-
faires° pour l'école et ils n'ont pas assez d'argent pour en avoir des bien.
Par rapport aux copains, c'est important d'avoir des affaires ‹ classe° ›.
Piquer, c'est aussi une manière de dire ‹ merde à° la société › ».

la plupart… (fam) most of them steal

(*f; ici; fam*) clothes

des affaires « classe » classy things / *dire merde à (vulg)* to thumb one's nose at

Eliane,
14 ans

*Aziz, jeune Marocain, est arrivé en France à l'âge de 2 ans. Il n'a connu pendant
toute sa scolarité que les conditions de vie du ghetto dans une cité de transit.*

« D'abord il faut comprendre qu'on est tous issus de° familles qui ont
subi° l'échec°. Qui ont été obligées de traverser des frontières° pour aller
manger du pain dans un pays étranger qui venait de nous massacrer
après une guerre civile d'indépendance. Pour ensuite aller se faire hu-
milier devant des patrons°, à travailler à la chaîne° ou des boulots°
comme ça. Des familles qui ont l'échec dans la peau°.

born of

undergone / (*m*) failure / borders (of country)

bosses / production chain / (*fam*) jobs

dans… (fam) under one's skin

Alors les parents reposent° toute leur ambition, tout ce qu'ils auraient
voulu faire sur nous. Mais ils ne savent pas comment aider leurs enfants.

lay

… Les Français, eux, habitent des H.L.M.° Nous on nous a fait une
cité de transit°, entourée d'un mur de briques bien cimentées. Dès qu'on
rentre, hop, on est coupé du reste de la société. Et puis il y a la différence
de race, de religion, de coutumes, de langues. On est vraiment coupé de
tout.

Habitation à loyer modéré low-income housing projects

temporary housing development for immigrants

Comme les Français ont eu tout ce qu'ils voulaient et qu'ils ne sont pas
très turbulents, c'est nous les immigrés qui procurons aux flics° le plus
de travail. Alors ils viennent en roulant à toute pompe° dans leur petite
R 12° noire ou beige.

(*fam*) cops

(*fam*) at top speed

Renault 12 car used by police

Ils s'arrêtent, ils rigolent°, ils nous traitent de sales bougnoules ou de
ratons° et nous donnent des claques° à tort et à travers° dès qu'on parle.
C'est un jeu pour eux, ça les amuse. Ils ne voient pas que c'est triste. »

(*fam*) to laugh

(*argot, péj.*) Blacks or Arabs / slaps / *à tort…*wildly

Aziz

Extraits de G. Welcomme, C. Willerval, *Juniorscopie*. Paris: Editions Bayard-Presse, 1986.

André, héroïnomane° à 14 ans, est aujourd'hui analyste-programmeur.

(*m*) heroin addict

« La première fois que j'ai fumé°, j'avais 13 ans. C'était avec des amis
de ma sœur. Ma rencontre avec la drogue dure a eu lieu au cours d'une
soirée à Vaucresson°. Quelqu'un m'a proposé un sniff de morphine.
Mes parents ont commencé à soupçonner quelque chose, mais ils ont
préféré faire l'autruche°. Vous savez, ça n'est pas facile à accepter. Le
jour de mes 15 ans, un ami m'a proposé un mélange de cocaïne et
d'heroïne. Le début de l'engrenage°. L année du bac°, j'ai rencontré des
jeunes dans la même situation que moi. L'effet de groupe a été plus que

smoked

ville très chic près de Versailles

(*fig*) bury one's head in the sand like an ostrich

(*m*) (*fig*) gears; fateful first step / *l'année…* last year of high school

néfaste. C'est cette année-là que j'ai commencé à voler mes parents et à piquer des trucs dans les magasins. C'était pas suffisant, alors, comme les autres, je me suis mis à° trafiquer. Je ne vivais plus que pour cela. J'ai été viré° de chez moi. L'enfer a duré deux ans et demi, et aurait pu continuer plus longtemps si je n'avais pas été balancé°. »

je me... I began
(fam) kicked out
(argot) got busted

André,
25 ans

Tiré de Jean Lesieur, « Drogue: tous les enfants menacés », *Le Point*, No. 720, 7 juillet 1986, p 56.

De quoi s'agit-il?

Résumez les idées. Pour chaque personne nommée à gauche, choisissez la phrase qui résume le mieux ses idées au sujet de la criminalité:

1. Philippe

2. Eliane

3. Aziz

4. André

    a. Le vol, c'est une façon de se venger des inégalités sociales.

    b. C'est le sentiment du désespoir, de l'échec, qui mène au crime.

    c. On vole pour se payer des stupéfiants.

    d. Le vol, c'est une provocation envers la société.

    e. On vole pour survivre.

Vrai / faux

Dites si les phrases suivantes sont vraies ou fausses selon les interviews que vous venez de lire. Si la phrase est fausse, expliquez pourquoi.

1. Son premier vol a terrifié Philippe.
2. D'après Philippe, les adolescents qu'il connaît ont honte de commettre des vols.
3. Les pauvres sont souvent victimes d'injustices sociales.
4. Les amis d'Eliane aiment impressionner leurs camarades par les nouveaux vêtements qu'ils ont achetés.
5. Les habitations isolées et impersonnelles engendrent le crime.
6. Les emplois des immigrés sont satisfaisants.
7. Les immigrés aiment provoquer la police.
8. André est aujourd'hui en prison, après avoir fait le trafic de la drogue.

A votre tour

1. A votre avis, est-ce que les adolescents américains commettent des vols pour les mêmes raisons que les adolescents français de ces interviews?
2. Connaissez-vous des immigrés récents aux Etats-Unis qui ont eu des difficultés à s'adapter à la vie américaine? Citez quelques problèmes qu'ils ont rencontrés.
3. Comment répondriez-vous à cette accusation contre la société lancée par Eliane: « Si on trouve que c'est trop cher, qu'ils nous volent, alors nous aussi. »
4. *Travail oral par groupes de trois ou quatre.* Choisissez la situation a ou b à discuter par petits groupes. Utilisez des expressions du *Vocabulaire utile* pour vous aider. Après quelques minutes de discussion, chaque groupe présentera ses idées à l'ensemble de la classe.
   a. Imaginez que vous allez lancer une campagne contre la drogue dans votre ville. Faites une liste, avec vos camarades, des tactiques qu'il faut employer dans la lutte contre la drogue. Quels slogans allez-vous utiliser? Ensuite, en groupe, préparez une présentation de votre campagne.
   b. Imaginez que vous faites partie d'une commission spéciale pour combattre la pauvreté dans une grande ville américaine. Recherchez ensemble des solutions à ces problèmes urbains: 1) la déshumanisation des grands immeubles impersonnels, 2) le chômage et 3) l'ennui des adolescents.

Vocabulaire utile: la délinquance

la délinquance = la criminalité (le (la) délinquant(e))

voler, piquer (*argot*), *choper* (*fam*) = prendre des objets sans les payer (le vol, le voleur, la voleuse)

la drogue = les stupéfiants (les ravages (*f*) de la drogue)

le trafic de la drogue = la vente de la drogue (le (la) trafiquant(e) de drogue, faire le trafic de la drogue)

s'adonner à la drogue = prendre constamment de la drogue (être adonné(e) à)

le (la) consommateur(trice) de drogue

être toxicomane = être drogué(e), être dominé(e) par la drogue (la toxicomanie = la dépendance à l'égard de la drogue)

être branché(e) (*fam*) = être intoxiqué(e) par la drogue

se guérir de la toxicomanie = vaincre sa dépendance à l'égard de la drogue

être ivre, soûl(e) (*fam*), *enivré(e), grisé(e)* = être intoxiqué(e) par l'alcool (s'enivrer, se griser, se soûler (*fam*))

l'ivresse (*f*) = l'intoxication (par l'alcool généralement)

la drogue dure = l'héroïne, la morphine, la cocaïne

être alcoolique, l'alcoolisme (*m*)

se guérir de l'alcoolisme

Georges Simenon

Un des auteurs les plus prolifiques de notre époque, Georges Simenon (1903–1989) est né à Liège, en Belgique, d'une famille assez pauvre. Connu surtout pour ses nouvelles et ses romans policiers où le commissaire Maigret est le personnage principal, Simenon a aussi écrit des romans autobiographiques tels que *Je me souviens* (1945), *Pédigree* (1948), et *Quand j'étais vieux* (1970).

Simenon a transformé la technique du roman policier comme genre littéraire. Ce qui l'intéresse surtout, c'est l'analyse des forces sociales et psychologiques qui poussent les êtres ordinaires à commettre un crime. L'intuition de Maigret, la façon dont il s'identifie avec les criminels, et le raisonnement, sont les moyens qu'il emploie pour découvrir le responsable de chaque crime.

Avant de lire le texte

Dans un roman policier typique, lesquels de ces éléments peuvent aider le lecteur à découvrir le (la) coupable:

1. le milieu et la société
2. les rapports entre les personnages
3. l'époque
4. la situation politique en France
5. l'opinion et les préjugés d'autres policiers dans le roman?

Lesquels des facteurs précédents vous semblent les plus importants? Expliquez pourquoi.

Vrai / faux

Réfléchissez sur la structure d'une histoire policière. Dites si les phrases suivantes sont vraies ou fausses d'après les romans ou films policiers que vous connaissez.

1. L'histoire commence par une enquête faite par un policier.
2. Le personnage qui semble le plus suspect est sans doute le coupable.
3. Le (la) coupable est souvent dominé(e) par une passion incontrôlable.
4. Le (la) coupable a souvent des tendances violentes évidentes dans l'histoire.
5. Le (la) coupable commet un crime sans avoir de motifs sérieux.
6. Le (la) coupable échappe parfois à la punition.

Monsieur Lundi

(Première partie)

Maigret resta un moment immobile devant la grille° noire qui le séparait du jardin et dont la plaque d'émail° portait le no. 47 *bis*°. Il était cinq heures du soir et l'obscurité était complète. Derrière lui coulait° un bras maussade de la Seine où s'étirait l'île déserte de Puteaux°, avec ses terrains vagues°, ses taillis° et ses grands peupliers°.

Devant lui, par contre, au-delà de la grille, c'était un petit hôtel° moderne de Neuilly°, c'était le quartier du bois de Boulogne°, avec son élégance, son confort et, présentement, son tapis de feuilles d'automne.

Le 47 *bis* faisait l'angle du boulevard de la Seine et de la rue Maxime-Baès. Au premier étage, on voyait des pièces éclairées et Maigret, qui faisait le dos rond° sous la pluie, se décida à presser le timbre° électrique. C'est toujours gênant de troubler la vie d'une maison quiète, surtout par un soir d'hiver, quand elle est frileusement repliée° sur elle-même, toute pleine d'une chaleur intime, à plus forte raison° quand l'intrus° vient du Quai des Orfèvres°, les poches gonflées° d'horribles documents.

Une lumière s'alluma au rez-de-chaussée, une porte s'ouvrit et un domestique, avant de traverser le jardin sous la pluie, essaya d'apercevoir le visiteur.

—Qu'est-ce que c'est? demanda-t-il à travers la grille.

—Le docteur Barion, s'il vous plaît?…

Le hall êtait élégant et Maigret, machinalement, avait poussé sa pipe dans sa poche.

—Qui dois-je annoncer?

—Vous êtes sans doute Martin Vignolet, le chauffeur? fit le commissaire°, à la grande surprise de son interlocuteur.

En même temps, il glissait sa carte de visite° dans une enveloppe qu'il refermait. Vignolet était un homme de quarante-cinq à cinquante ans, aux os saillants°, aux poils drus°, dont l'origine campagnarde° était évidente. Il monta au premier, revint quelques instants plus tard et Maigret dut passer derrière lui près d'une voiture d'enfant.

Glossary (right margin):

(*faux ami*) gate, fence

(*m*) enamel / 47a
flowed
industrial area near Paris
empty lots / groves of trees / poplar trees
(*ici*) private residence
wealthy suburb of Paris / a park outside of Paris

faisait… was bent over / (*faux ami; ici*) doorbell

frileusement… shrinking back from the cold
à… even more so / (*m*) intruder
le Quai des Orfèvres police headquarters of Maigret in Paris / (*ici*) stuffed

police superintendent
business card

aux… with protruding bones/ *aux…* with thick hairs / from the country

—Donnez-vous la peine d'entrer, prononça le docteur Armand Barion en ouvrant la porte de son cabinet.

Il avait les yeux cernés°, le teint pâle d'un homme qui n'a pas dormi depuis plusieurs jours. Maigret n'avait pas commencé de parler qu'il percevait, venant du rez-de-chaussée, des voix d'enfants qui jouaient.

les yeux... shadows under the eyes

La commissaire, avant d'entrer, connaissait la composition de la maisonnée°. Le docteur Barion, phtisiologiste° et ancien° interne de Laënnec, n'était installé à Neuilly que depuis trois ans et, tout en faisant la clientèle°, il poursuivait ses travaux de laboratoire. Marié, il avait trois enfants, un garçon de sept ans, une fille de cinq et le bébé de quelques mois dont la voiture avait été aperçue par le commissaire.

household / specialist in tuberculosis / *(faux ami)* former

faisant... caring for private patients

La domesticité° se composait de Martin Vignolet, à la fois chauffeur et valet de chambre, de sa femme Eugénie, qui était cuisinière, et enfin, voilà trois semaines encore°, d'une petite Bretonne de dix-huit ans, Olga Boulanger.

servants

voilà... three weeks ago

—Je suppose, docteur, que vous n'ignorez pas la raison de ma visite. A la suite de l'autopsie, les Boulanger, sur les conseils de leur avocat, ont confirmé leur plainte, se sont constitués partie civile°, et je suis chargé…

Par toute son attitude, il semblait s'excuser et ce n'était pas sans un sentiment de gêne°, en effet, qu'il abordait° cette affaire.

se sont... initiated a court action with a public prosecutor

awkwardness / *(ici)* tackled

Trois semaines plus tôt, Olga Boulanger était morte d'une façon assez mystérieuse, mais le médecin de l'état civil avait néanmoins délivré le permis d'inhumer. Les parents étaient arrivés de Bretagne pour les obsèques°, de vrais paysans° de là-bas, durs et méfiants°, et ils avaient appris, Dieu sait comment, que leur fille était enceinte° de quatre mois. Comment avaient-ils fait la connaissance de Barthet, un des plus fielleux° parmi les avocats?

(f pl) funeral / peasants / distrustful

pregnant

spiteful, venomous

Toujours est-il que°, sur ses conseils, ils avaient, une semaine plus tard, réclamé l'exhumation et l'autopsie.

toujours... anyhow

—J'ai le rapport sur moi, soupira Maigret avec un geste vers sa poche.

—Ce n'est pas la peine! Je suis d'autant plus au courant que j'ai obtenu d'assister le médecin légiste.°

forensic surgeon

Il était calme, en dépit de sa fatigue et peut-être de sa fièvre. Vêtu de sa blouse de laboratoire°, le visage placé sous la lampe, il regardait Maigret dans les yeux sans jamais détourner le regard.

lab coat

—Inutile d'ajouter que je vous attendais, commissaire…

Sur son bureau, dans un cadre de métal°, se trouvait une photographie de sa femme, trente ans à peine, jolie et d'une fragilité distinguée.

metal frame

—Puisque vous avez en poche le rapport du docteur Paul, vous n'ignorez pas que nous avons trouvé l'intestin de cette malheureuse° criblé° de minuscules perforations qui ont amené un rapide empoisonnement du sang. Vous savez aussi qu'après de minutieuses recherches, nous sommes parvenus à° déterminer la cause de ces perforations, ce qui n'a pas été sans nous troubler, mon illustre confrère° et moi. Cela nous a troublés à tel point que nous avons éprouvé le besoin d'appeler à la res-

(ici) unfortunate woman

riddled with

succeeded in

colleague

cousse° un médecin colonial à qui nous devons le mot° de l'énigme...   to the rescue / (*ici*) solution

Maigret hochait la tête° et Barion sembla deviner son désir, car il   nodded his head
s'interrompit:

—Fumez, je vous en prie... Moi, qui soigne surtout des enfants, je ne
fume pas... Un cigare?... Non?... Je continue... Le système employé
pour tuer ma domestique—car je ne doute pas qu'elle ait été tuée—est
courant°, paraît-il, en Malaisie et aux Nouvelles-Hébrides... Il s'agit de   well known
faire absorber à la victime une certaine quantité de ces fines barbes°,   (*ici*) barbs
dures comme des aiguilles°, qui garnissent les épis°, entre autres les épis   (*f*) needles / spikes of grain
de seigle°... Ces barbes restent dans l'intestin, dont elles percent peu à   rye
peu les parois°, ce qui amène fatalement...   inner walls

—Pardon! soupira Maigret. L'autopsie a confirmé aussi qu'Olga Boulanger était bien enceinte de quatre mois et demi. Lui connaissiez-vous
des fréquentations° qui...   acquaintances

—Non! Elle sortait peu, autant dire pas. C'était une petite fille assez
gauche°, au visage piqué de taches de rousseur°...   clumsy / *au visage...* with a
                                                                                                   freckled face

Et il s'empressa de revenir à son sujet.

—Je vous avoue°, commissaire, que depuis cette autopsie, qui a eu   admit
lieu voilà déjà dix jours, je ne me suis occupé que de cette affaire. Je n'en
veux pas aux° Boulanger, qui sont des gens simples et dont la plainte est   *Je n'en...* I bear no grudge
évidemment dirigée contre moi. Ma situation n'en serait pas moins   against
tragique si je n'arrivais pas à découvrir la vérité. Par bonheur, j'y suis
déjà arrivé en partie...

Maigret eut de la peine à cacher sa surprise. Il était venu pour pro-
céder à une enquête et voilà qu'il se trouvait, pour ainsi dire, en présence d'une enquête toute faite, en face d'un homme calme et net qui lui
faisait un véritable rapport.

—Nous sommes aujourd'hui quel jour?... Jeudi?... Eh bien, depuis
lundi, commissaire, j'ai la preuve matérielle que ce n'est pas cette pauvre Olga qu'on a voulu faire mourir... Comment j'y suis arrivé?... De la
façon la plus simple...

Il fallait découvrir dans quel aliment notre femme de chambre avait
pu avaler° les brins° de seigle... Comme jamais elle n'aurait pensé   swallow / grains
à se tuer et surtout à se tuer de cette façon à la fois raffinée
et extrêmement douloureuse, une intervention étrangère° était évi-   (*ici*) outside
dente...

—Vous ne croyez pas que votre chauffeur, Martin, peut avoir eu des
rapports° avec elle?   (*m pl*) (*ici*) sexual relations

—J'en suis même sûr, approuva le docteur Barion. Je l'ai questionné à
ce sujet et il a fini par avouer.

—Il n'a pas vécu aux colonies?

—En Algérie, seulement... Mais je puis vous assurer dès maintenant
que vous faites fausse route°... Patiemment, avec l'aide, tantôt de ma   *vous...* you're on the wrong
femme, tantôt de la cuisinière, j'ai dressé une liste de tous les aliments   track
qui ont passé dans la maison ces derniers temps et j'en ai même analysé

quelques-uns. Lundi, alors que je désespérais d'arriver à un résultat et que j'étais dans ce cabinet, mon attention a été attirée° par un bruit de pas sur le gravier° et j'ai aperçu un vieil homme qui se dirigeait familièrement vers la cuisine…

attracted
gravel path

« C'était celui que nous appelons M. Lundi et que j'avais complètement oublié.

—M. Lundi? répéta Maigret avec un sourire amusé.

—C'est le nom que les enfants lui ont donné, car il vient tous les lundis. Un mendiant° à l'ancienne mode, j'allais dire un mendiant d'avant-guerre, propre° et digne, qui effectue chaque jour une tournée différente. Ici, c'est le lundi… Des traditions se sont créées peu à peu, entre autres celle de lui garder un repas complet, toujours le même d'ailleurs, car le lundi est pour nous le jour de la poule au riz, qu'il mange tranquillement à la cuisine… Il amuse les enfants, qui vont bavarder avec lui… Voilà longtemps déjà, j'avais remarqué qu'il leur donnait à chacun un de ces gâteaux à la crème qu'on appelle des religieuses°, et je suis intervenu…

beggar
(*ici*) clean

nuns, (*ici*) cream-puff pastry made of a small ball placed on top of a larger one

Les Religieuses.

Maigret, assis depuis trop longtemps, se leva et son interlocuteur poursuivit:

—Vous connaissez cette habitude des commerçants°, qui préfèrent donner de la marchandise aux pauvres que de l'argent… Je me suis douté° que ces religieuses venaient d'un pâtissier du quartier et que, vraisemblablement, c'étaient des gâteaux de la veille°… Pour ne pas peiner° le bonhomme, je ne lui ai rien dit, mais j'ai défendu à° mon fils et à ma fille de manger ces gâteaux…

shopkeepers

(*faux ami*) suspected
(*ici*) the day before
hurt / forbade

—Que la femme de chambre mangeait à leur place?

—C'est probable.

—Et c'est dans ces gâteaux?…

—Cette semaine, M. Lundi est venu comme d'habitude, avec ses deux religieuses enveloppées dans un papier crème°… Après son départ, j'ai examiné les pâtisseries que je vous soumettrai tout à l'heure° et j'y ai découvert des barbes de seigle en quantité suffisante pour provoquer les troubles qui ont amené la mort d'Olga… Comprenez-vous, maintenant? … Ce n'est pas cette pauvre fille qui était visée°, mais mes enfants…

cream-colored
tout…in a moment

aimed at

On entendait toujours leurs voix à l'étage en dessous. Il faisait calme et tiède, avec parfois le glissement° chuintant° d'une auto sur l'asphalte du quai.°

gliding / hushed
embankment

—Je n'en ai encore parlé à personne… Je vous attendais…

—Vous soupçonnez ce mendiant de?...

—M. Lundi? Jamais de la vie°! D'ailleurs, je n'ai pas tout dit et la suite suffira à mettre ce pauvre bonhomme hors de cause...° Hier, je suis allé à l'hôpital, puis j'ai rendu visite à quelques confrères... Je voulais savoir si, les derniers temps, ils n'avaient enregistré aucun cas analogue à celui d'Olga Boulanger...

La voix sèche, il se passa la main sur le front.

—Or, j'ai acquis la quasi-certitude que deux personnes au moins sont mortes de la même façon, l'une voilà près de deux mois, l'autre il y a seulement trois semaines...

—Elles avaient mangé des gâteaux?

—Je n'ai pas pu le savoir, les médecins, s'étant fatalement° trompés sur la cause de la mort et n'ayant pas jugé nécessaire de provoquer une enquête... Voilà, commissaire!... Je ne sais rien d'autre, mais j'en ai appris assez, comme vous voyez, pour être épouvanté...° Il y a quelque part, dans Neuilly, un fou ou une folle qui, je ne sais comment, parvient à mettre de la mort dans des gâteaux...

—Vous me disiez tout à l'heure que c'étaient vos enfants qui étaient visés...

—Oui... J'en reste persuadé... Je comprends votre question. Comment le meurtrier s'arrange-t-il° que ce soient précisément les gâteaux de M. Lundi qui...

—D'autant plus qu'il y a eu d'autres cas!

—Je sais... Je ne me l'explique pas...

Il paraissait sincère et pourtant Maigret ne pouvait s'empêcher de° l'observer à la dérobée.°

—Vous me permettez de vous poser une question personnelle?

—Je vous en prie...

—Excusez-moi si elle vous blesse°. Les Boulanger vous accusent d'avoir eu des rapports avec leur fille...

Le médecin baissa la tête et gronda:

—Je savais bien qu'on y viendrait!... Je ne veux pas vous mentir, commissaire... C'est vrai, bêtement vrai, car c'est arrivé bêtement, un dimanche que j'étais seul ici avec cette fille... Je donnerais tout au monde pour que ma femme ne l'apprenne jamais, car elle en souffrirait trop... D'autre part, je puis vous jurer, foi de médecin°, qu'à ce moment Olga était déjà la maîtresse de mon chauffeur...

—Si bien que l'enfant?...

—N'était pas de moi, je vous assure... Les dates ne correspondent même pas!... Au surplus, Olga était une bonne fille qui n'aurait jamais songé à me faire chanter°... Vous voyez que...

Maigret ne voulait pas lui donner le temps de se ressaisir°.

—Et vous ne connaissez personne qui... Attendez... Vous avez parlé tout à l'heure d'un fou ou d'une folle...

—En effet! Seulement, c'est impossible, matériellement impossible!

jamais de la vie!—not on your life

mettre... clear the poor guy

(ici) inevitably

terrified

does he manage

prevent himself
à... surreptitiously

offends

foi... on my physician's oath

blackmail
regain control of himself

M. Lundi ne passe jamais *chez elle* avant de venir ici! Quand il y va, ensuite, on le laisse à la rue et on lui jette des sous° par la fenêtre...

pennies

—De qui parlez-vous?

—De Miss Wilfur... Vous allez voir qu'il y a une justice immanente!... J'adore ma femme et pourtant j'ai deux secrets vis-à-vis d'elle... Le premier, vous le connaissez déjà... L'autre est encore plus ridicule... S'il faisait jour°, vous verriez, au-delà de cette fenêtre, une maison habitée par une Anglaise de trente-huit ans, Laurence Wilfur, et sa mère, qui est impotente°... Ce sont la fille et la femme de feu le colonel° Wilfur, de l'armée coloniale... Il y a plus d'un an de cela, quand les deux femmes sont revenues d'un long séjour dans le Midi, j'ai été appelé un soir au chevet° de la demoiselle qui se plaignait de douleurs vagues...

S'il... If it were daylight

disabled, crippled / the late colonel

bedside

« J'ai été assez surpris, d'abord parce que je ne fais pas de médecine générale, ensuite parce que je ne découvrais aucune maladie à ma cliente... J'ai été plus étonné encore d'apprendre, par la conversation, qu'elle connaissait tous mes faits et gestes°, voire mes moindres manies°, et je n'ai compris qu'en rentrant dans ce cabinet et en apercevant sa fenêtre...

movements / my smallest habits

« J'abrège°, commissaire... Si absurde que cela paraisse, Miss Wilfur est amoureuse de moi comme on peut l'être à son âge, quand on vit seule avec une vieille femme dans une grande maison morne°, hystériquement° amoureuse...

(ici) am getting to the point

gloomy
in a sick way

(Fin de la première partie)

De quoi s'agit-il?

Complétez ce schéma, en donnant tous les renseignements que vous avez au sujet du crime:

le lieu où le crime se passe:

la victime du crime:

la cause de sa mort:

le suspect principal:

les aspects mystérieux et bizarres du crime:

le (la) coupable (d'après vous):

Il y a en général un mobile à tout crime. Voici quelques mobiles possibles des assassins: l'amour, la jalousie, l'envie, la haine, la cupidité, l'aliénation sociale, le désir de cacher la vérité qui les incrimine. Complétez ce schéma en choisissant un ou plusieurs mobiles possibles pour chaque suspect de la nouvelle, *Monsieur Lundi:*

Personnage	**Mobile(s) possible(s)**	**Pièce(s) à conviction**
Le docteur Barion		
Olga Boulanger		
Monsieur Lundi		
Miss Wilfur		
Madame Barion		
Martin Vignolet		

A votre tour

1. *Travail oral par groupes de deux ou trois.* Imaginez que vous êtes Maigret. Avec quel suspect aimeriez-vous parler plus longuement pendant votre enquête? Quelles questions aimeriez-vous lui poser? Jouez avec vos camarades les rôles de Maigret et d'un ou de deux suspects. Posez-leur des questions pour vous aider à découvrir le (la) coupable.
2. *Travail oral par groupes de trois ou quatre.* Comparez avec vos camarades les mobiles et les pièces à conviction que vous avez notés pour chaque suspect mentionné ci-dessus. Décidez avec vos camarades qui est responsable du crime. Une personne de chaque groupe va ensuite expliquer à la classe pourquoi son groupe a choisi un suspect particulier.

Monsieur Lundi

(Deuxième partie)

« Deux fois encore, je m'y suis laissé prendre… Je suis allé chez elle et, comme je l'auscultais, elle a tout à coup saisi ma tête et collé° ses lèvres aux miennes…   °(*ici*) pressed

« Le lendemain, je recevais une lettre commençant par: *Mon chéri…* Et, le plus troublant, c'est que Miss Wilfur semble persuadée que nous sommes amants!

« Je puis vous affirmer le contraire. Depuis lors, je l'ai évitée°. J'ai été   °avoided
jusqu'à la mettre à la porte° de ce cabinet°, où elle est venue me relancer°   °throw out / (*faux ami*) office /
et, si je n'en ai pas parlé à ma femme, c'est à la fois par discrétion   °(*ici*) chase after
professionnelle et pour éviter une jalousie sans fondement…

« Je ne sais rien de plus… Je vous ai tout dit, comme j'étais décidé à le faire… Je n'accuse pas!… Je ne comprends pas!… Mais je donnerais dix ans de ma vie pour éviter que ma femme…

Maigret, maintenant, avait compris que son calme du début était voulu, préparé, obtenu à grand renfort de volonté° et il voyait le jeune médecin, en fin de compte°, prêt à sangloter° devant lui.

—Enquêtez à votre tour... Je ne voudrais pas vous influencer...

Comme Maigret traversait le hall, une porte s'ouvrit et deux enfants, un garçonnet et une fillette plus petite, passèrent en courant et en riant. Martin, derrière le commissaire, referma la grille.

Maigret, cette semaine-là, connut le quartier jusqu'à l'écœurement°. Avec une obstination pesante°, il passait des heures entières à arpenter° le quai, malgré le temps qui restait pluvieux, malgré l'étonnement de certains domestiques qui l'avaient repéré° et qui se demandaient si ce promeneur équivoque° ne préparait pas un vilain coup°.

A voir, du dehors, la maison du docteur Barion, on avait l'impression d'une oasis de paix, de travail et de propreté. Plusieurs fois, Maigret aperçut Mme Barion qui poussait elle-même, le long de la berge°, la voiture du dernier-né. Un matin d'éclaircie, il suivit du regard les jeux des deux aînés dans le jardin, où une escarpolette° était installée.

Quant à la Wilfur, il ne la vit qu'une fois. Elle était grande, solidement charpentée°, sans grâce aucune, affligée de grands pieds et d'une dé-marche° masculine. Maigret la suivit à tout hasard° mais, dans une li-brairie° anglaise du quartier, elle se contenta d'échanger des livres qu'elle prenait par abonnement°.

Alors, Maigret agrandit° peu à peu le cercle de ses pérégrinations, alla jusqu'à l'avenue de Neuilly où il repéra deux pâtisseries. La première, étroite et sombre, à la façade peinte d'un vilain jaune, se serait assez bien harmonisée avec cette sinistre histoire de gâteaux de la mort. Mais le commissaire chercha en vain à l'étalage°, se renseigna à l'intérieur: on n'y faisait pas de religieuses!

L'autre était la pâtisserie élégante du quartier, avec deux ou trois guéridons° de marbre où l'on pouvait prendre le thé: *Pâtisserie Bigoreau*. Tout y était clair, sucré, parfumé. Une jeune fille aux joues roses allait et venait gaiement tandis que la caisse était tenue par une dame très dis-tinguée, en robe de soie noire.

Fallait-il croire?... Maigret ne se décidait pas à agir. A mesure que le temps passait, que sa conversation avec le docteur devenait plus loin-taine, les accusations de celui-ci, reprises° en quelque sorte à la loupe°, laissaient voir leur fragilité. Au point qu'à certains moments le commis-saire avait vraiment l'impression d'un cauchemar° ridicule, d'une histoire inventée de toutes pièces par un mégalomane ou par un homme traqué...°

Et pourtant le rapport du médecin légiste confirmait les dires de Bar-ion: la pauvre Olga, au visage orné de taches de son°, était bien morte par suite de l'absorption de barbes de seigle!

Et les gâteaux du lundi suivant, les deux religieuses de ce fanto-matique° M. Lundi, contenaient, elles aussi, glissées entre les deux par-

---

à... by a strong effort of willpower

finally / to sob

*jusqu'à...*ad nauseam

heavy / pace

noticed

questionable / ugly deed

river bank

swing

built

gait / just in case

(*faux ami*) bookstore

(*m*) subscription

increased

(*m*) display

pedestal tables

(*ici*) taken up again / under a magnifying glass

nightmare

a hunted man

freckles

ghostly

ties de pâte°, un nombre considérable de ces barbes. Mais n'avait-on pas   `pastry`
pu les y mettre après coup?°   `afterward`

Pour comble°, si le père d'Olga, qui tenait une auberge° dans son   `To crown it all / country inn`
village du Finistère, était retourné là-bas, sa femme, en grand deuil°, se   `mourning`
raccrochait à° Paris et passait des heures Quai des Orfèvres, dans l'an-   `stayed close to`
tichambre, à guetter° Maigret pour avoir des nouvelles. Encore une qui   `to try to catch`
croyait la police toute-puissante! Pour un peu, elle se fût fâchée° et il   *Pour un peu...* She all but got
fallait l'entendre prononcer, les traits durs, les lèvres tirées: angry

—Quand est-ce que vous l'arrêtez?

Le docteur, évidemment! Qui sait si elle ne finirait pas par accuser
Maigret de quelque louche° complicité?   `sneaky`

Il décida pourtant d'attendre le lundi, et, ce faisant, il avait presque
des remords, d'autant plus qu'il voyait chaque matin un vaste plateau
de religieuses, vernies de crème au café, à la vitrine de la pâtisserie
Bigoreau.

Pouvait-il jurer qu'elles ne contenaient pas encore de la mort, que
cette jeune fille qui en emportait précieusement trois, que ce garçon qui
en dévorait une en revenant de l'école ne subiraient pas le sort d'Olga?

A une heure, déjà, le lundi, il était en faction° non loin de la pâtisserie   `on watch`
et à deux heures seulement il aperçut un vieillard qu'il reconnut sans
l'avoir jamais vu. Les enfants ont un génie à eux. C'était bien M. Lundi
qui s'avançait à petits pas, quiet et philosophe, souriant à la vie, savou-
rant les minutes, ramassant° quasiment° leurs miettes°.   `collecting / almost / crumbs`

D'un geste familier, il poussait la porte de la pâtisserie et Maigret, du
dehors, était témoin de la bonne humeur de Mme et de Mlle Bigoreau,
qui échangeaient des plaisanteries avec le vieux.

On était content de le voir, c'était certain! Sa misère° n'était pas de   `poverty`
celles qui attristent. Il leur racontait quelque chose qui les faisait rire et
la jeune fille dodue° se rappelait enfin les rites du lundi, se penchait   `plump`
dans l'étalage, choisissait deux religieuses que, d'un geste profession-
nel, elle entortillait° de papier crème.   `wrapped up`

M. Lundi, sans se presser, entrait chez le cordonnier° d'à côté, mais,   `shoemender`
là, il ne recevait qu'une piécette°, puis au tabac du coin où on lui donnait   `small coin`
un peu de tabac à priser°.   `snuff`

Rien d'imprévu° dans ses journées, c'était flagrant°. Et les gens du   `unforeseen / obvious`
lundi, ceux du mardi, dans un autre quartier, ceux du mercredi ailleurs
encore, pouvaient régler leur montre d'après son passage.

Il ne tarda pas à atteindre le boulevard de la Seine et sa démarche
devint plus sautillante° à mesure qu'il° approchait de la maison du doc-   `bouncy / as he`
teur.

Celle-là, c'était la bonne maison. Celle où l'attendait un vrai repas, le
même repas que les maîtres avaient fait un peu plus tôt, un repas assis
devant une table, dans une cuisine nette et bien chauffée. Il entrait, en
familier des lieux, par la porte de service, et Maigret sonna à l'autre.

—Je voudrais voir le docteur tout de suite, dit-il à Martin.

On le fit monter.

—Voulez-vous demander qu'on nous apporte immédiatement les deux religieuses? Le vieux est en bas...

Le Père Lundi mangeait, sans se douter que dans le cabinet de consultation deux hommes se penchaient sur le cadeau qu'il apportait aux gosses.

—Rien! conclut Barion après une étude attentive.

Donc, il y avait des semaines où les gâteaux étaient chargés de mort et d'autres où ils étaient inoffensifs.

—Je vous remercie...

—Où allez-vous?

Trop tard! Maigret était déjà dans l'escalier.

—Entrez par ici, monsieur...

La pauvre Mme Bigoreau était affolée° à l'idée qu'une de ses clientes pourrait savoir qu'elle recevait un policier. Elle l'introduisait dans un petit salon bourgeois, aux fenêtres garnies de vitraux°, qui faisait suite au magasin. Des tartes refroidissaient sur tous les meubles et même sur les bras des fauteuils.

frightened

stained glass

—Je voudrais vous demander pourquoi vous donnez toujours deux religieuses, et non d'autres gâteaux, au vieux qui vient chaque lundi...

—C'est bien simple, monsieur... Au début, on lui donnait n'importe quoi, des gâteaux défraîchis° pour la plupart, ou des gâteaux de la veille... Deux ou trois fois, le hasard a voulu que ce soient des religieuses, qui sont assez fragiles... Puis on lui a donné autre chose et je me souviens que, cette fois-là, il a voulu acheter quand même deux religieuses...

(*ici*) stale

« —Elles me portent chance°, a-t-il déclaré.

bring luck

« Alors, comme c'est un bon vieux, nous avons pris l'habitude...

—Une autre question... Avez-vous une cliente du nom de Miss Wilfur?...

—Oui... Pourquoi me demandez-vous cela?

—Pour rien... C'est une charmante personne, n'est-ce pas?

—Vous trouvez°?

You think so?

Et le ton de ce « *vous trouvez* » encouragea Maigret à assurer:

—Je veux dire que c'est une originale...

—Ça oui! Une originale, comme vous dites, qui ne sait jamais ce qu'elle veut! S'il y avait beaucoup de clientes comme elle, il faudrait doubler le personnel...

—Elle vient souvent?

—Jamais!... Je crois bien que je ne l'ai jamais vue... Mais elle téléphone, moitié en français, moitié en anglais, si bien qu'il y a sans cesse des erreurs... Asseyez-vous donc, monsieur... Je vous demande pardon de vous laisser debout°...

standing

—J'ai fini... C'est moi qui vous demande pardon, madame, de vous avoir dérangée°.

disturbed

*   *   *

Trois bouts° de phrases, qui suffisaient à tout expliquer, bourdon-   (*ici*) fragments
naient° dans la tête de Maigret. La pâtissière n'avait-elle pas dit, en   buzzed
parlant de la Wilfur:

« —*Une originale, qui ne sait jamais ce qu'elle veut...* »

Puis:

« —*S'il y avait beaucoup de clientes comme elle, il faudrait doubler le per-*
sonnel... »

Or, l'instant d'après, la même pâtissière avouait qu' « *elle n'avait jamais*
vu cette personne, mais que celle-ci téléphonait, *moitié en français, moitié en*
anglais ».

Maigret n'avait pas voulu insister. Il serait temps quand on en serait
aux interrogatoires officiels, ailleurs que dans cette pâtisserie douceâtre°.   sickly sweet
Sans compter que Mme Bigoreau pourrait bien retrouver son orgueil
de commerçante et se taire, plutôt que d'avouer qu'elle acceptait *des*
rendus°.   returned merchandise

Car c'était cela! Les phrases qu'elle avait prononcées ne pouvaient
signifier autre chose! L'Anglaise commandait par téléphone, moitié en
français, moitié dans sa langue. Puis elle renvoyait° ce qu'on lui avait   sent back
livré° en prétendant° qu'il y avait eu erreur...   delivered / (*faux ami*)
                                                                                   claiming
Elle renvoyait les religieuses!... Les religieuses dans lesquelles elle
avait eu le temps, tandis que le porteur attendait à l'office, de glisser des
barbes de seigle!...

Maigret marchait, les mains au fond des poches, vers la maison du
docteur Barion et, comme il atteignait la grille, il heurta presque M.
Lundi qui en sortait.

—Alors, vous avez apporté vos deux religieuses? lança-t-il gaiement.

Et, comme le vieux restait interloqué:

—Je suis un ami de Barion... Il paraît que chaque lundi vous apportez
des gâteaux aux enfants... Par exemple, je me demande pourquoi ce
sont toujours des religieuses...

—Vous ne savez pas?... C'est pourtant bien simple!... Une fois qu'on
m'en avait donné, je les avais avec moi et les enfants les ont vues... Ils
m'ont avoué que c'est leur pâtisserie préférée... Alors, vu que ce sont de
braves° gens comme on n'en trouve plus, qui me font manger comme   (*ici*) fine
eux, avec dessert, café et tout, vous comprenez?...

Quand, le lendemain, un mandat d'arrêt° en poche, Maigret se pré-   arrest warrant
senta pour arrêter Miss Laurence Wilfur, elle le prit de très haut°, menaça   *prit*...reacted indignantly
de faire intervenir son ambassadeur, puis se défendit pied à pied°, avec   every inch of the way
un sang-froid° remarquable.   self-control

—Sang-froid qui est une preuve de plus de sa folie! dit le psychiatre
chargé de l'examiner.

Tout comme ses mensonges, d'ailleurs! Car elle prétendit être depuis longtemps la maîtresse du docteur et même être enceinte de ses
œuvres°.   *enceinte*... with child by him

Or, l'examen médical prouvait qu'elle était vierge. La visite minutieuse de la maison fit découvrir, par ailleurs, un grand nombre d'épis de seigle cachés dans un secrétaire°. — writing desk

Enfin on apprit, par sa mère, que le colonel Wilfur était mort aux Nouvelles-Hébrides de multiples perforations intestinales provoquées par les manœuvres des indigènes°. — (*m f*) natives

Maigret revit Martin, pour l'interrogatoire définitif.

—Qu'est-ce que tu aurais fait du gosse°? questionna-t-il. — kid

—J'aurais filé° avec Olga et on aurait ouvert un bistrot à la campagne... — I'd have run off

—Et ta femme?

Il se contenta de hausser les épaules.

Miss Laurence Wilfur, amoureuse du docteur Barion jusqu'à° vouloir tuer par dépit° les enfants de celui-ci, jusqu'à guetter ses moindres faits et gestes, jusqu'à empoisonner les gâteaux d'un pâtissier dans sa volonté farouche° d'atteindre son but°, Miss Laurence Wilfur qui avait eu l'idée quasi géniale de se servir à son insu° de l'innocent M. Lundi, a été internée, pour la vie, dans une maison de santé°. — to the point of / spite / ferocious / *atteindre...* reach her goal / *à...* without his knowing it / mental hospital

Et là, depuis deux ans, elle annonce° à ses compagnes qu'elle va mettre un fils au monde°! — *depuis...* for the last two years she has been announcing / *mettre...* give birth to a son

(*Fin*)

Issu de *Les nouvelles enquêtes de Maigret* © Editions Gallimard.

De quoi s'agit-il?

Mettez les événements de la nouvelle, *Monsieur Lundi*, en ordre chronologique exact. Complétez ce résumé de l'intrigue.

1. Monsieur Lundi reçoit des religieuses à la Pâtisserie Bigoreau.
2. Monsieur Lundi donne les religieuses aux enfants.
3. Miss Wilfur commande par téléphone des religieuses à la Pâtisserie Bigoreau.
4. Miss Wilfur s'imagine qu'elle est la maîtresse du docteur Barion.
5. Olga Boulanger mange une religieuse et meurt.
6. Miss Wilfur met des barbes de seigle dans les religieuses et les rend à la Pâtisserie Bigoreau.
7. Le Docteur Barion défend à ses enfants de manger des gâteaux rendus.

Quel personnage aurait pu dire chaque phrase suivante? Expliquez les circonstances dans lesquelles il (elle) aurait pu dire cette phrase.

1. « J'adore les petits enfants! J'aime jouer avec les enfants du docteur Barion. »
2. « J'attends un bébé, et le docteur Barion et moi, nous allons bientôt nous marier. »
3. « Ma femme est la seule femme que j'aime, je vous le jure. »

4. « Je suis amoureux d'Olga. »

5. « Je voudrais partir avec Olga et notre enfant. »

6. « Quand est-ce que vous allez arrêter le coupable, Monsieur Maigret? »

Décrivez l'état d'esprit de Miss Wilfur ou du docteur Barion dans les situations qui suivent. Utilisez les adjectifs qui conviennent dans cette liste:

effrayé(e)	solitaire	déprimé(e)	joyeux(se)	bouleversé(e)
désespéré(e)	amoureux(se)	calme	inquiet(ète)	fâché(e)
furieux(se)	tranquille	heureux(se)	agacé(e)	écœuré(e)
excité(e)				

1. Le docteur Barion reçoit la visite du commissaire Maigret au début de la nouvelle. (Le docteur est _____ parce que…)

2. Miss Wilfur écrit une lettre au docteur Barion, le lendemain de la première visite du docteur chez elle. (Elle est _____ parce que…)

3. Miss Wilfur entre dans le cabinet du docteur Barion. (Il est _____. Elle est _____ parce que…)

4. Le docteur Barion s'imagine que sa femme apprendra l'histoire de ses rapports avec Olga.

5. Miss Wilfur est amenée au commissariat de police.

Questions d'interprétation

1. Quelles sont les descriptions les plus frappantes dans *Monsieur Lundi*? Quelle ambiance Simeon crée-t-il par ces descriptions?

2. Le personnage de Miss Wilfur est un type psychologique souvent décrit par les écrivains français: la vieille fille. A votre avis, est-elle une criminelle endurcie ou une victime des forces sociales et psychologiques qui la contrôlent? Expliquez pourquoi.

3. Comment Simenon tient-il le lecteur en suspens dans cette nouvelle? A quel moment dans la nouvelle avez-vous deviné qui était la coupable? Trouvez-vous que Simenon a suffisamment prolongé le mystère?

4. Maigret est-il un policier tout à fait détaché de son enquête, ou se sent-il touché émotionnellement par les personnages de son enquête? Trouvez des phrases qui confirment votre point de vue.

5. Quelles indications trouvez-vous dans *Monsieur Lundi* sur les classes sociales différentes des personnages? Combien de classes sociales sont représentées? Simenon suggère-t-il qu'il y a une mentalité différente pour chaque classe?

A votre tour

1. Plusieurs personnages sont en partie responsables du crime dans *Monsieur Lundi* sans se rendre compte de leur responsabilité. Quel rôle est-ce que le docteur Barion, Madame Bigoreau et Monsieur Lundi jouent dans le crime?
2. *Travail oral.* Utilisez des expressions du *Vocabulaire utile* à la page 111 pour vous aider. Choisissez la situation a, b ou c, à présenter sous forme de sketch.

   a. Jouez avec un(e) camarade la scène où Miss Wilfur commande des religieuses par téléphone à Madame Bigoreau, puis les lui rend. Essayez de rendre cette scène dramatique.
   b. Jouez une scène du procès avec les personnages suivants: Miss Wilfur ou le docteur Barion, l'accusé(e); Monsieur Lundi et Madame Bigoreau, les témoins. Imaginez quelques questions que l'avocat de la défense et le procureur poseraient aux témoins.
   c. *Travail oral par groupes de deux.* Dans la maison de santé, un psychiatre interviewe Miss Wilfur. Il lui pose des questions sur son adolescence et sur sa vie adulte avec sa mère. Le psychiatre essaie d'expliquer pourquoi elle a commis ce crime, et présente ses conclusions à l'ensemble de la classe.

Pratique de la langue

Exercice de vocabulaire

Donnez un synonyme pour chaque expression *soulignée,* en choisissant parmi les expressions suivantes. Ces mots se trouvent dans les textes de ce chapitre.

à la dérobée	aborder	épouvanté(e)	déprimé(e)
maussade	peiner	avaler	joyeux(se)

1. Je ne voulais pas <u>blesser</u> ce vieux monsieur; je n'ai donc pas dit la vérité au sujet des gâteaux.
2. Sous la pluie le village paraît sombre et <u>morne</u>.
3. Maigret regarde l'homme <u>sans le montrer</u>, pour chercher des signes de sa culpabilité.
4. La jeune femme, <u>affolée</u> par ce crime, tremble de terreur.
5. Le policier hésite à <u>faire face à</u> ce problème complexe.
6. <u>Ne mangez pas</u> ce gâteau empoisonné!

Attention aux faux amis!

Les mots suivants, tirés du texte que vous avez lu, ressemblent à des mots anglais, mais *leur sens est différent*. Essayez de déterminer la signification de ces mots dans les phrases à droite, et choisissez la définition a, b ou c.

1. la grille   En regardant derrière cette grille, on voit une belle maison de campagne.

La grille veut dire (a) le barbecue, (b) la porte d'une clôture ou (c) la prison?

2. se douter   Maigret se doute que le docteur dit la vérité.

Se douter veut dire (a) ne pas croire, (b) ne pas être sûr ou (c) soupçonner?

3. filer   Ne filez pas comme cela, sans nous dire « au revoir ».

Filer veut dire (a) s'en aller, (b) mettre les choses en ordre ou (c) mettre les papiers dans un secrétaire?

4. brave   Ce sont de braves gens qui traitent les mendiants avec beaucoup de respect.

Brave veut dire (a) ayant du courage, (b) bon ou (c) riche?

5. déranger   Maigret ne veut pas déranger Madame Bigoreau dans sa pâtisserie.

Déranger veut dire (a) rendre fou, (b) interroger ou (c) gêner?

Les Familles lexicales

Regardez les mots à gauche. Vous les connaissez déjà. Essayez de deviner le sens des mots de la même famille lexicale à droite. Ces mots se trouvent dans les textes que vous venez de lire.

1. marcher   La belle femme mince a une démarche pleine de grâce.

2. voir, prévoir   Ce qui est arrivé était tout à fait imprévu; tout le monde était surpris.

3. frais, fraîche   Ne servons pas ces fruits défraîchis. Personne ne voudra les manger.

4. le fantôme   C'est un homme fantômatique. Il arrive toujours mystérieusement vers minuit.

5. la maison   Aujourd'hui il y a peu de grandes maisonnées: généralement les familles n'ont qu'un ou deux enfants.

Vocabulaire utile: l'histoire policière

ouvrir une enquête, faire une enquête = commencer, poursuivre une investigation pour trouver un(e) coupable

un(e) enquêteur(se) = un agent de police qui mène une investigation

le (la) coupable = la personne responsable d'un crime

soupçonner quelqu'un d'un crime = suspecter quelqu'un d'un crime (le (la) suspect(e))

le témoin = quelqu'un qui a vu ou entendu quelque chose ayant rapport à un crime

(témoigner en faveur de quelqu'un ≠ contre quelqu'un, le témoignage)

jurer = faire serment de dire la vérité

arrêter quelqu'un = appréhender quelqu'un accusé d'un crime (un mandat d'arrêt)

le procès = la procédure pendant laquelle on prouve (ou on ne prouve pas) devant un jury la responsabilité de quelqu'un dans une action criminelle

la pièce à conviction = l'objet qui peut servir de preuve dans un procès

le procureur ≠ l'avocat de la défense *(défendre quelqu'un, la défense)*

le (la) prévenu(e) = l'accusé(e) dans un procès criminel

condamner quelqu'un à 10 ans de prison, à la prison à vie (à perpétuité), à mort

la peine de mort = la condamnation à mort

acquitter quelqu'un ≠ déclarer quelqu'un coupable

accorder le pardon à quelqu'un = annuler la sentence de quelqu'un

Sujets de composition

1. Quel est votre auteur favori de romans policiers? Quels sont les éléments d'un roman policier typique de cet auteur?

2. Quel(le) cinéaste est connu(e) surtout pour ses films policiers? Quelles techniques utilise-t-il (elle) pour créer le suspense?

3. Comparez Maigret avec un autre policier célèbre tel que Sherlock Holmes. Quels traits de caractère ou quelles qualités est-ce que chaque policier possède? A votre avis, est-ce que ces policiers incarnent les qualités idéales de l'homme (ou de la femme) de chaque époque?

4. A votre avis, est-ce qu'il y a plus de violence au cinéma et à la télévision aujourd'hui qu'il y a cinq ans ou dix ans? Citez des exemples de films ou de programmes violents.

5. Quel est l'effet de la criminalité à la télévision sur les jeunes d'aujourd'hui? Etes-vous d'accord avec les psychiatres qui disent que ces programmes encouragent les jeunes à commettre des actes criminels?

Chapitre 7

La Famille

Mariage à la mairie

Introduction

Dans la famille française traditionnelle, chacun avait un rôle clairement défini, et la structure familiale était rigidement hiérarchisée: le père était en général le chef de famille, et prenait les décisions les plus importantes concernant sa famille; la mère restait au foyer°, dirigeait l'éducation° des enfants, et « tenait les cordons de la bourse° »; les enfants obéissaient à leurs parents et plaçaient la loyauté familiale et leurs obligations au-dessus de° l'amitié ou d'autres intérêts personnels. On se mariait gén-éralement entre personnes du même milieu et de la même classe sociale, perpétuant ainsi les mêmes valeurs d'une génération à l'autre.

at home / (*faux ami*)
upbringing
tenait… held the purse strings
above

La conception traditionnelle française de l'éducation des enfants mon-tre l'importance attachée au passé et au respect envers les gens âgés. D'après le célèbre sociologue, Laurence Wylie, dans son livre *Les Français*, « [Chez les Français,] l'enfance n'est que la première étape de la vie; la vie adulte est le vrai but°. L'enfant n'a pas de valeur absolue en soi; il n'est qu'un apprenti-adulte. » Les Français, croyant que la vie adulte est plus importante que la jeunesse, élèvent strictement leurs enfants, leur apprenant « que la vie est dure et difficile, et qu'il faut s'y préparer sérieusement ».[1]

goal

Depuis la Seconde Guerre mondiale, la famille française a subi de nombreuses transformations. La femme, devenue juridiquement l'égale de l'homme, a acquis l'autonomie vis-à-vis de la famille. De plus en plus de femmes françaises travaillent en dehors du foyer, pour des raisons financières, mais aussi pour mieux utiliser leurs talents. Les crèches° et les écoles assument donc une grande partie de la responsabilité de l'éd-ucation des enfants. Depuis « les événements de mai 1968 »,[2] les enfants ont aussi acquis une certaine mesure de liberté vis-à-vis de leurs parents, qui sont devenus moins autoritaires.

day-care centers

La famille subit une nouvelle crise aujourd'hui: à peu près un mariage

113

sur trois en France se termine par le divorce, et de plus en plus de couples décident de ne pas se marier, préférant vivre en union libre. Cette instabilité conduit à un grand nombre de familles monoparentales et de naissances illégitimes (atteignant presque 20% des naissances). Une autre conséquence de cette instabilité est bien sûr l'augmentation du nombre de célibataires° (37% de la population en 1986). « La famille tribu° » d'autrefois comprenait les parents, de nombreux enfants, les grands-parents et d'autres parents° éloignés° qui vivaient ensemble dans le même village. Par contraste, la famille française d'aujourd'hui comprend en général seulement un ou deux enfants (il y a un taux° de fécondité° de 2,1 enfants en 1989), et vit souvent loin du reste de sa famille.

    Malgré la crise du mariage et la crise démographique, la famille montre une nouvelle vitalité aujourd'hui. Entre parents et enfants, et femme et mari, le partage° de l'autorité est en général plus flexible: la tolérance et la liberté remplacent souvent les liens° d'obligation, de contrainte et de soumission d'autrefois. Comme preuve de cette nouvelle entente° entre les générations, beaucoup de jeunes gens décident d'habiter chez leurs parents, en attendant le mariage, le premier travail, ou même « tant qu'on veut°. » Face à la crise économique et au chômage°, la famille constitue un refuge, où l'on trouve la solidarité et la sécurité.

    Autre phénomène nouveau: la majorité des pères français partagent° le soin des bébés et des enfants avec leur femme. On a créé de nouveaux mots, *paterner* (exercer le rôle de père) et *le paternage*, pour décrire ce phénomène révolutionnaire. Les Français ont donc une nouvelle conception de la famille, basée sur le respect des libertés de chacun, le partage de l'autorité et la communication plus libre.

Glossary (right margin):
- (*mf*) married person
- extended family
- (*ici*) relatives / distant
- rate
- fertility
- sharing
- ties
- (*f*) harmony
- *tant...* as long as they want
- share

---

1. Laurence Wylie, *Les Français* (Englewood Cliffs, NJ: Prentice-Hall, 1970), p. 102.
2. La révolte des étudiants en mai 1968, jointe à la grève des ouvriers, a déclenché beaucoup de transformations dans la société française. A la suite de cette crise, les barrières et contraintes entre patron et employé, professeur et étudiant, mari et femme ou parent et enfant ont cédé à une communication plus libre. Mais la crise a coûté trois morts et environ 100 milliards de francs ($20 million).

Notes culturelles

Avant de lire le texte

Dans les quatre textes suivants, quelques jeunes Français de 17 à 21 ans parlent de leurs rapports avec leurs parents.

1. Pensez à votre famille. Est-ce que vous vous entendez° bien avec vos parents? `get along with`
2. En général, quels sont les sujets de dispute entre les jeunes gens d'aujourd'hui et leurs parents?
3. Si vos parents avaient des problèmes financiers, que feriez-vous pour les aider?

Témoignages de quelques jeunes Français

« Quand je rentre chez moi, je dîne avec mes parents. On discute, on fait des petits projets. [Quand je passe beaucoup de temps au téléphone] mes parents font un peu la tête° parce que ça coûte cher. Surtout en ce moment, on a pas mal de° problèmes d'argent. Alors je garde mes pourboires° et je leur donne le reste [de mon salaire]. C'est normal. Mes parents sont supers, je suis favorisée°. De toute façon, il me reste encore assez pour sortir et acheter ce que je veux, des babioles°, des vêtements. » `font... sulk a bit` / `(fam) quite a lot of` / `tips` / `lucky` / `trinkets, knick-knacks`

Véronique,
17 ans

« Quand je suis parti de chez mes parents, il était temps que je parte. J'avais besoin d'indépendance. Ma famille, c'était tellement sympa° que j'aimerais bien que celle que je vais fonder° soit comme ça, mais il faut trouver une autre formule.° » `(abrév. de sympathique) nice` / `start` / `une... (fam) a new way (of living)`

Denis,
21 ans

« Quand j'ai un problème sérieux, c'est lui [mon père] que je vais voir. Il a une façon de clarifier les choses, je me sens moins perdue dans mon trou°. Il ne s'implique pas° tout de suite en tant que° père. Il a une réaction plus saine°. La dernière fois que je lui ai demandé un truc°, ça remontait à° la prise de la pilule°. Il a réagi en me disant qu'il s'y attendait°. Que c'était très bien dans la mesure où ça se passe bien°. Maman, elle aurait tout de suite demandé°, « Avec qui? » `perdu... (fam) depressed / He doesn't get involved / en... as` / `healthy / (fam) something` / `(ici) concerned / contraceptive pill` / `s'y... expected it / ça... it (all) goes well` / `aurait ... demandé would have asked`

Amélie,
20 ans

« Mon père est un peu spécial, il ne parle pas. Ça me choque parce que j'ai souvent l'impression que si on n'était pas là ce serait° pareil°. Ça fait `it would be / (ici) the same` vingt ans que je suis° avec lui; si on me demandait de le décrire, j'en serais incapable. Je ne veux surtout pas lui ressembler. »

Ça fait... I have been . . . for 20 years

Claude,
20 ans

Henri Amouroux, *Ces Jeunes qui feront l'an 2000* Paris: Copernic, 1984, pp. 14, 15, 71, 88, 89.

De quoi s'agit-il?

1. Qui parmi les jeunes Français de ces interviews a de bons rapports avec ses parents? Relevez des exemples dans le texte pour justifier votre réponse.
2. Qui, dans les textes, parle très franchement à son père ou à sa mère? Résumez le sujet d'une de leurs discussions récentes qui montre cette franchise.
3. Quel exemple trouvez-vous d'un manque de communication entre parent et enfant?
4. En choisissant parmi les adjectifs suivants, caractérisez chacun de ces jeunes Français. Justifiez votre réponse.

loyal(e)	amer (amère)	libéré(e)	mécontent(e)
révolté(e)	admiratif(ve)	content(e)	conservateur (trice)

A votre tour

1. Etes-vous surpris(e) que Véronique donne tout son salaire à ses parents? Que feriez-vous à sa place?
2. Quel témoignage des jeunes gens vous surprend ou vous choque? Pourquoi? Lequel (laquelle) de ces jeunes Français(es) admirez-vous? Expliquez pourquoi.
3. *Travail oral par groupes de trois ou quatre.* Choisissez un des sujets suivants à discuter dans votre groupe. Utilisez, pour vous aider, des expressions du *Vocabulaire utile.* Après quelques minutes de discussion, un membre de chaque groupe résumera les idées de ses camarades pour l'ensemble de la classe.
   a. Donnez des conseils à Claude et à Amélie pour les aider à mieux s'entendre avec leur père ou leur mère.
   b. Chaque étudiant(e) du groupe parlera de ses rapports avec ses parents, ou de ses rapports avec ses frères et ses sœurs. Les autres membres du groupe lui donneront des conseils pour l'aider à résoudre ses conflits.
   c. A votre avis, à quel âge est-ce qu'on doit
      1) quitter ses parents et habiter seul dans un appartement

2) chercher un emploi

3) gagner sa vie sans l'aide financière de ses parents?

Vocabulaire utile: les rapports (m) entre parents et enfants

autoritaire ≠ tolérant(e), compréhensif(ve)

sévère, strict(e) ≠ indulgent(e)

révolté(e) ≠ obéissant(e) (se révolter contre quelqu'un)

gâté(e)—traité(e) avec beaucoup d'indulgence

avoir de bons (mauvais) rapports avec quelqu'un = s'entendre bien (mal) avec quelqu'un

se disputer avec quelqu'un = se quereller avec quelqu'un (la dispute)

mener quelqu'un par le bout du nez (*fam*) = être autoritaire, tyrannique envers quelqu'un

faire ses quatre volontés (*fam*) = faire tout ce qu'on veut

respecter, admirer quelqu'un

avoir confiance en quelqu'un = être sûr(e) de quelqu'un

se fier à quelqu'un = faire confiance à quelqu'un ≠ se méfier de quelqu'un

---

Guy de Maupassant

Né en Normandie, Guy de Maupassant (1850–1893) a eu une connaissance intime de sa province natale, qu'il a souvent dépeinte dans ses œuvres. Sous l'influence du grand écrivain réaliste, Gustave Flaubert (1821–1880), ami de sa mère, Maupassant a appris à peindre « l'humble vérité »; c'est-à-dire, les petits détails signifiants qui révèlent le caractère d'un milieu ou d'un personnage, aspects souvent inaperçus par l'observateur moyen.

Auteur de six romans et de plus de trois cents contes, dont les plus connus sont *Boule de suif* (1880), *La Ficelle* (1883), *La Parure* (1884), et *Le Horla* (1887), Maupassant est souvent considéré comme le plus grand conteur français.

Guy de Maupassant (1850–1893).

Avant de lire le texte

Le conte qui suit, *Mon Oncle Jules* (1883), décrit une famille petite-bourgeoise.

1. Imaginez que votre famille est assez pauvre. Que fait-elle
   a. pour économiser de l'argent sur les repas
   b. pour ne pas dépenser trop d'argent pour les vêtements
   c. pour partir en vacances pas trop chères

2. Imaginez-vous quelquefois que vous allez subitement devenir très riche? D'où viendra cet argent—de la loterie, de l'héritage d'un parent riche, ou d'autres sources? Décrivez votre rêve.

Mon Oncle Jules

(Première partie)

Un vieux pauvre, à barbe blanche, nous demanda l'aumône°. Mon camarade Joseph Davranche lui donna cent sous°. Je fus surpris. Il me dit:
  —Ce misérable° m'a rappelé une histoire que je vais te dire et dont le souvenir me poursuit sans cesse. La voici:
  Ma famille, originaire du Havre, n'était pas riche. On s'en tirait°, voilà tout. Le père travaillait, rentrait tard du bureau et ne gagnait pas grand-'chose. J'avais deux sœurs.

demanda... (f) asked for charity
(fam) 5 francs ($1.00; a generous gift at this time)
(ici) impoverished man
On... We managed

Ma mère souffrait beaucoup de la gêne° où nous vivions, et elle trouvait souvent des paroles aigres° pour son mari, des reproches voilés° et perfides. Le pauvre homme avait alors un geste qui me navrait°. Il se passait la main ouverte sur le front, comme pour essuyer° une sueur° qui n'existait pas, et il ne répondait rien. Je sentais sa douleur impuissante. On économisait sur tout; on n'acceptait jamais un dîner, pour n'avoir pas à le rendre; on achetait les provisions au rabais°, les fonds° de boutique. Mes sœurs faisaient leurs robes elles-mêmes et avaient de longues discussions sur le prix du galon° qui valait° quinze centimes le mètre. Notre nourriture ordinaire consistait en soupe grasse° et bœuf accommodé à° toutes les sauces. Cela est sain° et réconfortant°, paraît-il; j'aurais préféré autre chose.

On me faisait des scènes abominables pour les boutons perdus et les pantalons déchirés°.

Mais chaque dimanche nous allions faire notre tour° de jetée° en grande tenue°. Mon père, en redingote°, en grand chapeau, en gants, offrait le bras à ma mère, pavoisée° comme un navire un jour de fête. Mes sœurs, prêtes les premières, attendaient le signal du départ; mais, au dernier moment, on découvrait toujours une tache° oubliée sur la redingote du père de famille, et il fallait bien vite l'effacer° avec un chiffon mouillé° de benzine.

Mon père, gardant son grand chapeau sur la tête, attendait, en manches de chemise, que l'opération fût terminée, tandis que ma mère se hâtait°, ayant ajusté ses lunettes de myope°, et ôté° ses gants pour ne les pas gâter.

On se mettait en route avec cérémonie. Mes sœurs marchaient devant, en se donnant le bras. Elles étaient en âge de mariage, et on en faisait montre° en ville. Je me tenais° à gauche de ma mère, dont mon père gardait la droite. Et je me rappelle l'air pompeux de mes pauvres parents dans ces promenades du dimanche, la rigidité de leurs traits, la sévérité de leur allure. Ils avançaient d'un pas grave, le corps droit, les jambes raides, comme si une affaire d'une importance extrême eût dépendu de leur tenue.

Et chaque dimanche, en voyant entrer les grands navires° qui revenaient de pays inconnus et lointains, mon père prononçait invariablement les mêmes paroles:

« Hein! si Jules était là dedans, quelle surprise! »

Mon oncle Jules, le frère de mon père, était le seul espoir de la famille, après en avoir été la terreur. J'avais entendu parler de° lui depuis mon enfance, et il me semblait que je l'aurais reconnu du premier coup°, tant sa pensée m'était devenue familière. Je savais tous les détails de son existence jusqu'au jour de son départ pour l'Amérique, bien qu'°on ne parlât qu'à voix basse de cette période de sa vie.

Il avait eu, paraît-il, une mauvaise conduite°, c'est-à-dire qu'il avait mangé quelque argent, ce qui est bien le plus grand des crimes pour les familles pauvres. Chez les riches, un homme qui s'amuse *fait des bêtises°*.

(ici) financial difficulties

bitter / veiled

devastated me

to wipe / sweat

marked down / back

braid ornament / cost
fatty
(ici) prepared with / healthy/ *(ici)* nourishing

torn

to go around / pier
all decked out / frock coat
decorated

stain

(ici) remove it
moistened rag

hastened / near-sighted / removed

on... they were put on display
Je... I stood

ships

J'avais... I had heard about
the first time

although

behavior

does something stupid

Il est ce qu'on appelle, en souriant, un noceur°. Chez les nécessiteux°, un garçon qui force les parents à écorner° le capital devient un mauvais sujet, un gueux°, un drôle!

Et cette distinction est juste, bien que le fait soit le même, car les conséquences seules déterminent la gravité de l'acte.

Enfin l'oncle Jules avait notablement diminué l'héritage sur lequel comptait mon père; après avoir d'ailleurs° mangé sa part jusqu'au dernier sou.

On l'avait embarqué pour l'Amérique, comme on faisait alors, sur un navire marchand allant du Havre à New-York.

Une fois là-bas, mon oncle Jules s'établit marchand de je ne sais quoi, et il écrivit bientôt qu'il gagnait un peu d'argent et qu'il espérait pouvoir dédommager° mon père du tort° qu'il lui avait fait. Cette lettre causa dans la famille une émotion profonde. Jules, qui ne valait pas, comme on dit, les quatre fers d'un chien°, devint tout à coup un honnête homme, un garçon de cœur, un vrai Davranche, intègre° comme tous les Davranche.

Un capitaine nous apprit en outre qu'il avait loué une grande boutique et qu'il faisait un commerce important.

Une seconde lettre, deux ans plus tard, disait: « Mon cher Philippe, je t'écris pour que tu ne t'inquiètes pas de ma santé, qui est bonne. Les affaires aussi vont bien. Je pars demain pour un long voyage dans l'Amérique du Sud. Je serai peut-être plusieurs années sans te donner de mes nouvelles. Si je ne t'écris pas, ne sois pas inquiet. Je reviendrai au Havre une fois fortune faite. J'espère que ce ne sera pas trop long, et nous vivrons heureux ensemble ... »

Cette lettre était devenue l'évangile de la famille. On la lisait à tout propos°, on la montrait à tout le monde.

Pendant dix ans, en effet, l'oncle Jules ne donna plus de nouvelles; mais l'espoir de mon père grandissait° à mesure que° le temps marchait; et ma mère aussi disait souvent:

« Quand ce bon Jules sera là, notre situation changera. En voilà un qui a su se tirer d'affaire°! »

Et chaque dimanche, en regardant venir de l'horizon les gros vapeurs noirs vomissant° sur le ciel des serpents de fumée, mon père répétait sa phrase éternelle:

« Hein! si Jules était là dedans, quelle surprise! »

Et on s'attendait presque à° le voir agiter un mouchoir, et crier:

« Ohé! Philippe. »

On avait échafaudé° mille projets sur ce retour assuré; on devait même acheter, avec l'argent de l'oncle, une petite maison de campagne près d'Ingouville°. Je n'affirmerais pas que mon père n'eût point entamé° déjà des négociations à ce sujet.

L'aînée de mes sœurs avait alors vingt-huit ans; l'autre vingt-six. Elles ne se mariaient pas, et c'était là un gros chagrin pour tout le monde.

Un prétendant° enfin se présenta pour la seconde. Un employé, pas

---

someone who likes to live it up / poor person
to make a hole in
ne'er-do-well

besides

to compensate / harm

ne... was worthless
honest

at every occasion

increased / à... in proportion with

a su... knew how to manage things

spitting out

expected (to)

constructed

ville en Normandie / begun

suitor

riche, mais honorable. J'ai toujours eu la conviction que la lettre de l'oncle Jules, montrée un soir, avait terminé les hésitations et emporté° la résolution du jeune homme.

(ici) prevailed over

On l'accepta avec empressement°, et il fut décidé qu'après le mariage toute la famille ferait ensemble un petit voyage à Jersey°.

eagerly

île anglaise dans la Manche; Victor Hugo y a vécu en exil de 1851 à 1856.

Jersey est l'idéal du voyage pour les gens pauvres. Ce n'est pas loin; on passe la mer dans un paquebot et on est en terre étrangère, cet îlot appartenant aux Anglais. Donc, un Français, avec deux heures de navigation, peut s'offrir la vue d'un peuple voisin chez lui et étudier les mœurs, déplorables d'ailleurs, de cette île couverte par le pavillon° britannique, comme disent les gens qui parlent avec simplicité.

(ici) flag

Ce voyage de Jersey devint notre préoccupation, notre unique attente, notre rêve de tous les instants.

On partit enfin. Je vois cela comme si c'était d'hier: le vapeur chauffant contre le quai de Granville; mon père effaré°, surveillant° l'embarquement de nos trois colis°; ma mère inquiète ayant pris le bras de ma sœur non mariée, qui semblait perdue depuis le départ de l'autre, comme un poulet resté seul de sa couvée°; et, derrière nous, les nouveaux époux qui restaient toujours en arrière, ce qui me faisait souvent tourner la tête.

frightened / watching over

trunks

brood (of chicks)

Le bâtiment° siffla°. Nous voici montés, et le navire, quittant la jetée, s'éloigna sur une mer plate° comme une table de marbre vert. Nous regardions les côtes s'enfuir, heureux et fiers comme tous ceux qui voyagent peu.

(ici) ship / whistled

smooth, flat

(*Fin de la première partie*)

De quoi s'agit-il?

Vrai/faux

Dites si les déclarations suivantes sont vraies ou fausses. Donnez la bonne réponse si elle est fausse.

1. Les parents de Joseph essaient de cacher leur pauvreté à tout le monde.
2. Madame Davranche accepte stoïquement les problèmes financiers de la famille.
3. Le père de Joseph est autoritaire et tyrannique.
4. Les Davranche étaient très fiers de Jules quand il vivait autrefois en France.
5. Les Davranche attendent avec impatience l'oncle Jules, croyant qu'il va sauver la famille.
6. La famille achète des vêtements pour les jours de fête.
7. L'aînée des deux sœurs se marie quand elle est très jeune.

8. L'île de Jersey attire beaucoup de touristes français de la classe moyenne.
9. Le voyage en vapeur coûte très cher à la fin du 19e siècle.
10. La fille et le gendre des Davranche passent une lune de miel romanesque et intime.

Quel personnage aurait pu dire chaque phrase suivante, d'après la première partie de *Mon Oncle Jules*? Expliquez les circonstances dans lesquelles il ou elle aurait pu dire cette phrase.

1. « J'aurais dû me marier avec un homme distingué, un grand homme d'affaires. Je déteste cet appartement où nous vivons! »
2. « Me voici enfin! Je suis revenu d'Amérique, ma fortune faite et ma réputation établie à New York. »
3. « Tu as pris les meilleurs morceaux de tissu pour ta robe! Donne-les-moi! »
4. « Ne t'inquiète pas. Notre situation changera bientôt. Un jour nous serons très riches. »
5. « Ce n'est pas juste! Pourquoi est-ce qu'elle s'est mariée avant moi, elle qui n'est même pas belle? »
6. « C'est la même soupe, tous les jours. Et comme je déteste la viande noyée dans une sauce grasse! »

Mon Oncle Jules

(Deuxième partie)

Mon père tendait son ventre°, sous sa redingote dont on avait, le matin même, effacé avec soin toutes les taches, et il répandait° autour de lui cette odeur de benzine des jours de sortie, qui me faisait reconnaître les dimanches.

    Tout à coup, il avisa° deux dames élégantes à qui deux messieurs offraient des huîtres°. Un vieux matelot° déguenillé° ouvrait d'un coup de couteau les coquilles° et les passait aux messieurs, qui les tendaient ensuite aux dames. Elles mangeaient d'une manière délicate, en tenant l'écaille° sur un mouchoir fin et en avançant la bouche pour ne point tacher leurs robes. Puis elles buvaient l'eau d'un petit mouvement rapide et jetaient la coquille à la mer.

    Mon père, sans doute, fut séduit par cet acte distingué de manger des huîtres sur un navire en marche. Il trouva cela bon genre°, raffiné, supérieur, et il s'approcha de ma mère et de mes sœurs en demandant:

    « Voulez-vous que je vous offre quelques huîtres? »

    Ma mère hésitait, à cause de la dépense; mais mes deux sœurs acceptèrent tout de suite. Ma mère dit, d'un ton contrarié:

    « J'ai peur de me faire mal à l'estomac. Offre ça aux enfants seulement, mais pas trop, tu les rendrais malades. »

tenait… let his stomach protrude
(*ici*) gave off

noticed
(*f*) oysters / sailor / ragged shells

(*f*) shell

chic

Puis, se tournant vers moi, elle ajouta:

« Quant à Joseph, il n'en a pas besoin; il ne faut point gâter les garçons. »

Je restai donc à côté de ma mère, trouvant injuste cette distinction. Je suivais de l'œil mon père, qui conduisait pompeusement ses deux filles et son gendre vers le vieux matelot déguenillé.

Les deux dames venaient de partir, et mon père indiquait à mes sœurs comment il fallait s'y prendre° pour manger sans laisser couler l'eau; il voulut même donner l'exemple et il s'empara d'°une huître. En essayant d'imiter les dames, il renversa° immédiatement tout le liquide sur sa redingote et j'entendis ma mère murmurer:

go about
grabbed
spilled

« Il ferait mieux de se tenir tranquille. »

Mais tout à coup mon père me parut inquiet; il s'éloigna de quelques pas, regarda fixement sa famille pressée autour de l'écailleur°, et, brusquement, il vint vers nous. Il me sembla fort pâle, avec des yeux singuliers°. Il dit, à mi-voix, à ma mère:

(*m*) the person removing the shells from the shellfish
(*faux ami*) odd

« C'est extraordinaire, comme cet homme qui ouvre les huîtres ressemble à Jules. »

Ma mère, interdite°, demanda:

stunned

« Quel Jules?... »

Mon père reprit:

« Mais… mon frère… Si je ne le savais pas en bonne position, en Amérique, je croirais que c'est lui. »

Ma mère effarée balbutia°:

stammered

« Tu es fou! Du moment que tu sais bien que ce n'est pas lui, pourquoi dire ces bêtises-là?

—Va donc le voir, Clarisse; j'aime mieux que tu t'en assures toi-même, de tes propres yeux. »

Elle se leva et alla rejoindre ses filles. Moi aussi, je regardais l'homme. Il était vieux, sale, tout ridé°, et ne détournait pas le regard de sa besogne°.

wrinkled
work

Ma mère revint. Je m'aperçus qu'elle tremblait. Elle prononça très vite:

« Je crois que c'est lui. Va donc demander des renseignements au capitaine. Surtout sois prudent, pour que ce garnement° ne nous retombe pas sur les bras°, maintenant! »

troublemaker
ne nous… be a nuisance to us

Mon père s'éloigna, mais je le suivis. Je me sentais étrangement ému°.

moved, touched

Le capitaine, un grand monsieur, maigre, à longs favoris°, se promenait sur la passerelle° d'un air important, comme s'il eût commandé le courrier des Indes.

(*m pl*) sideburns
deck

Mon père l'aborda° avec cérémonie, en l'interrogeant sur son métier avec accompagnement de compliments:

approached him

« Quelle était l'importance de Jersey? Ses productions? Sa population? Ses mœurs? Ses coutumes? La nature du sol », etc., etc.

On eût cru qu'il s'agissait au moins des États-Unis d'Amérique.

Puis on parla du bâtiment qui nous portait, l'*Express;* puis on en vint à l'équipage°. Mon père, enfin, d'une voix troublée:

(*m*) crew

« Vous avez là un vieil écailleur d'huîtres qui paraît bien intéressant. Savez-vous quelques détails sur ce bonhomme°? »   fellow, chap

Le capitaine, que cette conversation finissait par irriter, répondit sèchement:

« C'est un vieux vagabond français que j'ai trouvé en Amérique l'an dernier, et que j'ai rapatrié. Il a, paraît-il, des parents au Havre, mais il ne veut pas retourner près d'eux, parce qu'il leur doit de l'argent. Il s'appelle Jules… Jules Darmanche ou Darvanche, quelque chose comme ça, enfin. Il paraît qu'il a été riche un moment là-bas, mais vous voyez où il en est réduit° maintenant. »   *en…* what he's reduced to
                                                                                    a lump in his throat

Mon père, qui devenait livide, articula, la gorge serrée°, les yeux hagards:

« Ah! ah! très bien…, fort bien… Cela ne m'étonne° pas… Je vous   surprise
remercie beaucoup, Capitaine. »

Et il s'en alla, tandis que le marin le regardait s'éloigner avec stupeur.

Il revint auprès de ma mère, tellement décomposé qu'elle lui dit:

« Assieds-toi; on va s'apercevoir de quelque chose. »

Il tomba sur le banc en bégayant°:   stammering

« C'est lui, c'est bien lui! »

Puis il demanda:

« Qu'allons-nous faire?… »

Elle répondit vivement:

« Il faut éloigner les enfants. Puisque Joseph sait tout, il va aller les chercher. Il faut prendre garde surtout que notre gendre ne se doute de rien°. »   *que…* so that our son-in-law
                                                                                    doesn't suspect anything

Mon père paraissait atterré°. Il murmura: appalled, devastated

« Quelle catastrophe! »

Ma mère ajouta, devenue tout à coup furieuse:

« Je me suis toujours doutée que ce voleur ne ferait rien, et qu'il nous retomberait sur le dos! Comme si on pouvait attendre quelque chose d'un Davranche!…. »

Et mon père se passa la main sur le front, comme il faisait sous les reproches de sa femme.

Elle ajouta:

« Donne de l'argent à Joseph pour qu'il aille payer ces huîtres, à présent. Il ne manquerait plus que° d'être reconnus par ce mendiant.   *Il…* (*sarcasme*) All we need is
Cela ferait un joli effet sur le navire. Allons-nous-en à l'autre bout, et fais en sorte que cet homme n'approche pas de nous! »

Elle se leva, et ils s'éloignèrent après m'avoir remis une pièce de cent sous.

Mes sœurs, surprises, attendaient leur père. J'affirmai que maman s'était trouvée un peu gênée° par la mer, et je demandai à l'ouvreur   bothered
d'huîtres:

« Combien est-ce que nous vous devons, Monsieur? »

J'avais envie de dire: mon oncle.

Il répondit:

« Deux francs cinquante. »

Je tendis mes cent sous et il me rendit la monnaie°.   *(faux ami)* change

Je regardais sa main, une pauvre main de matelot toute plissée°, et je   creased
regardais son visage, un vieux et misérable visage, triste, accablé°, en me   depressed
disant:

« C'est mon oncle, le frère de papa, mon oncle! »

Je lui laissai dix sous de pourboire. Il me remercia:

« Dieu vous bénisse°, mon jeune monsieur! »   bless

Avec l'accent d'un pauvre qui reçoit l'aumône. Je pensai qu'il avait dû
mendier°, là-bas!   he must have been begging

Mes sœurs me contemplaient, stupéfaites de ma générosité.

Quand je remis les deux francs à mon père, ma mère, surprise, demanda:

« Il y en avait pour trois francs?... Ce n'est pas possible. »

Je déclarai d'une voix ferme:

« J'ai donné dix sous de pourboire. »

Ma mère eut un sursaut° et me regarda dans les yeux: *eut...* gave a start

« Tu es fou! Donner dix sous à cet homme, à ce gueux!... »

Elle s'arrêta sous un regard de mon père, qui désignait son gendre.
Puis on se tut.

Devant nous, à l'horizon, une ombre violette semblait sortir de la mer.
C'était Jersey.

Lorsqu'on approcha des jetées, un désir violent me vint au cœur de
voir encore une fois mon oncle Jules, de m'approcher, de lui dire quelque
chose de consolant, de tendre.

Mais, comme personne ne mangeait plus d'huîtres, il avait disparu,
descendu sans doute au fond de la cale° infecte° où logeait ce misérable.   hold / filthy

Et nous sommes revenus par le bateau de Saint-Malo, pour ne pas le
rencontrer. Ma mère était dévorée d'inquiétude.

Je n'ai jamais revu le frère de mon père!

Voilà pourquoi tu me verras quelquefois donner cent sous aux vaga-
bonds.

Guy de Maupassant, « Mon Oncle Jules, » *Contes: Scènes de la vie de province,* Paris:
Bordas, 1963, pp. 142–50.

De quoi s'agit-il?

Numérotez les actions du conte, *Mon Oncle Jules*, en ordre chronologique. Ensuite ajoutez les autres événements importants qui sont
absents de cette liste.

1. Le père renverse l'eau des huîtres sur sa redingote.
2. Monsieur Davranche se rend compte que son frère est le mendiant
   qu'il a vu sur le navire.
3. Les Davranche décident de partir en vacances pour Jersey.

4. Le père offre des huîtres à ses deux filles, mais non pas à son fils.
5. Joseph donne un pourboire à son oncle.
6. Les Davranche recoivent une lettre de Jules, annonçant que les affaires vont très bien à New York.
7. Joseph cherche son oncle sur le navire, mais ne le trouve pas.
8. La seconde sœur de Joseph se marie.
9. Madame Davranche pousse sa famille à l'autre bout du navire, pour éviter une rencontre avec Jules.

Caractérisez les personnages du conte, nommés à gauche, en choisissant parmi les adjectifs à droite. Justifiez votre choix d'adjectifs. Il y a plusieurs choix possibles.

1. Monsieur Davranche	indépendant(e)	mesquin(e)
2. Madame Davranche	docile	obsédé(e) par l'argent
3. Joseph Davranche	égoïste	conservateur(trice)
4. Jules Davranche	plein(e) de bonté	faible
5. les deux sœurs de Joseph	généreux(se)	audacieux(se)
	tyrannique	pitoyable

Questions d'interprétation

1. Maupassant fait un portrait sombre de la famille petite-bourgeoise à la fin du dix-neuvième siècle. D'après Maupassant, qui domine la famille? Comment est-ce que les enfants se comportent? Relevez les détails qui justifient votre opinion.
2. Quelle façade est-ce que les Davranche essaient de présenter devant leurs voisins? Discutez la critique sociale sous-entendue dans le conte.
3. Quelles associations d'idées les Davranche font-ils avec les Etats-Unis? Comment est-ce que l'attitude des Davranche envers Jules évolue après son séjour aux Etats-Unis?
4. Maupassant fixe l'attention du lecteur sur les mains et le visage de ses personnages. Quelles expressions du visage et quels gestes sont très signifiants? Quels traits de caractère révèlent-ils?
5. Y a-t-il des scènes comiques dans le conte? Lesquelles? Pourriez-vous facilement imaginer ces scènes dans un film? Quelles qualités du conte se prêtent bien aux techniques du cinéma?

A votre tour

1. Quels aspects du comportement des Davranche nous permettent de situer le conte au dix-neuvième siècle? A votre avis, quels aspects de leur comportement sont universels?
2. Quels détails du conte vous donnent une image de la vie quotidienne

des bourgeois au dix-neuvième siècle? Comparez leur mode de vie avec celui des bourgeois d'aujourd'hui.

3. Quels aspects de l'histoire racontée vous choquent ou vous surprennent beaucoup? Trouvez-vous les personnages vraisemblables ou stéréotypés? Expliquez pourquoi.

4. *Travail oral par groupes de trois ou quatre.* Choisissez un des sujets suivants à discuter dans votre groupe. Après quelques minutes, présentez votre sketch ou vos idées à l'ensemble de la classe.

   a. Créez sous forme de sketch un nouveau dénouement pour le conte.

   b. Contrastez le caractère de Joseph avec celui d'autres membres de la famille. Selon vous, pourquoi Maupassant a-t-il choisi Joseph comme narrateur?

   c. Jules ne parle pas beaucoup dans le conte. Pourtant, il est le personnage principal du récit. Faites-le entrer en dialogue avec d'autres membres de la famille Davranche. Imaginez comment il raconterait les événements importants de sa vie.

   d. Racontez les événements de l'histoire de *Mon Oncle Jules* du point de vue de Madame Davranche comme narratrice.

Pratique de la langue

Exercice de vocabulaire

Remplacez chacune des expressions soulignées par un des synonymes suivants, tirés du texte que vous venez de lire:

se hâter	se tirer d'affaire	originaire de
navrer	à tout propos	voilé(e)
bégayer		

1. Ce sénateur aime parler politique à chaque instant. J'en ai assez!
2. Edouard se dépêche de finir ses devoirs avant l'arrivée de ses amis.
3. Es-tu né à Bordeaux? Mon meilleur ami vient de cette ville.
4. Cette histoire des enfants malades m'a causé beaucoup de peine.
5. Il vaut mieux s'exprimer franchement, au lieu de faire des reproches déguisés.
6. Si vous pouvez vous débrouiller seuls pendant quelques minutes, je vais préparer le dîner.
7. Touché par sa rencontre avec son vieil ami, Philippe n'a pas pu parler clairement. Il a commencé à balbutier.

Attention aux faux amis!

Les mots suivants, tirés du texte que vous venez de lire, ressemblent à des mots anglais, mais leur sens est différent. Essayez de déterminer la signification de ces mots dans les phrases à droite, et choisissez la définition a, b ou c.

1. sain(e)   Trop de dessert n'est pas <u>sain</u>. Il vaut mieux manger des fruits ou des lé-
                  gumes.

                  Sain veut dire (a) juste, (b) bon pour la santé ou (c) nécessaire.

2. la monnaie Si tu n'as pas de <u>monnaie,</u> je vais te prêter des pièces de cinq francs pour
                  l'autobus.

                  La monnaie veut dire (a) l'argent, (b) les billets de banque ou (c) les pièces de
                  métal servant aux échanges.

3. plat(e)   Ce paysage est tout à fait <u>plat</u>; on ne voit aucune colline à l'horizon.

                  Plat(e) veut dire (a) lisse, (b) couvert de forêts ou (c) couvert de lacs.

4. singulier (ère) Mon ami fait des gestes <u>singuliers</u>. Je vais lui parler pour savoir s'il a des
                  difficultés.

                  Singulier veut dire (a) amusant, (b) monotone ou (c) bizarre.

5. infect(e) C'est une maison <u>infecte</u>. Comment voulez-vous qu'il y habite?

                  Infect veut dire (a) contaminé, (b) très sale ou (c) extraordinaire.

Les familles lexicales

Regardez les mots à gauche. Vous les connaissez déjà. Essayez de
deviner le sens des mots de la même famille lexicale à droite. Ces mots
se trouvent dans le texte que vous venez de lire.

1. verser   Attention! Tu vas <u>renverser</u> la sauce sur ta robe!

2. le pouvoir, Les ouvriers vont demander une augmentation de
puissant   salaire. Avec l'aide du syndicat, ils ne se sentent
                 plus <u>impuissants</u> devant leur patron.

3. le confort Il est <u>réconfortant</u> de revoir ses amis après une
                  longue absence.

4. la nécessité Ces <u>nécessiteux</u> n'ont même pas de vêtements
                  chauds en hiver.

5. grand   Son courage <u>grandit</u> de jour en jour. C'est un
                 homme que j'admire beaucoup.

6. fuir   Les jours d'été <u>s'enfuient</u>. C'est déjà le début de
                 septembre.

7. tourner   Il ne faut pas <u>détourner</u> l'attention de l'acrobate!
                 Taisez-vous!

Vocabulaire utile: les rôles traditionnels des membres de la famille

le chef de famille = la personne qui prend les décisions importantes dans une famille

la femme au foyer = la femme qui ne travaille pas au-dehors de la maison, qui prend soin de la maison

élever un enfant = loger, nourrir, et éduquer un enfant

l'éducation (f) (*faux ami*) **d'un enfant** = le développement des facultés physiques, intellectuelles, sociales et morales d'un enfant

donner des conseils (m) à *quelqu'un* = aider quelqu'un à résoudre un problème ou à prendre une décision

punir un enfant

gronder un enfant = réprimander un enfant

obéir à quelqu'un = suivre les ordres de quelqu'un (désobéir à quelqu'un)

se dévouer à la famille = sacrifier ses intérêts personnels à la famille (le dévouement)

faire le ménage = nettoyer la maison

les transformations (f) *des rôles familiaux*

le partage de l'autorité entre les membres de la famille = la division de l'autorité parmi les membres de la famille (se partager les responsabilités, les travaux ménagers**)**

le père-copain (*la mère-copine*) = le père (ou la mère) qui est aussi un (une) camarade

l'autonomie (**f**) *des membres de la famille* = l'indépendance, la liberté des membres de la famille

paterner (mot inventé récemment) = exercer le rôle de père, prendre soin des enfants (le paternage)

la crèche = l'établissement où sont gardés les enfants de moins de trois ans

---

Sujets de composition

1. Si vous avez voyagé dans un autre pays, décrivez vos impressions de la vie de famille dans ce pays.
2. Quelle est votre conception de l'éducation idéale pour les enfants? Est-ce que les parents américains que vous connaissez sont trop stricts, trop indulgents, ou en général justes et équitables?
3. A votre avis, quelles familles sont plus heureuses et plus stables, celles où le père et la mère se partagent l'autorité, ou celles où un membre de la famille prend les décisions les plus importantes?
4. Racontez une expérience de votre enfance qui a eu une influence profonde sur votre vie.
5. D'après vous, comment sont les rapports d'aujourd'hui entre les adolescents américains et leurs parents?
6. Quels changements positifs et négatifs est-ce que vous envisagez pour la famille de l'avenir?

Chapitre 8

La Guerre de 1939–1945 et la Résistance

Le Général de Gaulle menant l'armée victorieuse à Paris, le 26 août, 1944

Introduction

La France se trouve mal préparée quand la guerre éclate° en Europe en 1939. Les troupes allemandes ne rencontrent qu'une résistance sporadique quand elles avancent à travers la frontière belge, contournant° la célèbre ligne Maginot.[1] Paris est occupé le 14 juin 1940, et, quelques jours plus tard, la moitié de la France est envahie. L'armée anglaise, alliée des Français, regagne° l'Angleterre, et des millions de civils fuient° vers le sud de la France sous les bombardements des Allemands.

Le 17 juin, le maréchal Philippe Pétain (1856–1951), premier ministre, demande l'armistice. La défaite° militaire de la France marque la chute° de la 3ᵉ République et la création d'un régime autoritaire, l'Etat français, dont le maréchal Pétain est nommé chef et président du Conseil. La France est alors coupée en deux zones, celle du Nord et de l'Ouest, occupée par les Allemands, et celle du Sud, dite « zone libre », où le siège du gouvernement Pétain est installé à Vichy.

Les longues années d'occupation allemande qui suivent sont des années d'exploitation économique sévère, de répression de toute liberté, de persécution méthodique des Juifs° et de tous ceux qui s'opposent au nazisme. Le régime de Vichy évolue vers une soumission totale à la politique allemande. Sous l'influence de Pierre Laval (1883–1945), un des ministres du gouvernement Pétain qui croit à la victoire allemande, le gouvernement consent au travail obligatoire des jeunes Français en Allemagne, à la déportation des Juifs vers des camps de concentration, et à la présence en France de la Gestapo, la police politique nazie.

Le régime évolue de plus en plus vers le fascisme: censure totale de la presse, abolition des syndicats°, et création d'une milice qui réprime° toute forme de résistance à l'occupation. En novembre 1942, après l'entrée en guerre des Etats-Unis et le débarquement des Alliés en Afrique du Nord, l'occupation de la France devient totale: il n'y a plus de zone non-occupée. Ceux qui voyaient en Pétain d'abord un sauveur° voient

breaks out

bypassing

goes back to
flee

defeat / fall

Jews

labor unions / suppresses

savior

bientôt en lui un naïf, un faible, et finalement un traître qui a collaboré avec Hitler.

Pour le Français moyen, c'est l'époque où on mange rarement à sa faim°, où la nourriture devient une obsession. C'est l'époque du marché noir, marché clandestin qui vend à des prix très élevés. Tout est rationné, et il faut faire la queue interminablement pour acheter de quoi manger avec ses rations. L'essence°, les chaussures, le tabac ont disparu du marché.

on . . . rarely eats one's fill

(f) gasoline

Le mouvement de la Résistance contre l'Allemagne commence par des actions individuelles et en petits groupes, pour atteindre° les dimensions d'une véritable armée d'environ 50.000 Français. Le lendemain de l'armistice, le 18 juin 1940, le général Charles de Gaulle (1890–1970) lance° à la radio son célèbre appel° à la Résistance, qui rassemblera les Français de l'extérieur du pays pour lutter° à côté des Alliés:

to reach

issues, sends out / (m) appeal, call
to fight
presently

> « ...Moi, général de Gaulle, actuellement° à Londres, j'invite les officiers et les soldats français qui se trouvent en territoire britannique ou qui viendraient à s'y trouver°, avec ou sans armes, j'invite les ingénieurs et les ouvriers spécialisés des industries d'armement qui se trouvent en territoire britannique, ou qui viendraient à s'y trouver, à se mettre en rapport avec° moi.
>
> Quoi qu'il arrive°, la flamme de la résistance ne doit pas s'éteindre° et ne s'éteindra pas.
>
> Demain, comme aujourd'hui, je parlerai à la radio de Londres. »

qui viendraient... who might happen to get there
se mettre... to contact

quoi... whatever happens / be extinguished

Des milliers de gens commencent à organiser la lutte clandestine en France pour combattre l'occupation par tous les moyens possibles. Se réunissant secrètement d'abord dans les petits villages du sud de la France, la zone non-occupée, ils écrivent et distribuent au péril de leur vie des journaux clandestins tels que *Combat, Libération, Défense de la France*, et *l'Humanité*. D'autres résistants fabriquent de fausses cartes d'identité et créent des réseaux d'évasion° pour aider ceux qui doivent s'échapper de la France.

des réseaux... escape networks

D'autres jeunes gens, les « maquisards »,[2] se réunissent dans les régions montagneuses du Massif Central et des Alpes, et apprennent l'art de la guérilla contre l'armée allemande. Ayant au début très peu d'argent, de nourriture, et d'armes, mal habillés, ils ne peuvent accomplir que des buts limités, en attendant le débarquement des Alliés en 1944. Ils mènent, avant que le mot soit inventé, la *guerre psychologique* contre les Allemands, créant un climat d'insécurité chez les Allemands en France, tendant des embuscades°, et coupant les voies de communication°.

(f) ambushes
les voies (f) de... roads and railways

Jean Moulin (1899–1943), un des chefs de la Résistance, a réussi à unifier les divers mouvements et à créer la Conseil national de la Résistance, avant sa mort entre les mains des Allemands. Avec les parachutages intensifs d'argent et d'armes venant de Londres et d'Alger en 1944, les maquisards effectuent° de plus en plus de sabotages, paralysant

achieve

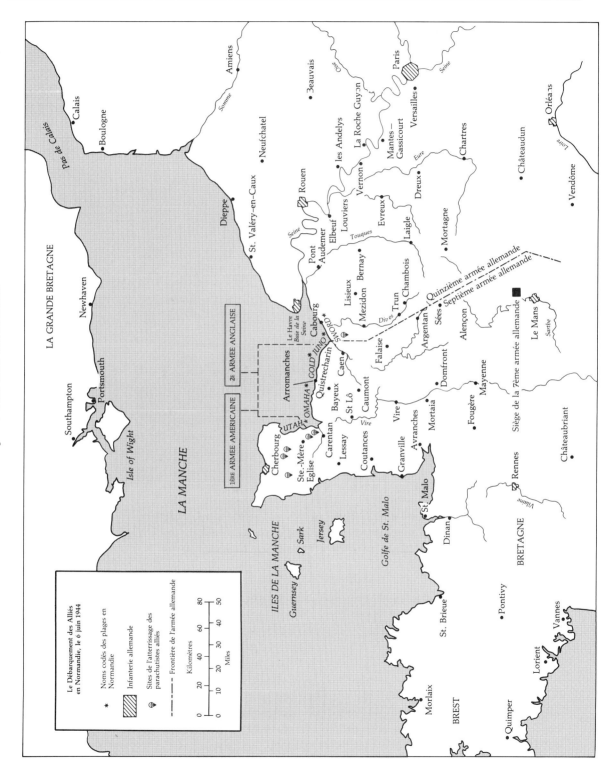

Le Débarquement des alliés en Normandie

LA GRANDE BRETAGNE

Amiens
Calais
Boulogne
Pas de Calais
Neufchatel
Beauvais
Paris
Versailles
Orléans
Mantes–Gassicourt
La Roche Guyon
Seine
Oise
Seine
Loire
Châteaudun
Vendôme
Chartres
Dreux
Mortagne
Laigle
Evreux
Eure
les Andelys
Vernon
Louviers
Elbeuf
Pont Audemer
Bernay
Touques
Lisieux
Mezidon
Chambois
Trun
Dives
Argentan
Sées
Quinzième armée allemande
Septième armée allemande
Alençon
Le Mans
Sarthe
Rouen
St. Valéry-en-Caux
Dieppe
Newhaven
Southampton
Portsmouth
Isle of Wight
LA MANCHE
Le Havre
Baie de la Seine
Cabourg
SWORD*
JUNO
GOLD*
Arromanches
Quistrecharin
Caen
OMAHA*
UTAH*
Falaise
Domfront
Vire
Caumont
St Lô
Bayeux
Cherbourg
Ste.-Mere Eglise
Carentan
Lessay
Coutances
Granville
Avranches
Mortaia
Fougère
Mayenne
Châteaubriant
St. Malo
Dinan
Rennes
Vilaine
BRETAGNE
Golfe de St. Malo
ILES DE LA MANCHE
Guernsey
Sark
Jersey
St. Brieuc
Pontivy
Vannes
Lorient
Quimper
Morlaix
BREST
2E ARMÉE ANGLAISE
1ÈRE ARMÉE AMÉRICAINE
Siège de la 7ème armée allemande

Le Débarquement des Alliés en Normandie, le 6 juin 1944

* Noms codés des plages en Normandie

Infanterie allemande

Sites de l'atterrissage des parachutistes alliés

Frontière de l'armée allemande

Kilomètres
0 20 40 60 80
Miles
0 10 20 30 40 50

les chemins de fer et attaquant les convois de soldats allemands. Après
le débarquement des Alliés en Normandie le 6 juin 1944, ces armées de
maquisards sans uniforme luttent à côté des armées française et anglo-
américaine, pour décimer° l'armée allemande et gagner la victoire en mai   to decimate
1945.

C'est un triomphe qui est payé très cher par les résistants, souvent
trahis et arrêtés par des collaborateurs français. C'est un triomphe payé
cher en tortures et massacres, comme le témoignent° les dizaines° de   attest / tens
milliers° de résistants tués par les Allemands dans la région du Vercors   thousands
en juillet 1944.

L'esprit de la Résistance française anime° le gouvernement libre de   inspires
l'après-guerre, présidé par le général de Gaulle. La France voit enfin le
retour de la démocratie et la création de la 4ᵉ République en 1946.

---

1. La ligne Maginot—une ligne de fortifications construite sur la frontière   *Notes culturelles*
française du nord-est. Les hommes politiques français entre les deux guerres
mondiales pensaient que ces fortifications empêcheraient l'invasion des Allemands.
2. Un maquisard—un résistant qui se réfugie dans les régions montagneuses
de la France, utilisant des tactiques de guérilla contre les Allemands. Le
maquis, c'est le terrain montagneux, couvert de végétation dense, qui se trouve
près de la Méditerranée, du Massif Central et des Alpes.

Avant de lire les poèmes

Les deux poèmes qui suivent sont tous les deux écrits par des résistants
français: l'un par une femme morte très jeune, l'autre par un poète
français célèbre qui a survécu à la guerre, et qui est mort couvert de
gloire. Les deux poèmes affirment des idéaux, face au monde barbare du
nazisme. Ces poèmes sont tirés d'un recueil intitulé *La Résistance et ses
poètes* (Seghers, 1974).

1. Le mot *trahir* revient continuellement dans le poème de Marianne
   Cohn. Expliquez comment on peut
   a. trahir un(e) autre résistant(e)
   b. trahir sa patrie
   c. trahir ses croyances

2. Paul Eluard, dans le deuxième poème, personnifie la ville de Paris
   sous l'occupation. Essayez d'imaginer Paris comme une personne,
   une femme. Faites une petite description de Paris à l'époque de l'occupation, en pensant aux idées mentionnées dans l'*Introduction*. **Expressions utiles**: bien (mal) habillé(e), énergique, dynamique,

fatigué(e), de bonne (mauvaise) humeur, déprimé(e), faible, fort(e), courageux(se), maigre, gros(se), désespéré(e), plein(e) d'espoir, débrouillard(e)

Marianne Cohn (dite Colin)

Résistante militante dans une organisation sioniste française, Marianne Cohn (1921–1944) aidait les enfants à s'échapper de la France, en les accompagnant en Suisse au péril de sa vie. Arrêtée par les Allemands quand elle allait passer la frontière française, elle a refusé de se séparer des enfants, et les a accompagnés en prison. Elle a été exécutée par les Allemands à l'âge de 23 ans.

Je trahirai° demain

I will betray

Je trahirai demain pas aujourd'hui.
Aujourd'hui, arrachez-moi° les ongles°,   tear out from me / (*m*) fingernails
Je ne trahirai pas.

Vous ne savez pas le bout° de mon courage.   (*ici*) extent, depth
Moi je sais.
Vous êtes cinq mains dures avec des bagues°.   (*faux ami*) rings
Vous avez aux pieds des chaussures
Avec des clous.°   nails, (*ici*) hobnails (on boots)

Je trahirai demain, pas aujourd'hui,
Demain.
Il me faut la nuit pour me résoudre°,   to decide
Il ne me faut pas moins d'une nuit
Pour renier°, pour abjurer°, pour trahir.   to repudiate, reject (*sa foi, sa patrie*) / to recant (*ses paroles*), to renounce

Pour renier mes amis,
Pour abjurer le pain et le vin,
Pour trahir la vie,
Pour mourir.

Je trahirai demain, pas aujourd'hui,
La lime° est sous le carreau°,   file / floor tile
La lime n'est pas pour le barreau°,   (prison) bar
La lime n'est pas pour le bourreau°,   executioner
La lime est pour mon poignet°.   wrist

Aujourd'hui je n'ai rien à dire,
Je trahirai demain.

Marianne Cohn, « Je trahirai demain » (1943), tiré de Pierre Seghers, *La Résistance et ses poètes*. Paris: Editions Seghers, 1974, p. 450.

Questions d'interprétation

1. Le poète, Marianne Cohn, oppose la force des armes nazies à la force de ses propres armes. Quelles « armes » a-t-elle, au sens littéral et figuré?
2. L'expression « demain, pas aujourd'hui » revient continuellement dans ce poème. Pourquoi le poète répète-t-elle l'opposition entre « demain » et « aujourd'hui »?
3. Quelles sont les formes de trahison que le poète évoque dans ce poème?
4. Quelles valeurs est-ce que Marianne Cohn affirme à travers ce poème?

Paul Eluard

Né à Paris d'une famille d'ouvriers modestes, Paul Eluard (1895–1952) est un des poètes français contemporains les plus aimés. Désirant créer une poésie qui parlerait au cœur de tous les êtres humains, Eluard se sert d'un langage simple et naturel pour évoquer des thèmes universels, tels que l'amour, la beauté de la nature, et le patriotisme. Engagé dans la Résistance, Eluard s'identifie avec son pays malheureux, et écrit des poèmes qui consolent la souffrance de l'humanité, et lui apportent l'espérance.

Courage

Paris a froid, Paris a faim,
Paris ne mange plus de marrons° dans la rue,   chestnuts (sold in pushcarts on streets)
Paris a mis de vieux vêtements de vieille,
Paris dort tout debout°, sans air, dans le métro.   falls asleep on its feet
Plus de malheur encore° est imposé aux pauvres   *plus de...* more misfortune still
Et la sagesse et la folie
De Paris malheureux
C'est l'air pur, c'est le feu,
C'est la beauté, c'est la bonté
De ses travailleurs affamés°.   famished, starving
Ne crie pas au secours, Paris!
Tu es vivant d'une vie sans égale
Et derrière la nudité
De ta pâleur°, de ta maigreur°,   paleness / thinness
Tout ce qui est humain se révèle en tes yeux.
Paris, ma belle ville,
Fine° comme une aiguille°, forte comme une épée°,   (*ici*) sharp / (*f*) needle / (*f*) sword
Ingénue° et savante°,   naïve, innocent / (*ici*) clever, learned
Tu ne supportes° pas l'injustice,   (*faux ami*) to stand for
—Pour toi, c'est le seul désordre.—
Tu vas te libérer, Paris,

Paris tremblant comme une étoile,	
Notre espoir survivant,	
Tu vas te libérer de la fatigue et de la boue.°	mud
Frères, ayons du courage!	
Nous qui ne sommes pas casqués°,	wearing a helmet
Ni bottés°, ni gantés°, ni bien élevés°,	wearing boots / wearing gloves / (*ici*) well mannered
Un rayon s'allume° en nos veines,	lights up
Notre lumière nous revient.	
Les meilleurs d'entre nous sont morts pour nous	
Et voici que leur sang° retrouve notre cœur	blood
Et c'est de nouveau le matin, un matin de Paris,	
La pointe de la délivrance,	
L'espace du printemps naissant.	
La force idiote a le dessous°.	(*ici*) is vanquished
Ces esclaves°, nos ennemis,	(*m*) slaves
S'ils ont compris,	
S'ils sont capables de comprendre,	
Vont se lever°.	(*ici*) to take off

Paul Eluard, « Courage » (1943), tiré de Pierre Seghers, *La Résistance et ses poètes*, Paris: Editions Seghers, 1974, pp. 480–481.

Questions d'interprétation

1. Eluard personnifie la ville de Paris dans ce poème. Quelle sorte de personne est Paris, selon le poète?
2. Quelles sont les sources d'optimisme et d'espoir que le poète trouve à Paris, malgré les conditions dures de l'occupation?
3. Quelles allusions à la Résistance fait-il dans le poème?
4. Quelles valeurs Eluard veut-il affirmer par ce poème?

A votre tour

1. Les deux poèmes précédents reflètent l'esprit de la Résistance française. Quelles ressemblances y a-t-il entre les croyances et les thèmes évoqués par les deux poèmes?
2. La lutte entre les résistants et les nazis n'est pas une lutte entre des forces égales. Trouvez dans les deux poèmes des vers qui montrent: a) l'infériorité physique des résistants et b) leur supériorité paradoxale aux nazis, due aux qualités qu'ils possèdent.
3. *Travail oral par groupes de trois ou quatre.* Choisissez un des deux sujets suivants à développer sous forme de sketch. Utilisez, pour vous aider, des expressions du *Vocabulaire utile.*

   Après quelques minutes de répétition, présentez le sketch à l'ensemble de la classe.

a. Préparez une émission spéciale télévisée au sujet de la Résistance française. Un(e) étudiant(e) du groupe jouera le rôle du reporter qui interviewe quelques anciens membres de la Résistance, joués par les autres étudiant(e)s. Le reporter leur posera des questions telles que: Quel rôle avez-vous joué dans la Résistance française? Pourquoi avez-vous décidé de faire partie de ce mouvement? A votre avis, pourquoi est-ce que les résistants ont triomphé finalement contre les nazis, bien que ceux-ci aient été supérieurs en nombre?

b. Préparez une émission radiodiffusée sur la vie à Paris sous l'occupation. Un(e) étudiant(e) jouera le rôle du reporter qui interviewe des Parisiens, joués par les autres étudiant(e)s du groupe. Le reporter leur posera ce genre de question: Avez-vous souffert beaucoup de privations pendant l'occupation? Qu'est-ce qui vous a aidé à supporter les moments les plus durs?

Vocabulaire utile: la guerre et la Résistance

la solidarité = l'esprit de corps

se réunir = se rencontrer

en secret = secrètement

partir, être en mission

faire des sabotages (m), *tendre des embuscades* (f)

résister à l'ennemi (m) = s'opposer à l'ennemi

militer pour la Résistance = travailler pour la Résistance (le (la) militant(e))

combattre l'ennemi (m) = lutter contre l'ennemi

supporter (*la tension, la douleur, le malheur*) = endurer (la tension, la douleur, le malheur)

risquer sa vie pour... = s'exposer à la mort pour...

avoir bon moral = ne pas se décourager, être optimiste

avoir mauvais moral = se décourager, être pessimiste

s'appuyer sur quelqu'un = chercher un soutien, un appui auprès de quelqu'un

s'entraider = s'aider mutuellement

Elie Wiesel

Né en Roumanie en 1928 d'une famille juive orthodoxe, Elie Wiesel a été déporté par les nazis en 1944 et emmené aux camps de concentration de Birkenau, Auschwitz, Buna et Buchenwald. Survivant à la guerre avec deux de ses sœurs, Wiesel s'est installé en France, où il a vécu pendant dix ans, travaillant comme journaliste. Il consacre sa vie à raconter la tragédie de l'holocauste, écrivant des essais, des romans, des nouvelles, des pièces, sur ce sujet, dont les plus célèbres sont les romans *L'Aube* (1961) et *Le Mendiant de Jérusalem* (1968). Aujourd'hui professeur à Boston University, Elie Wiesel a gagné le Prix Nobel de littérature en 1986. Bien qu'il écrive parfois en anglais et en yiddish, Wiesel a déclaré que le

Elie Wiesel: Prix Nobel de Littérature, 1986.

français, sa langue adoptive depuis 1945, est devenu la langue de préférence de ses œuvres littéraires.

Le récit qui suit, *Premiers droits d'auteur*, tiré du recueil, *Entre Deux Soleils* (1970), raconte un incident qui s'est passé pendant la guerre.

Avant de lire le texte

1. Essayez d'imaginer la situation terrifiante d'un(e) prisonnier (ère) de guerre. Que feriez-vous pour ne pas succomber au désespoir et pour ne pas perdre la volonté de survivre?
2. Le texte que vous allez lire, comme les deux poèmes du début du chapitre, développent le thème de la résistance à l'oppression. Dans le cas de Marianne Cohn et d'Elie Wiesel, tous les deux prisonniers, cette résistance s'exprime dans l'attitude adoptée par le prisonnier ou la prisonnière envers les forces d'oppression. Lesquelles des pensées et des attitudes suivantes vous aideraient peut-être à survivre, si vous étiez prisonnier ou prisonnière? Expliquez pourquoi.

penser à des moments heureux du passé
anticiper un avenir heureux
réfléchir à la vie présente
faire des calculs mentaux difficiles
étudier une discipline scolaire; par exemple une langue étrangère, l'histoire
refuser de s'interroger sur la vie, sur des problèmes philosophiques

Premiers droits d'auteur°   author's royalties

Si quelqu'un m'avait dit jadis° que j'allais devenir romancier—et roman-   a long time ago
cier français de surcroît°—je lui aurais tourné le dos°, convaincu qu'il me   moreover / turned my back
prenait pour° un autre.   on
                                                                                   me prenait… mistook me for
Adolescent, mon avenir me semblait tracé avec on ne peut plus de°   someone else
netteté. J'allais poursuivre mes études avec le même zèle dans le même   *on ne…* the utmost
milieu, approfondir° les textes sacrés et ouvrir les portes de la connais-   to seek the deep meaning
sance secrète où le Moi s'accomplit en s'abolissant°.   *le Moi…* the self fulfills itself
                                                                                   by losing itself
Les romans, je les considérais puérils: leur lecture une perte de temps.   *fallait-il…* How stupid could
Fallait-il être bête° pour aimer l'univers romanesque° fait de mots, alors   one be / *(ici)* fictional
qu'il y avait l'autre, incommensurable et fait de vérité et de présence. Je   *Je préférais…* I preferred God
préférais Dieu à sa création et, aux mots, l'énigme et le silence°.   to his creation, and I
                                                                                   preferred mystery and
Quant à la France, elle évoquait pour moi une contrée mythique n'ay-   silence to words.
ant de valeur réelle que parce que son nom figure° dans les commen-   appears
taires sur la Bible et le Talmud.[1]

Il a fallu une guerre—et quelle guerre—pour que je change de route
sinon de destin.

L'histoire de ce changement, j'aurais pu ne pas la vivre. Et ne pas
l'écrire.

Mes premiers droits d'auteur furent deux gamelles° de soupe que je   mess tins
reçus pour une œuvre d'imagination que je n'avais pas écrite. Parfois
j'en ai encore le goût dans ma bouche.

…C'était il y a longtemps, quelque part° où tous les êtres avaient le   *quelque…* somewhere (*Le lieu*
même masque sous le même visage, et tous les visages les mêmes yeux   *ici est un camp de*
sans regard°.   *concentration*)
                                                                                   (faux ami) sight
J'étais jeune, à peine sorti de la *Yeshiva*.[2] Sur mon bras gauche étaient
encore visibles les traces des lanières en cuir° des *Téphilins*[3] mis pour la   leather straps
première fois. En pensée, je courais encore après les maîtres dont j'avais
été le disciple mais non l'héritier°. Pendant que je portais sur mes   *(m)* heir
épaules° des pierres plus lourdes que mon corps, je me voyais, devant   *(f)* shoulders
les bougies° clignotantes°, absorbé par des questions formulées des   *(f)* candles / flickering
siècles plus tôt, ailleurs°, de l'autre côté du monde et peut-être de l'his-   elsewhere
toire.

Plus tard, au bout de quelques mois, mon être allait ressembler aux
autres, repu° de fatigue, résigné, fermé à tout appel°. Pareil à mes com-   *(ici)* overwhelmed / *(m)*
pagnons, j'allais chercher dans mes songes° du pain, rien que du pain.   appeal, call
                                                                                   dreams
Mais au début, je possédais encore assez de forces en réserve pour
résister, et faire barrage°.   to put up a barricade, *(fig)*
                                                                                   resistance
Et puis j'avais la chance—oui, la chance—d'avoir comme voisin, sur le
chantier°, un ancien *Rosh-Yeshiva*[4] de Galicie.[5] Son nom? Je ne l'ai jamais   work site
su. J'avais oublié jusqu'au mien. Quant à son visage, je ne l'ai même pas
regardé. Seule sa voix est restée en moi, inoubliée,° inoubliable°: grave,   unforgotten / unforgettable
caverneuse, la voix d'un ami, d'un ami malade.

—Tu es nouveau ici? Plutôt que de° te souhaiter la bienvenue°, je me propose de t'enseigner ton devoir premier. Il consiste en un seul mot: tenir°. Tu m'entends? Tenir coûte que coûte°. Ne pas fléchir. Ne pas adorer ce qui, en autrui° et en toi-même, est impur, ignoble.

Courbé°, il se tut° comme pour reprendre haleine° avant de continuer d'une voix qui me sembla plus faible et plus mélodieuse:

—Sache, petit frère, que l'âme° compte° plus que le corps. Qu'elle sauvegarde sa force°, et ton corps, lui aussi, surmontera l'épreuve°. Je te le dis parce que tu viens d'arriver, tu es encore capable d'écouter. Dans un mois, ce sera trop tard. Dans un mois, tu ne sauras plus ce que cela peut bien vouloir signifier que d'avoir une âme.

—N'est-elle donc pas immortelle? dis-je innocemment. Il s'arrêta de creuser° et répondit encore plus bas, comme pour ne pas entendre ses propres paroles:

—Demain tu apprendras que ce n'est ni le lieu ni le moment de parler d'immortalité.

Craignant de l'avoir offusqué°, je fus sur le point de lui demander pardon, mais il eut vite fait d'enchaîner°:

—Pour tenir, petit frère, accepte mon conseil: protège ton âme. Tu en as les moyens. C'est simple: tu n'auras qu'à étudier. Oui, étudier la Torah.[6] C'est le seul chemin qui conduise quelque part. Prends-le, suis-le. Comme avant, mieux qu'avant, avec plus d'application que chez toi, à la maison.

—Insensé°, répondis-je, stupéfait. Vous êtes insensé. Comment voulez-vous que j'étudie sans livres?

—Tu sauras t'en passer°. Tu feras un saut° de deux mille ans en arrière. Le Talmud, tu l'apprendras comme on l'enseignait jadis à Sura et Pumbedita[7]: oralement. Ici, petit frère, nous n'avons pas le choix. Chacun de nous, qu'il le veuille ou non, se doit° d'être Rabbi Yokhanan ben Zakai, Rabbi Akiba, Rabbi Yishmaël...

Il devint mon maître.

—Où en étais-tu dans tes études—avant? voulut-il savoir.

Je lui dis: troisième chapitre du Traité sur le Shabbat.

—Quelle page?

Je lui dis la page.

—Parfait. Continuons. Nous n'avons pas de temps à perdre.

Il connaissait le Traité tout entier par cœur. Mieux: le Talmud tout entier. Celui de Jérusalem et celui de Babylone. Avec les commentaires des Gaonim. Sans doute° avait-il été un *Ilui*, un grand érudit° dans sa ville. Un sage prodigieux. Ici il vivait, meurtri° par la faim, comme nous tous. Perdu dans la foule anonyme. Fait° sans importance pour lui. L'important était pour lui de redevenir, grâce à un seul disciple, *Rosh-Yeshiva*, même ici, au camp. Puisque j'étais prêt à recevoir, il se sentait en mesure de° donner. Et tant qu'il donnait, il se savait aussi fort que la vie, plus fort sans doute. Face à moi, il incarnait le besoin de transmission qui caractérise notre peuple; il se savait intemporel°, indestructible.

Plutôt... Rather than / *souhaiter*... to welcome

(*ici*) hold on / at all costs
other people

bent / was silent / *reprendre*... to catch his breath again

(*f*) soul / is worth
Qu'elle... Let (the soul) safeguard its strength / (*f*; *ici*) ordeal

to dig

offended

to continue

crazy

to do without them / leap

owes to himself

(*faux ami*) probably / scholar
(*fig*) wounded, bruised
fact

se sentait... he felt able to

outside the realm of time

Nous étudiions ensemble du matin jusqu'à l'appel° du soir, parfois   (*m; ici*) roll call
sans interruption, sans apercevoir° la mort qui, autour de nous, sévis-   without noticing / raged
sait° sans relâche°. Notre méthode: lui récitait un passage, moi je le   without a pause
reprenais. Ensuite nous le discutions sous tous les aspects. Ainsi j'appris
plus avec lui que durant mes années d'études chez moi.

Vint le jour de la séparation. Inattendue°, irrévocable: comme tout ce   unexpected
qui se passait au camp. Le *Rosh-Yeshiva* n'eut même pas le temps de me
donner sa bénédiction. Transféré dans un autre camp, je n'eus plus de
ses nouvelles.

Après son départ, je dus pour la seconde fois interrompre mes études.
D'ailleurs, était-il resté°, que je n'aurais pu continuer. Mes forces me   had he remained
désertaient. L'esprit finit par céder°, par suivre le corps: affaiblis l'un   to give in
comme l'autre, l'un par l'autre.

Un misérable bout de pain noirâtre° vint à contenir plus de vérité, plus   blackish
d'éternité que toutes les pages de tous les livres réunis. Réduit au niveau
de la matière°, l'esprit se mua en° matière. De même que tous les corps   matter / transformed itself into
se ressemblaient, de même° tous les cœurs souhaitaient le même vœu: *De même* just as... so
du pain, de la soupe, si possible plus épaisse° qu'hier. Aplanissant° les   thick / levelling
êtres, la faim peuplait° leurs fantaisies.   (*ici*) filled

Un soir, le chef de bloc°, un Juif d'origine tchèque, plus humain que   (*fam*) barrack leader
ses collègues, annonça une bonne nouvelle: il lui restait, dans le
chaudron°, deux portions de soupe. Il les offrirait à qui raconterait la   kettle
meilleure histoire.

Concours° impromptu qui ne manqua pas de° candidats. Les détenus   contest / did not lack
ne demandaient qu'à être entendus. Le chef de bloc présidait. Il désignait du doigt° un homme et celui-ci, avançant d'un pas, avait jusqu'à   pointed to
trois minutes pour faire valoir° son talent. Les uns décrivirent leur   to show off
grandeur passée, les autres leur supplice° présent. Certains parlèrent   torture
avec humour, d'autres avec un lyrisme bouleversant°. Paroles   moving
grandiloquentes, balbutiements° d'agonisants°: tous misèrent sur° la   mumbling / dying persons / bet on
pitié.

Mon tour vint presque à la fin. En fait, n'ayant pas posé ma candida-
ture, il me prit au dépourvu°. Plus jeune que les autres, j'avais dû attirer   *prit*... caught me off guard
l'attention du chef de bloc qui, probablement, voulut faire preuve de
générosité en m'invitant à tenter ma chance:

—Et toi, jeune homme, que vas-tu nous raconter?

—Moi? Rien.

—Comment ça? Tu n'as pas faim?

—Non, Monsieur, répondis-je sans la moindre hésitation.

—Menteur°!   Liar!

Je ne dis rien. Indifférent aux insultes, aux coups. Il haussa le ton°:   *haussa*... raised his voice

—Imbécile! Je t'offre une chance et tu la refuses? Tu ne veux plus
vivre, c'est cela?

—Vous ne comprenez pas, Monsieur. Je n'ai rien à raconter. J'ai tout
ce qu'il me faut°, merci. Vrai, Monsieur. Je ne manque de rien, merci   *J'ai*... I have all that I need
beaucoup.

Irrité, interloqué°, il se mit à me demander qui j'étais, d'où je venais,   dumbfounded

depuis quand je me trouvais là et pourquoi je n'arrivais pas à° inventer
une histoire susceptible de me remplir l'estomac.

—Mais parce qu'il est rempli, mon estomac, répondis-je avec conviction. Vrai, Monsieur. Je n'ai besoin de rien. Ni de votre soupe ni de votre
pitié. Si vous voulez tout savoir, je viens de manger. A mon aise°, à ma
faim. Il faut me croire. J'ai mangé mieux... mieux que vous.

—Mieux que moi? fit-il en fronçant le sourcil°. Toi? Aujourd'hui? Ici?
Tu es fou, jeune homme. Fou, donc fini. Tu vas mourir. Bientôt. Et moi
qui pensais t'aider...

Il me scruta avec tant d'incrédulité douloureuse, que je décidai de tout
lui raconter. Je me mis à lui décrire, en détail, le somptueux repas que
dans mon imagination je venais de déguster°. Les plats, les vins, les
fruits, les propos° de table.

En l'invitant à mon festin° imaginaire, je lui rappelai que c'était vendredi soir. Repas de Shabbat[8]. Nappe blanche, bougeoirs° en argent.
Sérénité, douceur. Les mains sur les yeux, ma mère bénit° les bougies[9].
Ma petite sœur met la table: attention, petite sœur, nous avons des
invités. Elle réarrange les couverts°. La porte s'ouvre et voici mon grand-
père précédé par le chant rituel invitant les anges de Shabbat à nous
honorer de leur visite. Père sanctifie le vin, rompt le pain. La bonne sert
le poisson. Grand-père mange avec appétit, chante avec ferveur. Son
gendre° tente d'amorcer° une discussion politique, mais lui l'interrompt:
pas ce soir, pas de politique pendant un repas de Shabbat. Car, voyez-
vous, il est Shabbat dans notre demeure et dans celle de Dieu: paix et
joie de Shabbat à ceux qui en ont besoin, partout.

Je m'exprimai en termes simples: c'est l'enfant en moi qui parlait, qui
partageait° son rêve. M'enfermant dans un large cercle, les détenus
écoutaient en hochant° la tête: j'étais, pour chacun, l'enfant qu'il avait
été. Le chef de bloc lui-même paraissait autre°.

—Il est long, le repas de vendredi soir, dis-je. Entrecoupé° de chants.
Il y en a beaucoup. Et après°? On les aime. Pour l'ardeur, la nostalgie
qu'ils contiennent: il est donné à l'homme de les libérer. Aussi, pourquoi
se dépêcher? On a le temps, tout le temps. Le travailleur n'ira pas
demain au travail, le voyageur ne reprendra pas le train du matin. Le
vagabond, au repos, ne redoutera° pas le réveil°. Il est Shabbat et l'âme
n'a besoin que d'une autre âme pour approuver et parfaire° la création.
Le corps, lui, n'a besoin de rien. Pas ce soir, pas après un pareil° repas
de Shabbat...

Le silence dans le bloc se prolongea au-delà de mon récit. Le chef de
bloc fut le premier à le rompre en s'écriant:

—Bravo, petit! Tu m'as bien eu°!

Et se tournant vers les détenus:

—Je propose qu'on le couronne° lauréat! Qu'en pensez-vous, vous
autres?

Question purement rhétorique, bien entendu. Il n'avait pas besoin de
leur accord. D'ailleurs, personne n'aurait osé le lui refuser.

Cérémonieux, il me remit deux gamelles de soupe épaisse. Et moi,

---

n'arrivais... did not manage
 to

manger à son aise to eat to
 one's heart's content

fronçant... knitting his brow

(*faux ami*) to eat with delight
(*m*) talk
feast
candlesticks
blesses

(*m*; *faux ami*) silverware

son-in-law / to start

shared
nodding
appeared changed
interspersed
And why not?

will not fear / awakening
to perfect
(*ici*) such a

Tu m'as... You got me!

crown

sous les regards envieux, je les pris et les portai jusqu'à mon paillasson°.   mat
Là, je cachai l'une et plongeai ma cuiller dans l'autre. Je remuai°, remuai,   stirred
remuai longuement avant d'y goûter pour atténuer° ma faim.   to ease

Et je ne pus réprimer un sentiment de malaise qui m'envahit. J'avais
la sensation désagréable, oppressante, que c'était mon récit que j'aval-   I was swallowing
ais° ainsi—récit déjà appauvri, amoindri°, puisé à° une source qui, de   diminished / drawn from
plus en plus voilée°, m'appartenait° de moins en moins.   veiled / belonged to me

Elie Wiesel, « Premiers droits d'auteur, » *Entre deux soleils*. Paris: Editions du Seuil,
1970, pp. 61–67.

Notes culturelles

1. **Le Talmud**—l'ensemble de commentaires rabbiniques, de légendes, de fables et de paraboles sur les lois du judaïsme.
2. **La Yeshiva**—l'école juive orthodoxe où l'on reçoit la formation nécessaire pour devenir rabbin.
3. *Les Téphilins (m)*—les lanières en cuir contenant des prières, que les Juifs orthodoxes portent au bras au moment des prières matinales.
4. *Le Rosh-Yeshiva*—le doyen d'une Yeshiva.
5. **Galicie**—une région de l'Europe centrale qui, depuis 1945, est partagée entre la Pologne et l'U.R.S.S.
6. **La Torah**—les cinq premiers livres de la Bible du judaïsme, considérés comme sacrés. Elle consiste en: Genèse, Exode, Lévitique, Nombres et Deutéronome.
7. **Sura et Pumbedita**—deux villes en Babylone, réputées au 3e siècle comme centres d'érudition au sujet de la Torah.
8. **Shabbat**—vendredi soir jusqu'au samedi soir, journée sacrée du judaïsme
9. « **Bénir les bougies** »—selon la tradition, la mère se couvre les yeux de ses mains, en récitant la prière bénissant les bougies.

De quoi s'agit-il?

Vrai/faux.

Dites si les phrases suivantes sont vraies ou fausses, selon le recit, *Premiers droits d'auteur*. Si la phrase est fausse, expliquez en quoi.

1. Le narrateur a écrit sa première œuvre littéraire quand il était prisonnier dans un camp de concentration.
2. Son camarade, ancien doyen d'une Yeshiva, l'a encouragé à étudier le Talmud.
3. Son camarade connaissait très peu le Talmud.
4. La narrateur était obsédé par la faim, comme tout le monde.
5. Le chef de bloc a tourmenté le narrateur et ses camarades.
6. Le narrateur n'a pas faim au moment où le chef de bloc annonce un concours littéraire.

7. Avant le repas de Shabbat, sa mère se couvre les yeux pendant quelques minutes.
8. Le souvenir du repas de Shabbat est très douloureux pour lui.
9. Le narrateur regrette de recevoir deux gamelles supplémentaires de soupe.
10. D'après le narrateur, les disciplines intellectuelles sont une distraction dangereuse pour un prisonnier.

Résumez les idées.

Pour chaque personnage à gauche, choisissez la (ou les) phrase(s) qui correspond(ent) le mieux à ses pensées. Rappelez les circonstances dans lesquelles il dit cette phrase.

1. le narrateur

2. l'ancien *Rosh-Yeshiva*

3. le chef de bloc

a. Pour résister à la faim, il faut étudier constamment.

b. Lire les romans et les nouvelles, c'est perdre son temps.

c. Je n'ai besoin de rien. Je n'ai plus faim: j'ai très bien mangé.

d. Tu n'as plus envie de vivre?

e. Ne parle pas de l'immortalité maintenant dans ce lieu.

f. Mon père veut parler politique, mais mon grand-père l'interrompt.

g. Je veux t'aider. Ne sois pas imbécile.

Questions d'interprétation

1. La résistance à l'oppression est un thème important de ce récit, comme elle l'est dans les deux poèmes examinés au début du chapitre. Quelles formes de résistance Elie Wiesel décrit-il dans ce récit?
2. Le narrateur parle dans ce récit de sa première œuvre littéraire. En quoi est-ce que cette œuvre diffère de notre conception traditionnelle de la littérature? Donnez une définition de la littérature, selon le narrateur.
3. Deux thèmes développés dans ce récit sont l'imagination et l'évasion loin du monde. Trouvez dans le récit quelques allusions à ces thèmes.
4. Avez-vous remarqué tous les détails qu'Elie Wiesel a *omis* dans sa description d'un camp de concentration—les allusions aux Alle

mands, à la torture, à la mort? A votre avis, pourquoi l'auteur a-t-il décidé de ne pas en parler?

5. D'après vous, quel est le ton de ce récit—morose, émotionnel, calme, plein d'humour noir, plein d'espoir? Justifiez votre réponse.

A votre tour

1. A votre avis, pourquoi le chef de bloc a-t-il créé un concours littéraire? Pourquoi a-t-il poussé le narrateur à raconter son histoire? Trouvez-vous ce personnage sympathique?

2. « Ne pas adorer ce qui, en autrui et en toi-même, est impur, ignoble. » Selon vous, qu'est-ce que le camarade du narrateur voulait dire par cette phrase?

3. Quelle est la pertinence de ce récit d'Elie Wiesel pour notre société contemporaine?

4. *Travail oral.* Choisissez un des sujets suivants à discuter dans votre groupe. Après quelques minutes de discussion, un(e) étudiant(e) de chaque groupe résumera les idées de ses camarades pour l'ensemble de la classe.

   a. *Travail par groupes de trois ou quatre.* Chaque camarade du groupe parlera en français pendant deux minutes d'un incident joyeux, fascinant, bizarre ou terrifiant qu'il (elle) a vécu. Tout le monde décidera ensuite qui a raconté la meilleure histoire. Choisissez à l'avance les critères que vous allez utiliser pour évaluer ces histoires; par exemple, l'histoire la plus amusante, la plus imaginative, la plus fascinante, bouleversante, etc.

   b. *Travail par groupes de deux.* Le narrateur rencontre l'ancien *Rosh-Yeshiva* plusieurs années plus tard. Ils se posent d'abord des questions au sujet de leur vie présente. En parlant de leurs expériences pénibles dans le camp de concentration, chacun explique comment il a réussi à surmonter la faim et le désespoir, et à survivre.

Pratique de la langue

Exercices de vocabulaire

Choisissez, parmi les expressions suivantes, un synonyme pour les mots soulignés dans les phrases qui suivent. Ces expressions sont tirées des textes que vous venez de lire.

prendre au dépourvu	coûte que coûte	compter
plutôt que de	le songe	pareil(le)
appartenir à		

1. Il faut lutter contre l'ennemi <u>par tous les moyens</u>.
2. Qu'est-ce que vous voyez en <u>rêve</u>—notre pays libre et en paix?

3. Tu as encore faim? Après un tel repas? C'est incroyable!
4. Est-ce que ces armes sont aux résistants?
5. Au lieu de travailler en Allemagne pour les nazis, il devient maquisard.
6. Votre question m'a surpris: je n'ai pas préparé de réponse.
7. Qu'est-ce qui a le plus de valeur—la liberté ou la paix?

Adverbes et conjonctions

Voici quelques adverbes ou conjonctions qui joignent une partie d'une phrase ou d'un paragraphe à une autre. Mettez l'expression convenable dans les phrases qui suivent. Il y a quelquefois plusieurs réponses possibles.

puisque, d'ailleurs, ainsi, de même que, ...de même, ensuite

1. _____ tous les prisonniers commencent à se ressembler, _____ tous les rêves des prisonniers se ressemblent.
2. J'ai dû interrompre mes études. _____ je n'ai pas eu la force de continuer à étudier.
3. Mon camarade a récité un passage de la Bible. _____ j'ai fait des commentaires sur le passage.
4. Nous avons beaucoup discuté la Bible. _____ j'ai beaucoup appris.
5. _____ vous êtes prêt à discuter ce livre, j'aimerais bien vous écouter.

Attention aux faux amis!

Les mots suivants, tirés des textes que vous avez lus, ressemblent à des mots anglais, mais *leur sens est différent*. Essayez de déterminer la signification de ces mots dans les phrases à droite, et choisissez la définition a, b ou c.

1. le menteur, la menteuse — Ne croyez pas ce menteur, bien que son père soit un homme honorable.

Un menteur veut dire (a) un maître, (b) un professeur ou (c) une personne qui ne dit pas la vérité?

2. déguster — Nous avons longuement dégusté ce repas chez nos amis.

Déguster veut dire (a) goûter, (b) trouver dégoûtant ou (c) imaginer?

3. la bague — Regardez cette bague au doigt. La trouvez-vous belle?

Une bague veut dire (a) une sorte de chapeau, (b) une sorte de bijou ou (c) un sac?

4. redouter — Elle redoute que les soldats allemands ne reviennent bientôt.

Redouter veut dire (a) ne pas croire, (b) douter de nouveau ou (c) avoir peur?

5. les couverts (*m*)   Je vais sortir les couverts; c'est l'heure du dîner.

Les couverts veulent dire (a) les cuillers, les fourchettes, etc., (b) les serviettes ou (c) les nappes?

Les Familles lexicales

Regardez les mots à gauche. Vous les connaissez déjà. Essayez de diviner le sens des mots de la même famille lexicale à droite. Ces mots sont tirés des textes que vous venez de lire.

1. oublier   Ce chanteur a une voix inoubliable. Je me souviens du concert merveilleux qu'il a donné récemment.

2. attendre   Tout le monde croyait que la ligne Maginot allait protéger la France contre une invasion. La défaite militaire a été inattendue.

3. profond   Si vous voulez approfondir votre connaissance de ce sujet, vous devriez lire ce livre.

4. la chaîne   Sans laisser à Paul le temps de répondre, Victor a enchaîné: « Ecoutez ce que j'en pense ».

5. garder   Il faut sauvegarder votre force. Dormez bien et mangez des plats nourrissants.

6. couper   Au dîner, les propos de table étaient entrecoupés des rires de mes cousines.

Vocabulaire utile: l'oppression

les droits (*m*) *de l'homme* = la liberté de faire un acte et de jouir d'une chose (par exemple, la liberté de la presse, la liberté religieuse)

refuser au peuple ses droits

montrer des préjugés contre des gens (d'un sexe, d'une race, d'une religion, ou d'un groupe ethnique particulier)

la discrimination (raciale, sexiste) = les préjugés (*m*) contre des gens

se révolter contre (une autorité, une loi) = se soulever contre (une autorité, une loi)

réprimer la révolte = mettre fin à la révolte

opprimer le peuple = tyranniser, subjuguer le peuple (l'oppression (*f*))

le fascisme = la philosophie politique fondée en Italie en 1922, qui est basée sur l'autorité absolue d'un dictateur, et sur la répression des droits de l'humanité

le nazisme = la philosophie politique fondée en 1923 en Allemagne par Adolf Hitler, qui exalte la suprématie de la race germanique, et qui vise à étendre le territoire allemand sur le monde entier par le militarisme.

le racisme = l'affirmation de la supériorité d'un groupe racial sur les autres, et la persécution de certains groupes raciaux.

Sujets de composition

1. Dans quels pays du monde est-ce qu'on trouve aujourd'hui l'oppression du peuple ou d'une partie du peuple? Quelles tentatives ont été faites pour libérer ce peuple? Vous sentez-vous optimiste ou pessimiste quand vous imaginez l'avenir de ce pays?

2. « Ceux qui refusent d'étudier l'histoire sont condamnés à répéter ses erreurs et ses tragédies »—c'est une maxime bien connue. Quelles « leçons » pouvons-nous tirer de l'expérience de la Seconde Guerre mondiale?

3. Selon vous, est-ce que la tragédie de l'holocauste pourrait être répétée? A votre avis, est-ce que la société contemporaine a évolué moralement depuis les récentes guerres? Donnez des détails pour soutenir votre point de vue.

4. Connaissez-vous un autre auteur qui a écrit ses œuvres à l'époque de la Seconde Guerre mondiale? Est-ce que cet auteur décrit cette époque sous des perspectives différentes de celles des auteurs étudiés dans ce chapitre?

5. Quelle guerre récente ou assez récente a beaucoup bouleversé la société américaine? Décrivez quelques conséquences de cette guerre pour notre société.

Chapitre 9

Images antillaises

St. Pierre, Martinique

Introduction

Quand on pense aux Antilles, à la Guadeloupe ou à la Martinique, on
pense tout de suite au soleil, aux belles plages de sable blanc et à la mer
couleur de turquoise. On a tout de suite l'image d'un paradis terrestre,
loin de chez nous et loin des problèmes de la société contemporaine.
Pourtant, ces îles francophones° ont subi° tous les grands bouleverse-
ments° de l'histoire américaine et européenne, et elles ont une histoire
complexe et souvent douloureuse.

    Découvertes par Christophe Colomb (la Guadeloupe en 1493, la Mar-
tinique en 1502), les deux îles principales des Antilles françaises ont été
le site de nombreuses guerres entre l'Espagne, l'Angleterre, et la France,
qui désiraient toutes les posséder comme colonies. Les habitants de ces
îles étaient des Amérindiens—les Arawaks suivis par les Caribs—qui ont
été chassés ou massacrés par les Européens au 16e siècle. Louis XIII a
autorisé en 1642 la déportation d'esclaves° africains aux Antilles pour
cultiver la canne à sucre.

    Pendant plus de deux siècles, les ancêtres des Martiniquais et des
Guadeloupéens d'aujourd'hui ont connu l'enfer° de l'esclavage. Souvent battus et traités comme des bêtes de somme°, ils vivaient sans
espoir, travaillant afin que leurs maîtres, les Européens, puissent obtenir
sucre, café, tabac, bananes et autres produits agricoles. L'écrivain
français Bernardin de Saint-Pierre a décrit de cette façon, en 1768, cette
période tragique de l'histoire:

    « Je ne sais pas si le café et le sucre sont nécessaires au bonheur de
l'Europe, mais je sais bien que ces deux végétaux ont fait le malheur de
deux parties du monde. On a dépeuplé° l'Amérique [en chassant les
Caribs] afin d'avoir une terre pour les planter; on dépeuple l'Afrique [en
déportant les esclaves] afin d'avoir une nation pour les cultiver. »[1]

    Par le Traité de Paris, de 1763, la France a acquis la Martinique et la
Guadeloupe comme colonies, tandis que l'Angleterre a pris possession

(m,f) French-speaking /
  suffered, been subjected to
upheavals

(m) slaves

(m) hell
beasts of burden

depopulated

du Québec. A cette époque des « plantations », les esclaves de la Martinique et de la Guadeloupe parlaient créole—langue qui combine certains éléments de la syntaxe africaine et un mélange de vocabulaire français, carib, anglais et espagnol. Le créole est surtout une langue orale, sans orthographe fixe, qui est aujourd'hui encore la langue maternelle des Antillais. Depuis plus de trois siècles, les parents et grands-parents antillais apprennent à leurs enfants poèmes, chansons et contes en créole.

L'esclavage a été définitivement aboli aux Antilles en 1848, mais la hiérarchie rigide de la société a persisté: les blancs (appelés familièrement les « békés ») continuaient à diriger les plantations de canne à sucre, formant une classe privilégiée en Martinique et en Guadeloupe, tandis que les gens de couleur—les Indiens de l'Inde, et les esclaves libérés—travaillaient souvent comme ouvriers agricoles, et n'avaient pas la possibilité de gravir l'échelle sociale°. Ces différences de classe très marquées persistent encore aujourd'hui, bien que l'époque coloniale ait depuis longtemps disparu.

gravir... to climb the social ladder

Départementalisées depuis 1946, c'est-à-dire, faisant partie intégrale de la France, avec tous les droits et les privilèges des départements de la France métropolitaine, les îles de la Martinique et de la Guadeloupe profitent des nombreux avantages économiques et sociaux de ce statut° politique, tels que l'amélioration° des écoles et de l'équipement sanitaire, et les bénéfices des assurances sociales.[2] Mais ce statut politique a aussi provoqué un sentiment de rancœur° chez les Antillais: entièrement dépendants de la France, les Antillais n'ont aucune autonomie dans le commerce, les industries ou l'administration de leur patrie. Souvent sacrifiées aux intérêts de la France métropolitaine, les Antilles ont l'économie d'un pays sous-développé, avec un taux de chômage° atteignant 30% de la population de la Guadeloupe, et 35% de celle de la Martinique (1986). Le français, langue de la classe privilégiée, est imposé aux Antillais à l'école, au travail, et à la télévision, tandis que leur langue natale, le créole, langue des rapports personnels et de la littérature, est menacée de disparition.

status
improvement

rancor, resentment

taux... unemployment rate

Des mouvements indépendantistes sont actifs aux Antilles, réclamant° pour les Antillais le droit° de gérer° leurs propres affaires. Les années de 1980 à 1983 ont été marquées par plusieurs attentats° terroristes en Guadeloupe. Aujourd'hui les Antillais se trouvent encore dans l'incertitude, attendant avec inquiétude la résolution de leur crise économique et politique.

demanding
right / to manage
(*m*) attacks

En dépit de leurs problèmes économiques et politiques, les Antilles jouissent aujourd'hui d'une grande richesse culturelle, et produisent une floraison° d'écrivains et d'artistes. Le poète et député de la Martinique à l'Assemblée nationale, Aimé Césaire (né en 1913), a exprimé le premier, pendant les années 30, le terme et la notion de « négritude » —c'est-à-dire, la fierté d'être noir, et le refus d'accepter le statu quo imposé aux gens de couleur par les blancs. De nombreux écrivains fran-

flowering

cophones de la nouvelle génération—tels que Maryse Condé et Simone Schwarz-Bart, Guadeloupéennes; Frantz Fanon, Vincent Placoly, Xavier Orville et Daniel Maximin, Martiniquais, se penchent sur° leurs origines africaine et créole, et trouvent dans la littérature un moyen de se découvrir eux-mêmes, et de se forger une identité nationale.

to look into, examine

---

1. Bernardin de Saint-Pierre, *Voyage à l'Isle de France* (cité par Jean Benoist dans *L'Archipel inachevé,* Presses de l'Université de Montréal, 1972, p. 17.)
2. *Les assurances sociales*—allocations données aux citoyens français par le gouvernement pour les protéger contre la maladie, les accidents de travail, le chômage, la maternité, et la vieillesse.

Notes culturelles

Avant de lire les textes

Dans les récits qui suivent, tirés du livre, *Le couteau seul... , la condition féminine aux Antilles* (Editions Caribéennes, 1981), cinq femmes antillaises parlent de l'instruction qu'elles ont reçue pendant leur enfance. Suivant la législation française, l'instruction est obligatoire aux Antilles jusqu'à l'âge de 14 ans. Il n'y a pas d'universités aux Antilles, mais ceux qui ont le moyen de faire le voyage peuvent poursuivre gratuitement des études universitaires en France.

Les parents antillais ont le choix d'envoyer leurs enfants soit à l'école publique (laïque) qui est gratuite, soit à l'école privée (laïque ou religieuse), qui coûte assez cher. Les familles bourgeoises envoient souvent leurs enfants à une école catholique, telle que le Pensionnat de Versailles pour les filles ou L'Ecole de Bouillon pour les garçons en Guadeloupe, où les enfants reçoivent une éducation morale, religieuse, intellectuelle et manuelle. Cette sorte d'école coûte très cher et, comme vous allez lire, n'est pas ouverte à tout le monde.

1. Pensez à votre école élémentaire et secondaire. Avez-vous de bons souvenirs des années que vous avez passées à ces écoles? Avez-vous eu des difficultés à faire vos devoirs?
2. Imaginez maintenant que vous habitez en Martinique ou en Guadeloupe, à seize kilomètres de l'école, et que votre famille est très pauvre. Quels obstacles est-ce que vous anticipez pour votre éducation?
3. Dans votre école élémentaire et votre lycée, est-ce que les enseignants traitaient les enfants avec impartialité, ou est-ce qu'ils favorisaient certains enfants? Est-ce que ce favoritisme était basé sur leur classe sociale, leur race ou leur situation de famille? Quelle serait votre réaction à cette sorte de favoritisme?

Récits de quelques Antillaises

« Mon Père était ouvrier agricole. Au début, il faisait le va-et-vient°   round trip
tous les week-ends, de son travail à la commune° où nous habitions   administrative district
et puis après, il a eu des terres en colonage°, alors il nous a fait   sharecropping
monter°.   moved up

Je suis allée à l'école privée et là, il y a des choses qui m'ont marquée.
Par exemple, dans un concours° de catéchisme, il fallait illustrer des   competition
cahiers; certains avaient pu acheter de très belles images et pouvaient
facilement gagner ce concours et moi, j'avais fait tout mon effort pour
dessiner…

En fait, il n'y avait pas tellement d'argent à la maison par exemple,
pour avoir un livre, j'étais obligée de mentir°: le Professeur a dit de   to lie
résumer tel livre. C'est comme ça que j'ai eu *l'Ile mystérieuse* de Jules
Verne.

Notre Père nous disait que ce qu'il n'avait pas eu, il voulait qu'on l'ait.
Je me rappelle le jour où il m'a apporté un dico.° Il ne savait pas d'ail-   *(fam)* dictionnaire
leurs ce que c'était, mais on vendait des dicos à l'encan°, et tout le   *(m)* open-air market
monde disait autour de lui que ce n'était pas cher… Alors, il est arrivé
avec son dico. Il est encore à la maison. Il me disait: « Est-ce que c'est
bien? » Mais oui! C'était le premier dico qu'on avait eu à la maison et
c'est lui qui l'avait acheté, quoi!

Je devais faire le ménage°, tout ce qu'il y a à faire dans une maison,   *faire…* to do the housework
mais mes parents ne m'obligeaient pas. Les devoirs d'abord, et Maman
pouvait tout faire, ça ne l'ennuyait° pas, pourvu que° j'aie le temps de   didn't bother her / provided
faire les devoirs.   that

Je crois que mon Père voyait mon avenir—moyenne bourgeoisie°,   middle class
grosse profession, grosse voiture… Il voulait que je fasse des études; il
voulait avant tout, qu'on ait un métier°. Mon Père n'était pas instruit°,   trade, profession / educated
mais il avait des gens instruits chez lui. Mes frères et sœurs aussi ont fait
des études. »

Gaetane,
34 ans

« A cette époque, le pensionnat de Versailles ne prenait que les enfants
de gens mariés et non divorcés. Mon Père m'a mise à Versailles en
disant qu'il était mon correspondant° et que j'étais la fille du mari de ma   guardian
Mère. Des parents à lui, qui savaient la vérité, ont demandé à la Mère
Supérieure de me renvoyer°, car ils n'admettaient pas que je sois avec   to expel, dismiss
leurs enfants. J'ai été renvoyée. Ça m'a fait mal; j'ai senti, nettement,
que j'étais une indésirable du point de vue social. »

Mayotte,
74 ans

« Dans l'école privée où j'étais, il y avait toujours des processions et pour couronner° la Vierge, c'était soit une petite blanche—je la vois encore—soit alors quelqu'un qui avait le teint° clair°, très métissé°. Même une fois, une enfant avait eu le courage de dire: « C'est toujours Une-telle° qui fait la Vierge°, qui fait l'ange. » La maîtresse° a tiré au sort°. Celle qui a dit ça devait avoir ma peau (noire), comme par hasard, c'est elle que le sort a désigné pour le rôle en question. La blanche qui était tellement habituée à ce que ce rôle lui revienne de droit°; s'est mise à pleurer. Ça a fait toute une histoire° et on a redonné à la petite blanche son rôle habituel. On a essayé de consoler l'autre en lui disant: ‹ Tu seras un des anges. ›

Après le cours moyen°, je suis allée à l'école laïque.

Pourquoi t'avait-on inscrite dans une école privée?

« L'Ecole laïque avait mauvaise réputation et si on voulait que son enfant ait une bonne éducation, il valait mieux, surtout une fille, la mettre à l'école privée. Non, je n'étais pas chez les Sœurs° puisque je n'étais pas légitime. Un enfant illégitime n'avait pas le droit d'être en classe chez les Religieuses. »

Faisait-on aussi des différences avec la couleur de la peau?

« La différence venait d'elle-même, étant donné qu'en général les plus colorés étaient les plus modestes, les plus pauvres. C'étaient eux aussi, les enfants illégitimes, grosso modo. Cela ne veut pas dire qu'il n'y avait pas des mulâtres° et des Indiens qui allaient à l'école chez les Sœurs. Il ne faut pas trop schématiser: le gros troupeau des enfants des Religi-euses, étaient des Blancs-pays,° il y avait aussi des enfants de parents mariés, même non Blancs. »

Evelyne,
40 ans

« Le matin, on se levait très tôt, vers 4 heures du matin pour aller attacher les bœufs avec Papa. Enfin, assez souvent, on n'avait ni lait, ni café à boire; c'était se lever et attacher les animaux.

On partait à l'école sans avoir rien pris. Maman n'avait pas mis l'aîné en classe, ni la deuxième. On allait à l'école à pied à six kilomètres°; on mettait° deux heures de temps.

Je n'allais pas régulièrement à l'école, peut-être deux jours ou trois dans une semaine; le reste du temps on aidait le Père à sarcler° ou bien parfois Maman n'avait pas d'argent à nous donner pour la cantine°, alors on était obligé de rester.

J'ai même pas fait trois ans de classe; j'ai cessé d'y aller à 11 ans. On nous a dit: « C'est pas la peine de venir°. » J'y étais rentrée à 8 ou 9 ans: Maman ne pouvait pas nous y mettre avant parce qu'il fallait y aller à pied.

J'aimais aller à l'école. Jusqu'à maintenant, j'aime lire, j'aime regarder le journal… Je lis un peu, j'écris, mais avec beaucoup de fautes. Je ne suis pas forte°.

---

to crown

complexion/(*faux ami*) light/ mixed blood

so-and-so / / *fait*… plays the virgin / teacher

tiré… drew lots

revienne… was hers by right

a fait… made a big fuss

intermediate class

chez… in parochial school

mulattos

native-born whites

1 kilometer = ⅝ mile

it took

to weed

school lunch

C'est… (*fam*) It's not worth coming

good (at it)

Après onze ans, j'ai été avec Papa dans les habitations° avec les autres grands°.

(ici) estate of wealthy landowner
the older ones

Viviane,
35 ans

« Nous habitions Marie-Galante°. Comme ma Maman, ses revenus étaient assez médiocres, un moment elle pouvait pas° nous donner de l'argent pour la cantine qui coûtait 0,50 F, à ce moment-là. Je me rappelle des jours où elle n'avait rien à nous préparer et le soir, en rentrant de l'école, on prenait du thé: semen-contra, feuilles de corossol°, citron, citronnelle… On allait au lit sans manger. Oui ça arrivait assez souvent. Comme j'étais plus grande, le jeudi, moi je partais dans les bois chercher des citrons et des corossols et le matin, au lieu de partir à 6 heures, je partais plus tôt à 5 h 1/2, si bien que j'arrivais assez tôt avant la rentrée°. Je passais chez les habitants, je vendais mes citrons. Je me tirais d'affaire° assez bien… et comme ma Maman avait toujours des petits jardins potagers° autour de la maison, il y avait parfois des tomates ou alors des carottes, des navets°. Le midi, je me faisais de l'argent° pour acheter du pain pour donner à mes autres sœurs et frères et la différence, je la donnais à Maman le soir. Là, elle pouvait acheter des choses pour que nous puissions dîner, ou bien, quand ma Maman n'avait rien du tout, elle allait chez sa maman à une dizaine de° kilomètres plus loin. Elle partait dans l'après-midi. Ma grand-mère a eu quatorze enfants, mais ils étaient déjà grands. Elle touchait une retraite°; elle lui donnait un peu d'argent…

Je suis quand même très contente de cette enfance malheureuse, parce que ça m'a appris à vivre. Je connais la pauvreté, ça m'a beaucoup servi. »

une des petites îles qui entourent la Guadeloupe
ma Maman,… elle (fam) Since mom had very little money, she couldn't…
stamen of plant used for herbal tea & custard apple

school opening
me tirais… I managed

vegetable
turnips
je me faisais… I made money

about ten

Elle… She received a retirement pension

Thyérie,
29 ans

France Alibar, Pierrette Lembeye-Boy, *Le couteau seul… la condition féminine aux Antilles.* Paris: Editions caribéennes, 1981, pp. 83–85, p. 89.

De quoi s'agit-il?

Choisissez la (ou les) phrase(s) qui résume(nt) le mieux les pensées de chaque femme à gauche. Expliquez les circonstances dans lesquelles elle exprime cette idée.

1. Gaetane   **a.** Il y avait beaucoup d'obstacles à surmonter pour aller à l'école tous les jours.

2. Mayotte

b. Bien que l'école publique ait été gratuite, beaucoup d'enfants pauvres ne pouvaient pas s'instruire.

3. Evelyne

c. Les enfants bourgeois avaient plus de chances de réussir à l'école que les enfants pauvres.

4. Viviane

d. L'instruction était essentielle pour obtenir un poste intéressant et lucratif.

5. Thyérie

e. Les enseignants avaient souvent des préjugés de classe et de couleur.

A votre tour

Utilisez, pour vous aider, des expressions du Vocabulaire utile.

1. D'après les récits que vous venez de lire, pourquoi est-il difficile de monter l'échelle sociale aux Antilles?
2. Lesquels des parents décrits dans ces récits ont fait beaucoup d'effort pour aider leurs enfants à l'école? Décrivez comment ils ont aidé leurs enfants.
3. Laquelle (ou lesquelles) des femmes vous semble(nt) la (les) plus contente(s) de son (leur) enfance? Expliquez pourquoi.
4. Ce sont uniquement des femmes qui ont écrit ces récits de leur enfance. A votre avis, est-ce que des garçons auraient eu à surmonter des obstacles semblables, ou d'autres obstacles, pour s'instruire?
5. *Travail oral par groupes de trois.* Choisissez une des situations suivantes à présenter sous forme de sketch. Après quelques minutes, jouez le sketch devant l'ensemble de la classe.

   a. Vous êtes les parents d'un enfant qui a reçu de mauvaises notes à l'école. Vous êtes convaincus que c'est à cause de l'instituteur (son caractère, son incapacité d'expliquer clairement le sujet, ou ses préjugés). Parlez avec l'instituteur et protestez contre les mauvaises notes.

   b. Vous êtes les parents d'une enfant qui a été renvoyée de l'école. Parlez avec le directeur de l'école, et protestez contre le renvoi de votre fille.

   c. Vous faites partie d'un comité qui étudie la pédagogie aux Antilles. Ce comité va faire des recommandations au gouvernement pour améliorer la qualité de l'instruction et pour garantir que chaque enfant reçoive l'instruction nécessaire jusqu'à l'âge de 14 ans. Présentez vos idées au groupe, qui choisira les meilleures recommandations à adopter.

Une Guadeloupéenne vêtue pour une fête,
portant la coiffure traditionnelle de madras.

Vocabulaire utile: les Antilles

l'Antillais(aise)—quelqu'un qui habite une des îles des Caraïbes

un pays sous-développé = un pays du tiers monde, un pays en voie de développement

instruit(e) ≠ sans instruction, illettré(e), analphabète

l'autodidacte (m, f) = quelqu'un qui s'instruit lui-même

l'esclave (m) ≠ l'homme ou la femme libre

avoir un poste subalterne = avoir un poste inférieur

avancer dans la société = monter l'échelle sociale

améliorer sa condition sociale ≠ maintenir le statu quo

être dépendant(e) ≠ être libre, autonome (l'indépendance, l'autonomie (f))

être rempli(e) de préjugés ≠ être impartial(le), équitable

éprouver du ressentiment contre quelqu'un = être rancunier(ère) envers quelqu'un, avoir de la rancune contre quelqu'un

rester au pays ≠ émigrer (en France)

Joseph Zobel

Né en Martinique en 1915, Joseph Zobel est l'auteur de plusieurs romans—*La Rue Cases-Nègres* (1950), *Les Mains pleines d'oiseaux* (1978), et de recueils de nouvelles—*Laghia de la Mort* (1946) et *Le Soleil partagé* (1964). Une réalisatrice martiniquaise, Euzhan Palcy, a adapté pour le cinéma en 1983 le roman *La Rue Cases-Nègres.*

Le cadre de toutes ses œuvres est la Martinique. Zobel évoque la vie quotidienne des Martiniquais, et dépeint le courage, la ténacité et l'esprit débrouillard de son peuple, qui lutte contre la pauvreté et l'aliénation ethnique.

La nouvelle qui suit, *Mapiam*, est tirée du recueil, *Laghia de la Mort.*

Avant de lire la nouvelle

Le jeune élève dans cette nouvelle, Casimir Mbafo, rencontre continuellement des obstacles à son éducation: racisme, pauvreté et cruauté des enfants plus fortunés de la classe. Zobel décrit les traits de caractère du jeune garçon qui l'aident à surmonter ces obstacles.

1. Y a-t-il encore des préjugés contre des gens de couleur ou de nationalité différente dans la région où vous habitez? Citez un exemple récent de racisme mentionné dans un journal local.
2. Zobel éveille la curiosité du lecteur en mentionnant le sobriquet bizarre de Casimir (« Mapiam »—*skin ulcer*) et en décrivant les bandages mystérieux sur ses jambes. Connaissez-vous d'autres œuvres littéraires où un nom curieux ou un aspect mystérieux de l'apparence physique d'un personnage vous tient en suspens?

« *Mapiam°* »

Casimir Mbafo de son vrai nom°.

Casimir, depuis toujours. Mbafo, depuis qu'il va à l'école, comme si c'était le maître d'école qui avait exigé° qu'il eût, en plus du nom qu'il avait porté jusque là, un autre nom sous lequel il commençait sa nouvelle vie de garçon qui apprend à lire et à écrire. Un nom et un prénom, comme il en allait pour° chaque élève.

Mapiam, c'est à cause de deux pansements°, l'un à la cheville°, l'autre au coup de pied° et qui trahissent° apparemment de ces plaies° ulcéreuses imputables au mauvais sort°, et qui ne suscitent que dégoût et mépris.° Pourtant Casimir est un des meilleurs élèves de sa classe et, de surcroît°, un garçon bien tranquille. Oui, mais il est noir et laid. Plus noir que tous les autres qui, pour la plupart, ne fussent-ils pas tout à fait mulâtres°, sont pour le moins « sortis assez clairs° ». D'une telle laideur, de ce fait, qu'il semble même avoir été privé en naissant de l'expression de toute joie.

(créole) skin ulcer (nickname)

Casimir... (*syntaxe créole*)
Casimir Mbafo was his real name
had required

comme... as was the case for
bandages / ankle
(ici) heel of foot / *(ici)* are evidence of / sores
due to bad luck / which arouse only distrust and scorn
moreover

mulatto (mixed race) / *sortis...*came out rather light-skinned

A neuf ans, sous le coup des° appellations malveillantes et des quoli-bets°, cet enfant s'est retranché° dans une méfiance toujours en éveil° sous une inébranlable placidité°.

> *sous...* influenced by
> jeers / took refuge
> a perpetual distrust / unwavering calmness (*ici*) enthusiasm, spirit

Rares sont les fois où il s'abandonne à l'entraînement° d'un jeu. Aussi, ses joies les plus vraies lui viennent-elles de tout ce qu'il découvre dans ses livres dont chacun, chaque fois, lui apporte comme le goût d'un mets° auquel il n'a pas été habitué et dont les premières bouchées° font aussitôt l'effet de ces choses que les magiciens des contes et des légendes font boire ou manger à ceux qu'ils veulent sauver en conjurant les dangers qui les menacent ou en les changeant en êtres fabuleux, invisibles, impondérables et puissants. Et sa revanche° et son bonheur sont d'être presque invariablement le premier de sa classe.

> fine food / mouthfuls
> revenge

Ce que les autres ne lui pardonnent guère.

Et c'est qu'il est robuste, en plus!

Des moqueries, tant qu'on voudra, mais personne n'oserait° même esquisser une menace° à son endroit° dans une dispute. Certes, on a essayé par d'autres moyens d'amoindrir° ses mérites, le déprécier°, lui rendre la vie pesante° et amère. C'est ainsi que certains ont fait remar-quer que Mbafo n'a que deux vieux petits costumes de drill, qu'il porte alternativement, une semaine sur deux, et qui commencent l'un et l'autre à craquer sur ses épaules qui s'épaississent° de jour en jour.

> would dare
> *esquisser...* to make a menacing gesture / in his direction
> to diminish / to belittle
> (*ici*) heavy
> broaden

Il ne peut même pas changer son chapeau de « bakoua° » dont le bord lui pend de chaque côté de la figure° comme ceux des vieillards dont les yeux craignent l'éclat du soleil.

> fisherman's hat of woven fiber
> *dont...* whose rim hangs over each side of his face

Et quant à ses souliers!...

Jadis°, c'étaient des brodequins° en box-calf noir. Mais depuis quelque temps, c'est tout simplement quelque chose de comparable à rien, et dont la matière et la couleur sont rien moins que suspectes°.

> formerly / boots
> dubious, fishy

Des souliers qui n'ont pas d'âge, et dont personne ne saurait affirmer qu'ils ont été étrennés° par Casimir. Le plus touchant, c'est que malgré tout le soin qu'en prend Casimir, les souliers se soient usés° à ce point.

> new, not hand-me-down
> worn out

Au début, la maman de Casimir payait les petites réparations chez le cordonnier°: les bouts de semelle, les chiquets, les petits rapiéçages°. Mais comme le cordonnier gardait les souliers trop longtemps et lui faisait manquer parfois l'école, Casimir se mit à faire lui-même les petites réparations. Et il s'y employait avec une ingéniosité certaine, puisque pour en finir avec° les lacets qui cassaient chaque matin et auxquels il fallait toujours faire des nœuds° qui les empêchaient de glisser dans les œillets°, il eut un jour la bonne fortune de trouver un bout de fil électrique° souple dont il fit une paire de lacets inusables°. En outre, les semelles étant devenues une sorte de tarte de cuir mâché° et de petites pointes qui le torturaient, Casimir a été assez astucieux d'y mettre des premières découpées dans des feuilles de palmiste°. Mais tels ont été ses efforts pour retenir les trépointes, que la bordure des semelles se hérissait d'une multiple rangée de petits fils de fer agressifs°.

L'année dernière, Léonie, sa maman, s'était dit: « A la récolte° prochaine, j'achète une paire de souliers pour Casimir. De toutes manières! »°

Cette année, elle y est revenue°, et plus d'une fois déjà elle en a fait part à° Popo, son homme—qui n'est pas le père de Casimir. Elle eût aimé que Popo lui dît: « Il le faut! » Cela lui aurait donné du courage, à elle. Mais Popo, chaque fois, doute si l'on pourra mettre l'argent de côté, si le cordonnier acceptera de faire crédit. Popo, c'est le nègre dont on dit qu'il ne sait ni couper ni hâcher...°

Un jour Léonie a demandé au directeur de l'école qui l'avait fait venir pour lui dire de veiller à ce que° Mbafo ne manque jamais la classe: « Est-ce qu'il arrivera au certificat d'études, Monsieur le Directeur? »

Le directeur avait répondu, non sans conviction:

—Et bien plus loin, peut-être! A condition qu'il ne manque pas.

Cette parole était entrée en elle, s'était mélangée avec tout son sang; elle ne pouvait plus l'oublier, elle l'avait constamment dans son corps, dans sa tête, dans son cœur, dans ses boyaux°.

On sait que Casimir ne rentre pas chez sa maman le midi, parce qu'elle habite trop loin. Si loin, qu'il lui faut partir pour l'école dès avant° le lever du soleil—et après avoir été ramasser° du bois mort et donné à manger au cochon.

Desrivails°. Et c'est si loin que, comme il n'arrive le soir que juste à l'heure d'aller puiser° deux calebasses° d'eau à la source et mettre le manger-cochon° au feu, il aime mieux parfois apprendre ses leçons sur le bord des « traces° » qui coupent les champs de canne à sucre.

Quand il fait beau, Casimir déjeune dans un petit bois, à l'entrée du village. Déjeune de quoi? De farine de manioc° humectée d'un peu d'eau, d'un fragment de morue desséchée et rôtie°. De plus, à la bonne saison, il n'a qu'à lancer une ou deux pierres à l'arbre, dans le bois ou à la lisière d'un champ, pour faire choir° une abondance de mangues° ou de prunes de Cythère°, lesquelles, mieux qu'un dessert, le remplissent jusqu'à lui tendre° la peau du ventre comme un tambour bien accordé°.

---

shoe repairer / *les bouts...* pieces of soles, slits, patches

to be done with

knots

(*m*) eyelets

cord / (*faux ami*) hard-wearing

tarte... pie of crushed leather

mettre... to put the first torn leather pieces inside palm leaves

se... bristled with a thick row of aggressive sharp points

harvest

no matter what

(*ici*) she came back to the topic

informed

to chop with a hatchet

veiller... to see to it that

(*m*) guts

before

ramasser... picked up

Casimir's native village

to draw (water) / gourds

food for the pigs

(*ici*) cleared land

root vegetable in the potato family

morue... dried, grilled cod

to cause to fall / mangoes

plums

to stretch / well-tuned drum

D'ailleurs, Casimir n'a-t-il pas toujours des fruits qui mûrissent°, ju-   ripen / juicy
teux° et parfumés, au milieu d'un champ de canne, bien cachés° dans la   hidden
paille?

Ensuite, pour faire la sieste, Casimir grimpe à° un arbre, se cale° dans   climbs / plants himself
une branche fourchue° et peut, à son gré,° jouir de la brise qui semble le   forked / as he pleases
porter dans l'espace, ou dormir comme un félin° jusqu'à l'appel de la   cat
cloche de l'école.

Et quand il pleut? Eh bien, quand il pleut, Casimir reste dans la cour
d'école, sous la véranda. Ainsi, il a tout le temps de revoir sa leçon de
grammaire ou d'histoire pour l'après-midi. Et de faire quelques re-
touches à ses souliers. N'est-ce pas là qu'il s'avisa° un jour de les as-   made up his mind / to polish
tiquer° avec des feuilles de « bois-caca° » d'une touffe° qui pousse dans   (*langue créole des enfants,*
un coin de la cour?   *argot*) tree whose leaves
                                                                                        are used in toilet / tuft
Mapiam…

On ne sait pas qui, le premier, a lancé le sobriquet°, en tout cas,   nickname
depuis, il n'y a plus que le maître qui dise Mbafo: les élèves, eux, l'ap-
pellent Mapiam. Depuis une semaine qu'il s'est amené à l'école avec ses
deux pieds nus sans vergogne° et largement galonnés° de pansements   shamelessly / covered with
affreux, l'un à la cheville et l'autre au coup de pied. Deux pansements   stripes
pareils à ceux qui recouvrent les ulcères qui rendent certaines vieilles
personnes plus dégoûtantes que pitoyables, et dont on dit qu'elles ont
un mapiam pour le restant de leur vie ou, pis encore, qu'elles sont
peut-être gagées° du diable, et qu'elles auraient été blessées par quelque   employed by
arme tranchante° ou pointue au cours de leur sabbat° nocturne.   sharp / (*ici*) night meeting of
                                                                                       evil spirits
Personne, par conséquent, n'a demandé à Casimir ce qui lui est arrivé
aux pieds. Le maître n'y a peut-être pas pensé. C'est que, un gosse de
la campagne, ça a toujours de ces bobos mal soignés qui lui collent° à la   stick to
peau assez longtemps parfois. Avait-il seulement remarqué que c'était
par « Mapiam » que les élèves interpellaient Mbafo maintenant?

Et qu'est-ce qu'il aurait fait s'il avait entendu celui qui avait dit, presque à haute voix, le samedi où le dernier classement° avait été proclamé: grading
« Cette classe n'a pas de chance: avoir pour premier cette espèce de
nègre marron° »? Casimir, lui, cela lui semble bien égal. Ce qui l'affecte   chestnut-colored
réellement, c'est de ne pas pouvoir courir comme il veut. Il est obligé de
rester à l'écart° toute la récréation durant, appuyé à un des poteaux° de   on the side / poles
la véranda, ou accroupi°, de se mettre toujours dernier dans le rang pour   crouched
entrer en classe.

Et Casimir ne se doutait° même pas par quelles épreuves° il pourrait   did not suspect / ordeals
encore passer, lorsqu'un matin, comme cela se produisait de loin en
loin, visite de l'assistance médicale°. Une véritable révolution dans la   free medical care
journée. Les emplois du temps° abolis, à la joie secrète de ceux qui ne   schedules
savent pas leur leçon. Devant l'école, l'auto du médecin, irrésistible
attraction. La cloche sonne comme à l'accoutumée, mais toutes les
classes n'entrent pas en même temps. Une table a été placée dans le
préau°, avec une nappe° blanche dessus; et sur la nappe des objets qui   courtyard / tablecloth
brillent comme s'ils n'avaient jamais servi. Le médecin, qui a des lu-

nettes, est derrière la table. Il a une blouse blanche. A côté de lui, l'infirmier, en blouse blanche pareillement.

Le directeur appelle les classes une à une.

Le directeur qui est si bien coiffé qu'on peut suivre des yeux les passages de la brosse dans ses cheveux: et qui a toujours des vêtements propres, les mains propres avec des ongles bien taillés; et des chaussures qui brillent. Le directeur qui semble maîtriser l'art de ne pas faire un pli° à ses vêtements.

crease

Les élèves arrivent en bon ordre, les bras croisés pour être polis et plus disciplinés. L'infirmier les détache un à un du rang. Le médecin dit: « Ouvre la bouche... Tire la langue°... Fais: ha! » Il appuie sur la joue en la tirant vers le bas° pour voir l'envers des paupières°. Il colle son oreille sur une serviette que l'infirmier pose sur le dos, et puis sur la poitrine, et dit: « Tousse. »

tire... Stick out your tongue.
en... pulling it (the cheek) down / eyelids

Alors, quand ce fut le tour de Mbafo, il regarda les pieds et dit à l'infirmier en montrant les pansements: « Défaites°-moi ça! »

Undo

Le maître dut user de sa grosse voix pour maintenir dans le rang les curieux qui déjà se précipitaient pour ne pas manquer le spectacle des repoussants° bobos—pendant que l'infirmier, avec ses ciseaux et ses pinces, commençait à dénouer° le chiffon qui ligaturait la cheville.

repulsive
to unknot

—Mais qu'est-ce que c'est que ça! fait le médecin en regardant le maître, aussi perplexe que lui-même.

Pas une écorchure°. Pas la moindre égratignure°, non plus, à l'autre pied que l'infirmier a libéré encore plus vite de son pansement sale.

(f) scrape / (f) scratch

Comme s'il y allait° de l'opinion que le médecin pût avoir de la classe, de toute l'école, le directeur dut le prier d'excuser ce qu'il considérait pour sa part comme un regrettable et burlesque incident.

comme... as if the doctor's opinion of the class was at stake

Mais une aussi mauvaise plaisanterie ne pouvait pas rester impunie. Se moquer ainsi du monde!

Une semaine de retenue°! Tous les soirs, une heure après la classe!

detention at school

Il a fallu que la maman de Mbafo, Léonie, descende de Desrivails, toute fatiguée après son travail, pour aller trouver le maître d'école et savoir le motif de cette punition qui empêchait Casimir d'arriver avant la nuit pour aller puiser de l'eau et faire cuire les épluchures° et les racines pour la nourriture du cochon.

(f) potato peelings

—Pourquoi as-tu fait ça? Pourquoi?

Il a fallu que le maître et Léonie, l'un et l'autre, le pressent de plus en plus de questions et de menaces pour que son mutisme éclate en sanglots° et qu'il avoue lamentablement:

sobs

—C'est parce que je n'ai plus de souliers.

Et les simulacres° de pansements, c'était pour faire pardonner les pieds nus.

pretence

Joseph Zobel, « Mapiam, » *Laghia de la mort*. Paris: Présence Africaine, 1978, pp. 101–111.

De quoi s'agit-il?

Vrai/faux.

Corrigez les erreurs dans les phrases suivantes.

1. Casimir est né dans une famille bourgeoise traditionnelle.
2. Casimir ne révèle pas avant la fin de la nouvelle pourquoi il a des pansements sur ses jambes.
3. Les autres élèves se moquent de Casimir parce qu'il est paresseux.
4. Le directeur de l'école a des préjugés de couleur et de classe.
5. Casimir est le meilleur élève de la classe.
6. Sans chaussures, un enfant ne peut pas venir à l'école.
7. Le déjeuner ordinaire de Casimir consiste en fromage, pain et biscuits.
8. La mère de Casimir, Léonie, a récemment acheté une paire de chaussures pour Casimir.
9. Casimir rentre à la maison l'après-midi, après ses classes.
10. Casimir doit travailler à la ferme avant le lever du soleil et encore une fois le soir.
11. Le médecin trouve des taches rouges sur les jambes de Casimir.

La vie des Martiniquais

Trouvez dans la nouvelle, *Mapiam*, des détails qui illustrent ces aspects de la condition des pauvres en Martinique:

1. les préjugés de couleur des mulâtres
2. les familles de structure non-traditionnelle
3. les conditions de travail des ouvriers agricoles
4. les difficultés d'aller régulièrement à l'école
5. l'attitude des bourgeois envers les pauvres.

Questions d'interprétation

1. Faites le portrait physique et moral de Casimir. Notez, par exemple, les traits de caractère du garçon quand il fait face aux difficultés suivantes:
   a. l'envie d'autres élèves, jaloux de sa réussite scolaire
   b. la nécessité de réparer ses chaussures
   c. le racisme d'autres élèves
   d. le manque de chaussures.

2. Quels adjectifs choisiriez-vous pour décrire les rapports familiaux suivants: Casimir et sa mère, Léonie et Popo, Casimir et Popo? Citez des détails du texte qui illustrent votre point de vue.

3. Quelle est la critique sous-entendue de la société martiniquaise dans la nouvelle, *Mapiam*?

4. Quels détails dans la nouvelle *Mapiam* vous donnent une image concrète de la Martinique? Parlez, par exemple, des descriptions du paysage, de sa végétation, des vêtements et des activités quotidiennes des Martiniquais.

5. Avez-vous remarqué tous les détails dans les descriptions des chaussures, et des réparations des chaussures de Casimir? Qu'est-ce que ces chaussures représentent? L'histoire des chaussures illustre-t-elle des traits de caractère importants du peuple martiniquais?

6. Les multiples textes de ce chapitre parlent du même sujet: la condition des pauvres aux Antilles et les difficultés de s'instruire. Les premiers textes sont des récits autobiographiques et le deuxième texte est une œuvre de fiction, une nouvelle. Comparez le style de ces deux genres en répondant à ces questions:

   a. Lequel des textes rend les conditions de vie aux Antilles plus réelles?

   b. Lequel des textes décrit mieux les traits de caractère des Antillais? Justifiez vos réponses.

A votre tour

1. A votre avis, est-ce que les préjugés de couleur et de classe sont semblables à ceux qu'on rencontre aux Etats-Unis?

2. Selon vous, Zobel présente-t-il dans *Mapiam* une vision optimiste de l'avenir de la Martinique? Citez des détails pour justifier votre opinion.

3. *Travail oral par groupes de deux.* Improvisez une des situations suivantes. Après quelques minutes, jouez la scène devant la classe.

   a. Créez un dialogue entre Léonie et Popo, dans lequel Léonie essaie de persuader Popo d'acheter des chaussures pour Casimir.

   b. Le directeur de l'école se dispute avec le maître de Casimir: le maître voudrait punir Casimir plus sévèrement, après l'incident des pansements. Le directeur proteste contre cette punition.

   c. Imaginez que Casimir a fini ses études en Martinique, et qu'il a fait des études brillantes en France. Il rencontre à Paris l'un de ses amis martiniquais et lui explique les secrets de sa réussite.

Pratique de la langue

Exercice de vocabulaire.

Choisissez, parmi les expressions qui suivent, un synonyme pour les mots souced>soulignés. Les mots suivants sont tirés des textes de ce chapitre.

fabuleux	le mets	malveillant	déprécier
le sort	se tirer d'affaire	le pansement	se retrancher

1. Cet élève se débrouille très bien à l'école parce qu'il est diligent et travailleur.
2. Si tu écoutes les plaisanteries méchantes de ces enfants, tu seras choqué.
3. Après son accident de voiture, Philippe porte un bandage au bras.
4. Les enfants adorent parler des aventures extraordinaires des géants dans les contes de fées.
5. Rien qu'à penser à ce plat délicieux, j'ai grand appétit.
6. Pourquoi cette maladie l'a-t-elle frappée, elle si jeune? C'est le mauvais destin.
7. Ce critique littéraire attaque la réputation de notre auteur favori.

Attention aux faux amis!

Les mots suivants, tirés des textes que vous avez lus, ressemblent à des mots anglais, mais *leur sens est différent*. Essayez de deviner la signification de ces mots dans les phrases à droite, et choisissez la définition, a, b ou c.

1. toucher   A l'âge de 65 ans, ou peut s'arrêter de travailler et toucher une pension.

Toucher veut dire (a) mettre dans sa poche, (b) recevoir ou (c) demander?

2. le teint   Vous avez le teint très bronzé. Est-ce que vous revenez d'un voyage en Floride?

Le teint veut dire (a) la couleur des vêtements, (b) la couleur de la peau ou (c) la couleur des murs?

3. clair(e)   Les couleurs claires te vont bien. Je n'aime pas ce chapeau marron que tu portes aujourd'hui.

Clair veut dire (a) pas sombre, (b) distinct ou (c) pas vif?

4. inusable   C'est un bel sac en cuir qui est inusable.

Inusable veut dire (a) sans fonction pratique, (b) imaginatif, ou (c) solide?

5. la retenue   Les élèves bruyants et impolis sont en retenue à l'école.

Etre en retenue veut dire (a) faire la queue, (b) rester quelques heures supplémentaires à l'école ou (c) jouer en équipe à l'école?

Les familles lexicales

Regardez les mots à gauche. Vous les connaissez déjà. Essayez de comprendre le sens des mots de la même famille lexicale à droite. Ces mots se trouvent dans les textes que vous venez de lire.

1. **envoyer**

   Je suis choqué par la décision du directeur de l'école. Pourquoi a-t-il renvoyé cet enfant sage et diligent?

2. **donner, le don**

   Pourquoi est-ce que le professeur nous redonne ce livre? Nous l'avons déjà lu le semestre dernier.

3. **moins, le (la) moindre**

   Les députés sont furieux quand le gouvernement essaie d'amoindrir les allocations données aux familles nombreuses.

4. **le maître**

   Cet enfant précoce a maîtrisé les problèmes les plus compliqués du livre.

5. **pousser, repousser**

   L'odeur repoussante des animaux à la ferme a dégoûté mes amis.

Sujets de composition

Utilisez, pour vous aider, quelques expressions du Vocabulaire utile.

1. Imaginez que vous gagnez un billet d'avion pour aller en Martinique ou en Guadeloupe. Qu'est-ce que vous aimeriez visiter dans cette île? Cherchez des renseignements à propos des sites touristiques intéressants dans cette île.
2. Imaginez que vous êtes membre d'un comité qui étudie les problèmes des départements français d'outre-mer, tels que la Martinique et la Guadeloupe. Décrivez quelques problèmes économiques et sociaux, et proposez des moyens d'améliorer les conditions de vie dans ces îles.
3. La Martinique et la Guadeloupe sont des régions bilingues, mais les deux langues parlées dans ces îles n'ont pas de statut égal. Le français est la langue de l'enseignement, du commerce et de l'administration, tandis que le créole est la langue du peuple. Comparez la situation linguistique des Antilles avec celle d'autres régions bilingues ou trilingues que vous connaissez.
4. Casimir étudie à l'Université de Paris. Il écrit une lettre à sa mère dans laquelle il raconte ses impressions de Paris, et il parle des aspects de la Martinique qui lui manquent beaucoup.
5. Regardez des photos ou des diapositives de la Guadeloupe ou de la Martinique. Composez un poème au sujet de la beauté des Antilles.

Vocabulaire utile: les Antillais

le dépaysement = la désorientation dans un
   pays étranger (être dépaysé(e))
la nostalgie de son pays (être nostalgique)
renouer des liens avec = renouer des contacts
   avec
les racines (*f*) = les origines (*f*)

être sans racines ≠ retrouver ses racines
la lutte = le combat (combattre quelque
   chose, lutter contre quelque chose
résoudre un conflit (une crise) = mettre fin à
   un conflit (une crise)

Produits agricoles des Antilles

Les produits les plus importants des Antilles sont la canne à sucre, les
bananes (*f*), l'ananas° (*m*) et le rhum. D'autres produits agricoles sont les   pineapple
suivants:

Fruits   les mangues° (*f*), les oranges (*f*), les pamplemousses° (*m*), les   mango / grapefruit
   noix (*f*) de coco°, les fruits à pain°   coconut / breadfruit

Céréales   le maïs°   corn

Légumes   le manioc, les pommes de terre, les patates, les avocats° (*m*),   avocado
   les ignames° (*f*), les choux caraïbes°, les tomates, les petits pois° (*m*)   yam / Caribbean cabbage /
                                                                                           peas

Quelques proverbes en créole

« Nan venti poul' allé compté zé » *Don't count your chickens before they hatch.* (« Ne vendez pas la
   peau de l'ours avant de l'avoir tué. »)

« Douvant poul'ravett pas janmain g'ain raison. » (*litt*) *The cockroach has no right before the fowl.* (« La
   raison du plus fort est toujours la meilleure. »)

« Bel chivé pas lagent » (*litt*) *Pretty hair is not money.*

« Flatè pi dâjéré pasé kouto dé bo » (*litt*) *Flattery is more dangerous than passing a knife point first.*

Chapitre 10

Le Rire

Introduction

Y a-t-il un sens de l'humour particulier à chaque nation? Y a-t-il, par exemple, un sens de l'humour français ou américain? Voilà une question difficile sur laquelle les philosophes et les sociologues ne sont pas d'accord. Ce qui est certain, c'est que le rire a toujours un caractère social—on ne rit jamais seul, mais en tant que° membre d'un groupe social. On peut considérer le rire comme une affirmation de cette identité sociale, qui consiste en toutes sortes de valeurs morales, en notions culturelles, politiques et littéraires.

en... as

Quels facteurs sociologiques auraient influencé le sens de l'humour des Français? D'après le sociologue américain Laurence Wylie, l'éducation° assez stricte et autoritaire des enfants dans la famille et à l'école a favorisé le développement de quelques traits de caractère particuliers aux Français: un sentiment très fort d'individualisme, et un sentiment d'irrévérence envers toutes formes d'autorité, telles que la police et le gouvernement.[1] Dans beaucoup d'œuvres littéraires françaises et dans les films français, le conformisme bête est souvent une source d'humour satirique.

(f; faux ami) upbringing

Si, d'un côté, la société française impose des limites strictes au comportement des jeunes gens, d'un autre côté°, elle favorise la fécondité de l'imagination chez les enfants, et encourage au plus haut degré l'esprit° et la virtuosité verbale. A l'école, le sujet le plus important à tous les niveaux est l'étude de la langue française. Les grands chefs du gouvernement, depuis Henri IV jusqu' à François Mitterrand, ont presque tous montré un penchant° pour l'esprit, et une grande facilité verbale. La littérature française nous montre de nombreux exemples de ce penchant pour les jeux de mots amusants, les phrases à double entente et l'ironie.

d'un côté... d'un autre côté on the one hand... on the other hand
(m) wit

fondness

Il n'y a pas une seule forme dominante d'humour français, mais parmi les multiples variétés de comique qu'on trouve chez les écrivains et les dessinateurs humoristiques° français, on trouve souvent ces formes d'humour:

cartoonists

l'esprit gaulois—un esprit malicieux et grossier, plein d'irrévérence et de gaieté juvénile. Un des exemples les plus célèbres de l'esprit gaulois est l'humour de François Rabelais (1494–1553) dans *Gargantua* et

Pantagruel (1532–1534). Dans la description des habitudes du gigantesque bébé, Gargantua, Rabelais dit, par exemple, qu'on avait besoin de « dix-sept mille neuf cents treize vaches pour allaiter le bébé; » et que la proposition que sa mère l'allaite elle-même était « déclarée mammallement scandaleuse… offensive, et sentant de loin l'hérésie'' (*Gargantua*, Chap. VII, lignes 16–17; 26–28). L'adverbe *mammallement*, dérivé du mot *mamelle*, est une invention fantaisiste de Rabelais.

l'humour noir—consiste à considérer les événements les plus morbides d'un point de vue comique. Un exemple célèbre d'humour noir est l'histoire d'un condamné à mort qui, mené à son exécution un lundi, s'écrie°: « Voilà une semaine qui commence bien. »[2]   *exclaims*

le sens de l'absurde—présente la vie sous un jour irrationnel et illogique. Dans une comédie célèbre d'Eugène Ionesco, *La Cantatrice chauve*, un pompier° demande aux gens de lui rendre service, en mettant un tout petit feu° à la maison, parce qu'il est sans travail.[3]   *fireman* / *en mettant… by setting fire to*

la satire—ridiculise les faiblesses et les vices humains. L'écrivain satirique se moque, par exemple, des gens pompeux, tyranniques, racistes ou hypocrites. Le dessinateur Georges Wolinski a dessiné un homme à l'esprit étroit°, sûr de lui, qui est convaincu que lui seul possède la vérité, et qui dit: « Si tout le monde était comme moi, je n'aurais pas besoin de détester les autres. »[4]   *à l'esprit… narrow-minded*

l'esprit—c'est l'emploi audacieux et ingénieux de mots pour faire rire et pour révéler une vérité. L'esprit se montre souvent par des jeux de mots, des paradoxes, et des maximes. Un médecin a dit à Jean-Louis Forain (1852–1931), dessinateur célèbre de caricatures: « Vous avez une mine° superbe. » Forain a répondu, sachant qu'il allait mourir: « Si je comprends bien, je meurs guéri. »[5]   *complexion, appearance*

Notes

1. Laurence Wylie, *Les Français* (Englewood Cliffs, NJ: Prentice-Hall, 1970), p. 135.
2. Sigmund Freud, cité par André Breton, *Anthologie de l'humour noir* (Paris: Editions du Sagittaire, 1950), p. 14.
3. Eugène Ionesco, *La Cantatrice chauve* (New York: Holt, Rinehart and Winston, 1975), p. 47.
4. Georges Wolinski, *Les Français me font rire* (Paris: Editions du Square, 1980), p. 5.
5. Jean-Paul Lacroix, *H comme Humour* (Paris: Jacques Grancher, 1983), p. 132.

Avant de lire les textes

Les bons mots français que vous allez lire contiennent tous une remarque incongrue, paradoxale, ou une expression à double sens. Dans

chaque phrase suivante, identifiez le (ou les) mot(s) incongru(s), le mot
à double sens, ou le paradoxe.

1. Sacha Guitry: « La morphine? Ç'a été inventé pour que les médecins dorment tranquilles. »
2. R. Vaíllard: « Il y a beaucoup de choses plus importantes que l'argent. Le malheur, c'est qu'il faut beaucoup d'argent pour les acquérir. »
3. Ambrose Bierce: « Une épousée, c'est une femme qui a un bel avenir de bonheur derrière elle. »
4. René de Chateaubriand: « Madame de Chateaubriand ne saurait dîner plus tard que cinq heures du soir; moi je n'ai faim qu'à sept heures. Nous avons partagé la difficulté, et nous dînons ensemble à six heures. De cette façon-là, nous sommes contrariés tous les deux. Voilà ce qu'on appelle ''vivre heureux de concessions réciproques.'' » (Citations tirées du Jean-Paul Lacroix, *H comme Humour*, Paris: Jacques Grancher, 1983, pp. 29, 56, 69, 132, 139.)

   a. Remplacez, dans les phrases précédentes, le détail incongru et inattendu par une expression plus naturelle ou normale. En quoi consiste donc l'humour de chacune de ces petites histoires?
   b. Les mots d'esprit, tout en provoquant le rire, révèlent souvent une critique sociale sérieuse. A votre avis, quel aspect de la société est-ce que chaque écrivain ridiculise dans les mots d'esprit précédents?

Dictionnaire des histoires drôles
(*extraits*)

1. C'est un petit garçon de six ans qui est sage° comme une image. Au moment de sortir de l'école, il va trouver l'institutrice° et il lui dit très gentiment;°:

   —M'zelle°, siouplaît°, dites-moi ce que j'ai appris aujourd'hui, parce que papa, il me le demande tous les soirs...

   (ici) good
   (f) elementary school teacher
   nicely, politely
   mademoiselle / s'il vous plaît

2. Un fils de famille° écrit à son père:

   Mon cher papa, j'ai honte de vous écrire pour cela, mais je suis sûr que vous me comprendrez. J'ai besoin de mille francs tout de suite. Je ne sais pas du tout comment m'y prendre° pour vous les demander. Réflexion faite°, j'aime mieux ne pas vous les demander, car vous penseriez du mal de° moi. Je vous envoie cette lettre quand même, puisque maintenant elle est écrite, et naturellement je vous embrasse° bien fort.

   Puis il réfléchit une minute et il ajoute:

   Post-scriptum: Décidément, je n'aurais pas dû° vous réclamer° cela. J'ai trop honte. Mais c'est trop tard! La lettre est déjà partie. J'espère de toutes mes forces que le facteur° va le perdre.

   Et trois jours après, il reçoit de son père ce petit mot:

   le fils... young man from a wealthy family

   comment... how I should go about
   On second thought
   vous... you'd have a bad opinion of
   je... (dans une lettre) I send you my love
   je... I shouldn't have/ask for

   mailman

Mon cher enfant. Ne te tracasse pas° pour si peu. Ta prière° a été exaucée°: le facteur a perdu ta lettre.

Ne te... Don't worry / prayer granted

3. Un gamin revient du catéchisme°.

Catholic Sunday school

—Alors, que vous a-t-il raconté, le curé°? lui demande sa mère.

priest

—Eh bien, voilà. Il y a les Hébreux, enfin, je veux dire les Israéliens qui vont passer la mer Rouge. Ils grimpent sur des péniches de débarquement.° Mais voilà que l'armée égyptienne se ramène°. Alors, on appelle Tel-Aviv au téléphone et Tel-Aviv envoie un barrage aérien° et des tanks amphibies°. Si bien qu'à la fin du compte°, les Egyptiens sont repoussés° et les Hébreux passent la mer!

péniches... landing craft / (*argot*) shows up
anti-aircraft barrage
amphibious / *à la fin...* finally driven back

—Comment? dit la mère, c'est comme ça qu'il a raconté l'histoire?

—Non, pas du tout. Mais si je la racontais comme il l'a racontée, eh bien, personne n'y croirait.

4. —Ecoute, Toto! Tu ramènes toujours des notes° épouvantables° de l'école... Si j'étais comme tous les autres pères, je devrais te flanquer une raclée° et te priver de° télévision. Mais comme je crois que tu es finalement un garçon très intelligent, je te propose un petit accord° entre nous. A chaque fois que tu rentreras à la maison avec une bonne note, je te donnerai vingt francs! Ça te va?°

grades / horrible

te flanquer... (*fam*) give you a thrashing / deprive you of
(*m*) agreement
Do you like that?

—Oh! oui, papa! Merci, papa...

Et le lendemain, Toto va trouver l'instituteur et il lui dit:

—Ça vous intéresserait de gagner dix francs par jour?

5. Ecoute, dit la maman à sa petite fille, si tu es sage, tu iras au ciel°, mais si tu n'es pas sage, tu iras en enfer°!

(*m*) heaven
(*m*) hell

—Et qu'est-ce que je dois faire pour aller au cirque?°

circus

Hervé Nègre, *Dictionnaire des Histoires drôles.* Paris: Librairie Arthème Fayard, 1973, pp. 88, 362, 421, 441.

De quoi s'agit-il?

Identifiez l'histoire drôle, et résumez brièvement l'intrigue de chaque histoire.

1. Celle-ci décrit un enfant qui veut tromper son père.
2. Dans celle-ci, un père trompe son fils.
3. Celle-ci décrit un élève qui n'est pas très attentif en classe.
4. Dans celle-ci, l'enfant ne s'intéresse pas aux préceptes de la religion.
5. Celle-ci décrit un enfant qui trouve la Bible invraisemblable.

Caractérisez les enfants dans ces petites histoires, en choisissant parmi les adjectifs suivants celui qui convient le mieux à chaque personnage. Justifiez vos choix.

rusé(e)	imaginatif(ve)	fier (fière)
naïf (naïve)	embarrassé(e)	intelligent(e)
révolté(e)		pratique

A votre tour

Utilisez, pour vous aider, des expressions du *Vocabulaire utile*.

1. Quels traits de caractère des enfants vous amusent dans les petites histoires précédentes? Expliquez pourquoi.
2. Laquelle ou lesquelles des histoires montre(nt) le fossé entre les générations (entre adultes et enfants)? Donnez des détails qui le montrent.
3. Choisissez une des histoires précédentes qui vous fait rire. De qui ou de quoi se moque-t-on dans cette anecdote?
4. *Travail oral par groupes de deux ou trois.*
   a. Présentez sous forme de sketch une des situations décrites dans les histoires précédentes. Faites quelques changements dans l'histoire; par exemple, ajoutez une conclusion, un nouveau personnage ou un dialogue différent. Jouez votre sketch devant la classe.
   b. Avez-vous jamais fait une farce à quelqu'un, ou connaissez-vous un exemple d'une farce faite à un(e) de vos amis? Racontez cette histoire à vos camarades.

Vocabulaire utile: l'humour (*m*)

la plaisanterie = le bon mot
l'esprit (*m*) = l'humour
un trait d'esprit = une pensée brillante et amusante
avoir de l'esprit = avoir le talent d'amuser par des bons mots = être spirituel(le)
faire rire quelqu'un = amuser quelqu'un (Cela me fait rire = cela m'amuse)
rire aux éclats = rire aux larmes = mourir de rire

rire au dépens de quelqu'un = se moquer de quelqu'un = ridiculiser quelqu'un
l'objet (*m*) *de moquerie* = l'objet de ridicule = la cible (prendre pour cible)
« Rira bien qui rira le dernier. »—proverbe
risible = qui fait rire
comique = drôle = amusant(e) = humoristique
Il n'y a pas de quoi rire. = Ce n'est pas drôle.
faire une farce à quelqu'un = jouer un tour à quelqu'un pour se moquer de lui (elle)

Marcel Aymé

Timide, réservé et caché au public, Marcel Aymé (1902–1967) a vécu longtemps à Montmartre, le quartier des artistes à Paris qu'il a souvent évoqué dans ses nouvelles. Ami du peintre Gen Paul et de l'écrivain Louis-Ferdinand Céline, Aymé les a choisis comme personnages dans ses œuvres.

Sa production littéraire est vaste: dix-huit romans, sept recueils de nouvelles et une douzaine de pièces; ses œuvres les plus connues sont le roman *La Jument verte* (1933) et les recueils de contes, *Les Contes du chat perché* (1939) et *Le Passe-muraille* (1943).

Refusant de s'engager dans les grands débats politiques et philosophiques de son époque, Aymé trouve dans la littérature un moyen de recréer l'esprit de l'enfance: la puissance du rêve et de l'imagination et la révolte contre le conformisme et l'autorité. Bien que la nouvelle, *Le Passe-muraille* ait été publiée en 1943, l'esprit de cette œuvre semble loin de la réalité de l'occupation allemande et de la Seconde Guerre mondiale.

Avant de lire le texte

1. Dans les contes de fées, les personnages ont souvent des pouvoirs magiques. *Le Passe-muraille* est une sorte de conte de fées pour adultes et enfants. Dans cette nouvelle, un personnage a le pouvoir magique de passer à travers les murs sans se faire de mal. Que feriez-vous si vous aviez ce don?
2. Un des sujets sérieux traités dans ce conte est celui de l'exploitation d'un employé par son patron. Si vous étiez cet employé qui se sentait exploité ou maltraité, que feriez-vous? **Expressions utiles:** devenir membre d'un syndicat, faire la grève, quitter l'emploi, se venger du patron, parler avec un avocat, écrire un roman.
3. Une forme d'humour dans ce conte est l'emploi de noms amusants pour désigner les personnages. Par exemple, le personnage principal s'appelle Dutilleul. Un tilleul est un arbre, dont on emploie les fleurs pour produire un thé très doux. Donnez un exemple d'un autre conte ou d'un roman où les personnages ont des noms amusants.

Le Passe-muraille

(Première partie)

Il y avait à Montmartre, au troisième étage du 75 *bis*° de la rue
d'Orchampt,[1] un excellent homme nommé Dutilleul qui possédait le
don° singulier° de passer à travers les murs sans en être incommodé°. Il
portait un binocle°, une petite barbiche° noire et il était employé de
troisième classe au ministère de l'Enregistrement.[2] En hiver, il se rendait
à son bureau par l'autobus et à la belle saison, il faisait le trajet à pied,
sous son chapeau melon°.

Dutilleul venait d'entrer dans sa quarante-troisième année lorsqu'il
eut la révélation de son pouvoir. Un soir, une courte panne d'électricité°
l'ayant surpris dans le vestibule de son petit appartement de célibataire,
il tâtonna° un moment dans les ténèbres° et, le courant revenu, se trouva
sur le palier° du troisième étage. Comme sa porte d'entrée était fermée
à clé de l'intérieur, l'incident lui donna à réfléchir et, malgré les
remontrances° de sa raison, il se décida à rentrer chez lui comme il en
était sorti, en passant à travers la muraille°. Cette étrange faculté qui
semblait ne répondre à aucune de ses aspirations, ne laissa pas° de le
contrarier un peu et, le lendemain° samedi, profitant de la semaine
anglaise°, il alla trouver un médecin du quartier pour lui exposer son
cas. Le docteur put se convaincre qu'il disait vrai et, après examen,
découvrit la cause du mal dans un durcissement hélicoïdal° de la paroi°
strangulaire° du corps thyroïde. Il prescrivit le surmenage° intensif et, à
raison de° deux cachets° par an, l'absorption de poudre de pirette°
tétravalente,° mélange de farine de riz et d'hormone de centaure°.

Ayant absorbé un premier cachet, Dutilleul rangea le médicament
dans un tiroir et n'y pensa plus. Quant au surmenage intensif, son
activité de fonctionnaire° était réglée par des usages° ne s'accommodant°
d'aucun excès, et ses heures de loisir, consacrées à la lecture du journal
et à sa collection de timbres°, ne l'obligeaient pas non plus à une dépense
déraisonnable d'énergie. Au bout d'un an, il avait donc gardé intacte la
faculté de passer à travers les murs, mais il ne l'utilisait jamais, sinon°
par inadvertance, étant peu curieux d'aventures et rétif° aux en-

75a

gift / (*ici*) rare / disturbed
eyeglasses clipped to nose /
  goatee

bowler hat (traditional
  English style)
power failure

groped / (*f*) darkness
landing

reprimands
high, thick wall
did not fail to
the next day
la semaine… Saturday off

helical / (*anat.*) inner wall
strangling / overwork
at the rate of / pills / magic
  powder
mot inventé / centaur
  (mythological creature)

state employee / habits /
  tolerating

postage stamps

except
disinclined

traînements° de l'imagination. L'idée ne lui venait même pas de rentrer chez lui autrement que par la porte et après l'avoir dûment° ouverte en faisant jouer° la serrure.° Peut-être eût-il vieilli dans la paix de ses habitudes sans avoir la tentation de mettre ses dons à l'épreuve°, si un événement extraordinaire n'était venu soudain bouleverser son existence. M. Mouron, son sous-chef° de bureau, appelé à d'autres fonctions, fut remplacé par un certain M. Lécuyer, qui avait la parole brève et la moustache en brosse. Dès le premier jour, le nouveau sous-chef vit de très mauvais œil° que Dutilleul portât un lorgnon à chaînette° et une barbiche noire, et il affecta de le traiter comme une vieille chose gênante et un peu malpropre°. Mais le plus grave était qu'il prétendît° introduire dans son service des réformes d'une portée° considérable et bien faites pour troubler la quiétude de son subordonné. Depuis vingt ans, Dutilleul commençait ses lettres par la formule° suivante: « Me reportant° à votre honorée du tantième courant° et, pour mémoire, à notre échange de lettres antérieur, j'ai l'honneur de vous informer... » Formule à laquelle M. Lécuyer entendit substituer une autre d'un tour plus américain: « En réponse à votre lettre du tant, je vous informe... » Dutilleul ne put s'accoutumer à ces façons épistolaires. Il revenait malgré lui à la manière traditionnelle, avec une obstination machinale qui lui valut l'inimitié grandissante du sous-chef.

L'atmosphère du ministère de l'Enregistrement lui devenait presque pesante°. Le matin, il se rendait à son travail avec appréhension, et le soir, dans son lit, il lui arrivait bien souvent de méditer un quart d'heure entier avant de trouver le sommeil.

Ecœuré° par cette volonté° rétrograde qui compromettait le succès de ses réformes, M. Lécuyer avait relégué Dutilleul dans un réduit° à demi obscur, attenant° à son bureau. On y accédait par une porte basse et étroite donnant sur le couloir et portant encore en lettres capitales l'inscription: Débarras°. Dutilleul avait accepté d'un cœur résigné cette humiliation sans précédent, mais chez lui, en lisant dans son journal le récit de quelque sanglant° fait divers° il se surprenait à rêver que M. Lécuyer était la victime.

Un jour, le sous-chef fit irruption dans le réduit en brandissant° une lettre et il se mit à beugler°:

—Recommencez-moi ce torchon°! Recommencez-moi cet innommable° torchon qui déshonore mon service!

Dutilleul voulut protester, mais M. Lécuyer, la voix tonnante°, le traita de cancrelat° routinier°, et, avant de partir, froissant° la lettre qu'il avait en main, la lui jeta au visage. Dutilleul était modeste, mais fier. Demeuré seul dans son réduit, il fit un peu de température° et, soudain, se sentit en proie à l'inspiration. Quittant son siège, il entra dans le mur qui séparait son bureau de celui du sous-chef, mais il y entra avec prudence, de telle sorte que sa tête seule émergeât de l'autre côté. M. Lécuyer, assis à sa table de travail, d'une plume encore nerveuse déplaçait une virgule dans le texte d'un employé, soumis à son approbation, lorsqu'il entendit

---

(*m*) impulses

duly

to put into action / lock

mettre... to put his gifts to the test

second in command

de... very unfavorably / pince-nez on chain

dirty / (*faux ami*) claimed

scope

expression / referring to

votre... votre lettre, qui nous honore, du jour numéro tant de ce mois...

heavy

disgusted / willfulness

cubbyhole

adjoining

(*ici*) junk closet

bloody / local news

waving

to bellow

(*ici*) mess

unmentionable

thunderous

cockroach / dull, nerd-like / crumpling

fit... his temperature rose a little

tousser° dans son bureau. Levant les yeux, il découvrit avec un effarement° indicible° la tête de Dutilleul, collée au mur à la façon d'un trophée de chasse. Et cette tête était vivante. A travers le lorgnon à chainette, elle dardait° sur lui un regard de haine. Bien mieux, la tête se mit à parler.

—Monsieur, dit-elle, vous êtes un voyou,° un butor° et un galopin.°

Béant° d'horreur, M. Lécuyer ne pouvait détacher les yeux de cette apparition. Enfin, s'arrachant à° son fauteuil, il bondit° dans le couloir et courut jusqu'au réduit. Dutilleul, le porte-plume à la main, était installé à sa place habituelle, dans une attitude paisible et laborieuse. Le sous-chef le regarda longuement et, après avoir balbutié° quelques paroles, regagna son bureau. A peine venait-il de s'asseoir que la tête réapparaissait sur la muraille.

—Monsieur, vous êtes un voyou, un butor et un galopin.

Au cours de cette seule journée, la tête redoutée° apparut vingt-trois fois sur le mur et, les jours suivants, à la même cadence. Dutilleul, qui avait acquis une certaine aisance° à ce jeu, ne se contentait plus d'invectiver° contre le sous-chef. Il proférait des menaces obscures, s'écriant par exemple d'une voix sépulcrale, ponctuée de rires vraiment démoniaques:

—Garou°! garou! Un poil de loup°! (rire). Il rôde un frisson à décorner tous les hiboux° (rire).

Ce qu'entendant°, le pauvre sous-chef devenait un peu plus pâle, un peu plus suffocant, et ses cheveux se dressaient° bien droits sur sa tête et il lui coulait dans le dos d'horribles sueurs° d'agonie. Le premier jour, il maigrit d'une livre°. Dans la semaine qui suivit, outre qu'il se mit à fondre° presque à vue d'œil,° il prit l'habitude de manger le potage avec sa fourchette et de saluer militairement les gardiens de la paix. Au début de la deuxième semaine, une ambulance vint le prendre à son domicile et l'emmena dans une maison de santé.°

Dutilleul, délivré de la tyrannie de M. Lécuyer, put revenir à ses chères formules: « Me reportant à votre honorée du tantième courant... » Pourtant, il était insatisfait. Quelque chose en lui réclamait, un besoin nouveau, impérieux, qui n'était rien de moins que le besoin de passer à travers les murs. Sans doute le pouvait-il faire aisément, par exemple chez lui, et du reste, il n'y manqua pas°. Mais l'homme qui possède des dons brillants ne peut se satisfaire longtemps de les exercer sur un objet médiocre. Passer à travers les murs ne saurait d'ailleurs constituer une fin en soi. C'est le départ d'une aventure, qui appelle une suite, un développement et, en somme, une rétribution. Dutilleul le comprit très bien. Il sentait en lui un besoin d'expansion, un désir croissant° de s'accomplir et de se surpasser, et une certaine nostalgie qui était quelque chose comme l'appel de derrière le mur°. Malheureusement, il lui manquait un but. Il chercha son inspiration dans la lecture du journal, particulièrement aux chapitres de la politique et du sport, qui lui semblaient être des activités honorables, mais s'étant finalement

cough

(m) trepidation / unspeakable

(ici, fig) shot

ill-mannered lout / boor / brat
with mouth wide open
tearing himself away from /
  he leapt

mumbled

dreaded

(f) ease
to curse

werewolf / wolf's hair
Il... There's a chilly wind
  that will dehorn the owls
Hearing which / stood up
sweat
pound
(fig) to melt / à vue... before
  your very eyes

maison... mental hospital

il n'y... he did not fail to do
so

growing
l'appel... the call from behind
  the wall

rendu compte qu'elles n'offraient aucun débouché° aux personnes qui   outlet
passent à travers les murs, il se rabattit sur° le fait divers qui se révéla   he fell back on
des plus suggestifs.

(Fin de la première partie)

---

1. 75 bis rue d'Orchampt—rue qu'Aymé a connue à Montmartre.   *Notes culturelles*
2. Le ministère de l'Enregistrement—il y a, au ministère des Finances, « le
bureau de l'Enregistrement », où l'on enregistre les actes officiels, mais ce
bureau n'a pas le titre important de « ministère ».

De quoi s'agit-il?

Numérotez les actions de la première partie du conte, *Le Passe-muraille*.
Complétez ce tableau.

1. Il y a une panne d'électricité chez Dutilleul.
2.
3.
4. Dutilleul demande des conseils à son médecin.
5.
6. M. Mouron est remplacé par M. Lécuyer comme sous-chef du bureau.
7.
8. Dutilleul refuse de changer la formule qu'il utilise pour commencer ses lettres.
9.
10. Lécuyer jette une lettre au visage de Dutilleul.
11.
12.
13. Un médecin emmène Lécuyer dans une maison de santé.

Transformations

Complétez le tableau qui suit, et notez les transformations du caractère de Dutilleul et de Lécuyer après l'apparition de la tête de Dutilleul. Quelquefois le texte ne donne pas de détails sur certains points. **Expressions utiles:** passif(ve), timide, sédentaire, travailleur(se), docile, rusé(e), aventureux(se), courageux(se), fier (fière), tyrannique, énergique, imaginatif(ve), audacieux(se), méchant(e), arrogant(e).

Au début de la nouvelle	**Dutilleul**	**Lécuyer**
apparence physique	porte un binocle	
intérêts	collectionner les timbres	
traits de caractère		tyrannique
Après l'apparition de la tête de Dutilleul	**Dutilleul**	**Lécuyer**
apparence physique		pâle
intérêts		
traits de caractère	ambitieux	

Le Passe-muraille

(Deuxième partie)

Le premier cambriolage° auquel se livra Dutilleul eut lieu dans un grand établissement de crédit de la rive droite. Ayant traversé une douzaine de murs et de cloisons, il pénétra dans divers coffres-forts°, emplit ses poches de billets de banque et, avant de se retirer, signa son larcin° à la craie rouge, du pseudonyme de Garou-Garou, avec un fort joli paraphe° qui fut reproduit le lendemain par tous les journaux. Au bout d'une semaine, ce nom de Garou-Garou connut une extraordinaire célébrité. La sympathie du public allait sans réserve à ce prestigieux cambrioleur qui narguait° si joliment la police. Il se signalait° chaque nuit par un nouvel exploit accompli soit au détriment d'une banque, soit à celui d'une bijouterie ou d'un riche particulier°. A Paris comme en province, il n'y avait point de femme un peu rêveuse qui n'eût le fervent désir d'appartenir° corps et âme au terrible Garou-Garou. Après le vol du fameux diamant de Burdigala et le cambriolage du Crédit municipal, qui eurent lieu la même semaine, l'enthousiasme de la foule atteignit au délire. Le ministre de l'Intérieur dut démissionner°, entraînant° dans sa chute le ministre de l'Enregistrement. Cependant, Dutilleul devenu l'un des hommes les plus riches de Paris, était toujours ponctuel à son bureau et on parlait de lui pour les palmes académiques[1]. Le matin, au ministère de l'Enregistrement, son plaisir était d'écouter les commentaires que faisaient les collègues sur ses exploits de la veille°. « Ce Garou-

robbery with breaking and entering

safes

theft

signature

scoffed at, flouted / distinguished himself

an individual

to belong to, to be possessed by

to resign / carrying along

the night before

Garou, disaient-ils, est un homme formidable, un surhomme, un génie. » En entendant de tels éloges°, Dutilleul devenait rouge de confusion et, derrière le lorgnon à chaînette, son regard brillait d'amitié et de gratitude. Un jour, cette atmosphère de sympathie le mit tellement en confiance qu'il ne crut pas pouvoir garder le secret plus longtemps. Avec un reste de timidité, il considéra ses collègues groupés autour d'un journal relatant le cambriolage de la Banque de France, et déclara d'une voix modeste: « Vous savez, Garou-Garou, c'est moi. » Un rire énorme et interminable accueillit la confidence de Dutilleul qui reçut, par dérision, le surnom de Garou-Garou. Le soir, à l'heure de quitter le ministère, il était l'objet de plaisanteries sans fin de la part de ses camarades et la vie lui semblait moins belle.

(m) praises

Quelques jours plus tard, Garou-Garou se faisait pincer° par une ronde° de nuit dans une bijouterie de la rue de la Paix. Il avait apposé sa signature sur le comptoir-caisse° et s'était mis à chanter une chanson à boire en fracassant° différentes vitrines à l'aide d'un hanap° en or° massif. Il lui eût été facile de s'enfoncer dans° un mur et d'échapper ainsi à la ronde de nuit mais tout porte à croire qu'il voulait être arrêté et, probablement à seule fin° de confondre ses collègues dont l'incrédulité l'avait mortifié. Ceux-ci, en effet, furent bien surpris, lorsque les journaux du lendemain publièrent en première page la photographie de Dutilleul. Ils regrettèrent amèrement d'avoir méconnu° leur génial camarade et lui rendirent hommage en se laissant pousser° une petite barbiche. Certains même, entraînés par le remords et l'admiration, tentèrent de se faire la main° sur le portefeuille ou la montre de famille de leurs amis et connaissances.

se faisait... (fam) got caught
(ici) police patrol
cash register
smashing / large goblet / (m) gold
s'enfoncer... to plunge into
with the sole intent

underestimated
se laissant... letting grow

se faire... try their hands

On jugera sans doute que le fait de se laisser prendre par la police pour étonner quelques collègues témoigne d'une grande légèreté, indigne d'un homme exceptionnel, mais le ressort° apparent de la volonté est fort peu de chose dans une telle détermination. En renonçant à la liberté, Dutilleul croyait céder à° un orgueilleux désir de revanche°, alors qu'en réalité il glissait simplement sur la pente de sa destinée. Pour un homme qui passe à travers les murs, il n'y a point de carrière un peu poussée° s'il n'a tâté° au moins une fois de la prison. Lorsque Dutilleul pénétra dans les locaux de la Santé,[2] il eut l'impression d'être gâté par le sort°. L'épaisseur des murs était pour lui un véritable régal°. Le lendemain même de son incarcération, les gardiens découvrirent avec stupeur que le prisonnier avait planté un clou° dans le mur de sa cellule et qu'il y avait accroché une montre en or appartenant au directeur de la prison. Il ne put ou ne voulut révéler comment cet objet était entré en sa possession. La montre fut rendue à son propriétaire et, le lendemain, retrouvée au chevet de Garou-Garou avec le tome premier des *Trois Mousquetaires* emprunté à la bibliothèque du directeur. Le personnel de la Santé était sur les dents°. Les gardiens se plaignaient° en outre de recevoir des coups de pied dans le derrière, dont la provenance était

motivation

to give in to / revenge

advanced career / (ici) experienced
fate / delight, treat

nail

était... (fam) was under great pressure / complained of

inexplicable. Il semblait que les murs eussent, non plus des oreilles, mais des pieds.° La détention de Garou-Garou durait depuis une semaine, lorsque le directeur de la Santé, en pénétrant un matin dans son bureau, trouva sur sa table la lettre suivante:

« Monsieur le directeur. Me reportant à notre entretien du 17 courant et, pour mémoire, à vos instructions générales du 15 mai de l'année dernière, j'ai l'honneur de vous informer que je viens d'achever la lecture du second tome des *Trois Mousquetaires* et que je compte m'évader° cette nuit entre onze heures vingt-cinq et onze heures trente-cinq. Je vous prie, monsieur le directeur, d'agréer l'expression de mon profond respect. Garou-Garou. »

Malgré l'étroite surveillance dont il fut l'objet cette nuit-là, Dutilleul s'évada à onze heures trente. Connue du public le lendemain matin, la nouvelle souleva partout un enthousiasme magnifique. Cependant, ayant effectué un nouveau cambriolage qui mit le comble à° sa popularité, Dutilleul semblait peu soucieux de se cacher et circulait à travers Montmartre sans aucune précaution. Trois jours après son évasion, il fut arrêté rue Caulaincourt au café du Rêve, un peu avant midi, alors qu'il buvait un vin blanc citron avec des amis.

Reconduit à la Santé et enfermé au triple verrou° dans un cachot° ombreux,° Garou-Garou s'en échappa le soir même et alla coucher à l'appartement du directeur, dans la chambre d'ami°. Le lendemain matin, vers neuf heures, il sonnait la bonne pour avoir son petit déjeuner et se laissait cueillir° au lit, sans résistance, par les gardiens alertés. Outré, le directeur établit un poste de garde à la porte de son cachot et le mit au pain sec. Vers midi, le prisonnier s'en fut déjeuner dans un restaurant voisin de la prison et, après avoir bu son café, téléphona au directeur.

—Allô! Monsieur le directeur, je suis confus, mais tout à l'heure, au moment de sortir, j'ai oublié de prendre votre portefeuille, de sorte que je me trouve en panne° au restaurant. Voulez-vous avoir la bonté d'envoyer quelqu'un pour régler l'addition?°

Le directeur accourut en personne et s'emporta° jusqu'à proférer des menaces et des injures°. Atteint° dans sa fierté, Dutilleul s'évada la nuit suivante et pour ne plus revenir. Cette fois, il prit la précaution de raser sa barbiche noire et remplaça son lorgnon à chaînette par des lunettes en écaille°. Une casquette° de sport et un costume à larges carreaux° avec culotte de golf achevèrent de le transformer. Il s'installa dans un petit appartement de l'avenue Junot où, dès avant sa première arrestation, il avait fait transporter une partie de son mobilier° et les objets auxquels il tenait° le plus. Le bruit de sa renommée° commençait à le lasser° et, depuis son séjour à la Santé, il était un peu blasé sur le plaisir de passer à travers les murs. Les plus épais, les plus orgueilleux, lui semblaient maintenant de simples paravents,° et il rêvait de s'enfoncer au cœur de quelque massive pyramide. Tout en mûrissant le projet d'un voyage en

les murs... the walls had, not ears, but feet.

to escape

crowned

bolt / dungeon
dark
guest room

se laissait... let himself be caught

me trouver... (*fam*) I've got stuck, run out of money
régler... to pay the bill
lost his temper
(f; *faux ami*) insults / (*ici*) wounded
(f) horn-rimmed glasses / cap / checkered

furniture
was fond of / fame / to tire

screens

Egypte, il menait une vie des plus paisibles, partagée entre sa collection de timbres, le cinéma et de longues flâneries° à travers Montmartre. Sa métamorphose était si complète qu'il passait, glabre° et lunetté d'écaille, à côté de ses meilleurs amis sans être reconnu. Seul le peintre Gen Paul, à qui rien ne saurait échapper d'un changement survenu° dans la physionomie d'un vieil habitant du quartier, avait fini par pénétrer sa véritable identité. Un matin qu'il se trouva nez à nez avec Dutilleul au coin de la rue de l'Abreuvoir, il ne put s'empêcher de lui dire dans son rude argot°:

—Dis donc, je vois que tu t'es miché en gigolpince pour tétarer ceux de la sûrepige—ce qui signifie à peu près en langage vulgaire: je vois que tu t'es déguisé en élégant pour confondre les inspecteurs de la Sûreté.[3]

—Ah! murmura Dutilleul, tu m'as reconnu!

Il en fut troublé et décida de hâter son départ pour l'Egypte. Ce fut l'après-midi de ce même jour qu'il devint amoureux d'une beauté blonde rencontrée deux fois rue Lepic à un quart d'heure d'intervalle. Il en oublia aussitôt sa collection de timbres et l'Egypte et les Pyramides. De son côté, la blonde l'avait regardé avec beaucoup d'intérêt. Il n'y a rien qui parle à l'imagination des jeunes femmes d'aujourd'hui comme des culottes de golf et une paire de lunettes en écaille. Cela sent son cinéaste° et fait rêver cocktails et nuits de Californie. Malheureusement, la belle, Dutilleul en fut informé par Gen Paul, était mariée à un homme brutal et jaloux. Ce mari soupçonneux, qui menait d'ailleurs une vie de bâtons de chaise°, délaissait° régulièrement sa femme entre dix heures du soir et quatre heures du matin, mais avant de sortir, prenait la précaution de la boucler° dans sa chambre, à deux tours de clé, toutes persiennes fermées au cadenas°. Dans la journée, il la surveillait étroitement, lui arrivant même de la suivre dans les rues de Montmartre.

—Toujours à la biglouse°, quoi. C'est de la grosse nature de truand° qu'admet pas qu'on ait des vouloirs° de piquer° dans son réséda°.

Mais cet avertissement de Gen Paul ne réussit qu'à enflammer Dutilleul. Le lendemain, croisant la jeune femme rue Tholozé, il osa la suivre dans une crémerie et, tandis qu'elle attendait son tour d'être servie, il lui dit qu'il l'aimait respectueusement, qu'il savait tout: le mari méchant, la porte à clé et les persiennes, mais qu'il serait le soir même dans sa chambre. La blonde rougit, son pot à lait° trembla dans sa main et, les yeux mouillés° de tendresse, elle soupira° faiblement: « Hélas! Monsieur, c'est impossible. »

Le soir de ce jour radieux, vers dix heures, Dutilleul était en faction° dans la rue Norvins et surveillait un robuste mur de clôture°, derrière lequel se trouvait une petite maison dont il n'apercevait que la girouette° et la cheminée. Une porte s'ouvrit dans ce mur et un homme, après l'avoir soigneusement fermée à clé derrière lui, descendit vers l'avenue Junot. Dutilleul attendit de l'avoir vu disparaître, très loin, au tournant de la descente, et compta encore jusqu'à dix. Alors, il s'élança°, entra

---

strolls
clean-shaven

occurred

(*m; ici*) jargon

sent… (*fam*) gave the appearance of a movie producer
une vie… a wild existence / abandoned
to lock up
to padlock

(*argot*) on guard / (*argot*) villain
(*argot*) desire / (*argot*) to rip off / (*argot*) sweetheart

milk jug
moist / sighed

on watch
mur… surrounding wall
weathervane

dashed forward

dans le mur au pas de gymnastique et, toujours courant à travers les obstacles, pénétra dans la chambre de la belle recluse. Elle l'accueillit avec ivresse° et ils s'aimèrent jusqu'à une heure avancée.   ecstatically

Le lendemain, Dutilleul eut la contrariété de souffrir de violents maux de tête. La chose était sans importance et il n'allait pas, pour si peu, manquer à° son rendez-vous. Néanmoins°, ayant par hasard découvert   to miss / nevertheless
des cachets épars° au fond d'un tiroir, il en avala° un le matin et un   scattered / swallowed
l'après-midi. Le soir, ses douleurs de tête étaient supportables et l'exaltation les lui fit oublier. La jeune femme l'attendait avec toute l'impatience qu'avaient fait naître en elle les souvenirs de la veille et ils s'aimèrent, cette nuit-là, jusqu'à trois heures du matin. Lorsqu'il s'en alla, Dutilleul, en traversant les cloisons et les murs de la maison, eut l'impression d'un frottement° inaccoutumé° aux hanches° et aux épaules.   friction / unusual / hips
Toutefois, il ne crut pas devoir y prêter attention. Ce ne fut d'ailleurs qu'en pénétrant dans le mur de clôture qu'il éprouva nettement la sensation d'une résistance. Il lui semblait se mouvoir dans une matière encore fluide, mais qui devenait pâteuse° et prenait, à chacun de ses   pasty, thick
efforts, plus de consistance. Ayant réussi à se loger tout entier dans l'épaisseur du mur, il s'aperçut qu'il n'avançait plus et se souvint° avec   remembered
terreur des deux cachets qu'il avait pris dans la journée. Ces cachets, qu'il avait crus d'aspirine, contenaient en réalité de la poudre de pirette tétravalente prescrite par le docteur l'année précédente. L'effet de cette médication s'ajoutant à celui d'un surmenage intensif, se manifestait d'une façon soudaine.

Dutilleul était comme figé° à l'intérieur de la muraille. Il y est encore   frozen stiff
à présent, incorporé à la pierre. Les noctambules° qui descendent la rue   late-nighters
Norvins à l'heure où la rumeur de Paris s'est apaisée, entendent une voix assourdie° qui semble venir d'outre-tombe° et qu'ils prennent pour   muffled / from beyond the
la plainte du vent sifflant aux carrefours de la Butte. C'est Garou-Garou   grave
Dutilleul qui lamente la fin de sa glorieuse carrière et le regret des amours trop brèves. Certaines nuits d'hiver, il arrive que le peintre Gen Paul, décrochant° sa guitare, s'aventure dans la solitude sonore de la rue   (*ici*) picking up
Norvins pour consoler d'une chanson le pauvre prisonnier, et les notes, envolées° de ses doigts engourdis°, pénètrent au cœur de la pierre   flying / numb
comme des gouttes° de clair de lune.   drops

(*Fin*)

Marcel Aymé, « Le passe-muraille, » *Le Passe-muraille*, Paris: Editions Gallimard, 1943, pp. 5–18.

---

1. les palmes académiques—decoration donnée pour récompenser les ser-   *Notes culturelles*
vices rendues à l'éducation nationale.
2. La Santé—une des plus importantes prisons de Paris.
3. La Sûreté (nationale)—ancien nom de la police nationale.

De quoi s'agit-il?

Mettez en ordre chronologique les événements suivants du *Passe-muraille*:

1. Dutilleul se rase la barbe et porte une casquette de sport.
2. Dutilleul découvre son don de passer à travers les murs.
3. Les agents de police arrêtent Dutilleul après un cambriolage.
4. Dutilleul avale par erreur deux cachets de poudre de pirette té-travalente.
5. Voyant la tête de Dutilleul collé à son mur, Lécuyer tremble de ter-reur.
6. Gen Paul essaie de consoler le spectre de Dutilleul en chantant.
7. Dutilleul rend visite à une belle blonde.

Qui parle?

Pour chaque personnage à gauche, choisissez la (ou les) phrase(s) qui résume(nt) le mieux ses pensées. Dans quelles circonstances exprime-t-il (elle) ces pensées?

1. **Dutilleul**

2. **Lécuyer**

3. **le directeur de la Santé**

4. **Gen Paul**

5. **la blonde**

a. Il faut imiter le modèle américain pour le style de nos lettres.

b. Mettez cet homme au pain sec! Enfermez-le au triple verrou!

c. Ce qui compte dans la vie, c'est l'aventure et les exploits mer-veilleux.

d. Vous êtes un héros! Vous êtes l'homme le plus courageux du monde!

e. Vous êtes idiot, vous êtes dégoût-ant! Vous nous déshonorez!

f. Pourquoi l'amour n'a-t-il pas duré plus longtemps?

g. Quel type malin! Je vois que tu te déguises avec finesse.

Dutilleul

Complétez le tableau, en indiquant les réactions et les traits de car-actère de Dutilleul à chacun des moments suivants du conte:

Evénement	Dutilleul est délivré de Lécuyer, emmené dans une maison de santé.	Dutilleul devient un cambrioleur célèbre.	Dutilleul passe des semaines en prison.	Dutilleul rencontre une blonde.
Réaction immédiate de Dutilleul	content, et ensuite insatisfait			
Traits de caractère	ambitieux			

Questions d'interprétation

1. *Le Passe-muraille* est une sorte de fable où la fantaisie et l'humour complémentent une vision réaliste de l'humanité. Trouvez des détails dans le conte qui illustrent les thèmes suivants:
   a. la monotonie du travail bureaucratique
   b. l'oppression de l'individualisme
   c. la liberté de l'artiste
   d. la tyrannie de toutes formes d'autorité.

2. « [Dutilleul] sentait en lui un besoin d'expansion, un désir croissant de s'accomplir et se surpasser, et une certaine nostalgie qui était quelque chose comme l'appel de derrière le mur » (p. 178). Quel(s) nom(s) est-ce qu'on donne à cette sorte d'énergie? Mentionnez les noms de quelques scientifiques ou artistes qui ont montré ce sentiment.

3. La satire est une forme importante d'humour dans ce conte. Quelle critique Aymé fait-il du milieu des fonctionnaires dans *Le Passe-muraille*?

4. Trouvez-vous les personnages de cette nouvelle vraisemblables ou caricaturaux? Donnez les détails qui soutiennent votre point de vue.

A votre tour

1. Imaginez que Mouron, un homme sympathique et compréhensif, reste au bureau comme sous-chef. Dutilleul ne se trouve pas provoqué par son ennemi, Lécuyer. Est-ce qu'il va utiliser son don de passer à travers les murs? Est-ce qu'il va devenir cambrioleur? Inventez un nouveau développement au conte.

2. *Travail oral par groupes de trois ou quatre.* Discutez un des sujets suivants pendant quelques minutes. Un(e) étudiant(e) de chaque groupe résumera ensuite les idées de ses camarades, et l'ensemble de la classe discutera leurs conclusions.

   a. Comment trouvez-vous Dutilleul—sympathique, ridicule ou pitoyable? Justifiez votre point de vue, en trouvant des détails dans le texte.

   b. A votre avis, pourquoi Dutilleul ne rencontre-t-il l'amour que tard dans sa vie? Quelles sont les qualités de Dutilleul, acquises subitement, qui le rendent désirable et digne d'intérêt?

   c. Créez un nouveau dénouement pour le conte. Imaginez la fin de l'histoire si l'un de ces événements arrive: 1. Dutilleul ne prend pas les cachets de poudre de pirette, ou 2. Gen Paul entend des cris venant du mur de clôture, et peut secourir Dutilleul.

Pratique de la langue

Exercices de vocabulaire

Choisissez un synonyme pour les mots soulignés, parmi les expressions qui suivent. Ces expressions sont tirées des textes que vous venez de lire.

le régal	écœuré(e)	le cachet	manquer à
l'usage (*m*)	bondir	délaisser	pesant(e)

1. Je ne veux pas <u>être absent(e)</u> de cette réunion importante.
2. Dès que sa mère sort de la salle à manger, l'enfant <u>s'élance</u> vers le gâteau laissé sur la table.
3. Depuis le départ de ma meilleure amie, l'atmosphère au bureau est <u>triste</u>.
4. Si vous avez encore mal à la tête, prenez ces <u>pilules</u> et téléphonez-moi demain matin.
5. Je suis <u>dégoûté</u> par ces femmes cupides et malicieuses.
6. Comment est-ce que Jean a pu <u>négliger</u> sa femme, lui, si gentil et affectueux?
7. C'est une <u>coutume</u> que je ne comprends pas. Pourquoi donne-t-on un pourboire à la femme qui vous mène à votre place au cinéma?
8. Quel <u>plaisir</u> que de manger ces fruits exotiques!

Adverbes et conjonctions

Les expressions qui suivent relient des groupes de mots ou de phrases à d'autres groupes de mots. Mettez l'expression convenable dans une des phrases qui suivent. Il y a parfois plusieurs réponses possibles.

en outre, peut-être, cependant, néanmoins, à peine

1. _____ a-t-elle fini son dîner qu'elle doit partir.
2. Ce vin, qui est _____ très bon, ne vient pas de Bordeaux. Il vient de Californie.
3. Ce médecin est excellent. Il est _____ un homme sympathique et compatissant.
4. Je ne crois pas que ces rues soient dangereuses la nuit. _____ je n'aime pas m'y promener seule après neuf heures du soir.
5. Ce jeune musicien est devenu l'un des hommes les plus célèbres du monde. _____ va-t-il surpasser Mozart.

Attention aux faux amis!

Les mots suivants, tirés des textes que vous venez de lire, ressemblent à des mots anglais, mais *leur sens est différent*. Essayez de déterminer la signification de ces mots dans les phrases à droite, et choisissez la définition a, b ou c.

1. se dresser   Les cheveux de la femme se dressent droits sur sa tête quand elle voit le film d'horreur.

Se dresser veut dire (a) s'habiller, (b) être droit ou (c) se cacher sous un chapeau?

2. sage   Si tu es sage, je t'emmènerai au cinéma aujourd'hui.

Sage veut dire (a) docile, (b) spirituel ou (c) chic?

3. l'injure (f)   Quand l'employé a commencé à jeter des injures à son patron, celui-ci est entré en fureur.

L'injure veut dire (a) le coup de pied, (b) l'insulte (f) ou (c) le coup d'œil?

4. prétendre   Mon patron prétend changer le système financier de la banque.

Prétendre veut dire (a) faire semblant de, (b) commencer à ou (c) avoir l'intention de?

5. singulier(ère)   Il a le talent singulier de se transformer en grenouille tous les matins.

Singulier veut dire (a) remarquable, (b) simple ou (c) monotone?

Les familles lexicales

Regardez les mots à gauche. Vous les connaissez déjà. Essayez de deviner le sens des mots de la même famille lexicale à droite. Ces mots se trouvent dans les textes que vous venez de lire.

1. la bouche   Ce pays n'offre pas de débouché aux artistes; nous pensons sérieusement à émigrer en Suisse.

2. le nom   Cette lettre <u>innommable</u> a détruit la bonne réputation de notre entreprise.

3. l'homme   Vous êtes un <u>surhomme</u>! Vos talents littéraires sont extraordinaires!

4. connaître Ses collègues ont <u>méconnu</u> Dutilleul. Ils ne savaient pas que cet homme avait un don extraordinaire.

5. la coutume J'ai une douleur <u>inaccoutumée</u> aux jambes. Je vais consulter mon médecin.

6. à l'aise   Cette femme intelligente accomplit <u>aisément</u> le travail le plus difficile.

Vocabulaire utile: le rire

avoir beaucoup d'humour ≠ manquer d'humour

rire au nez, à la barbe de quelqu'un = se moquer de quelqu'un devant lui

rire du bout des lèvres, ou du bout des dents = rire par politesse, sans avoir envie de rire

rire jaune = faire semblant de trouver quelque chose drôle

Sans rire, c'est vrai? = Vous plaisantez!

prendre les choses en riant = prendre les choses avec bonne humeur

Il vaut mieux en rire qu'en pleurer. = Il vaut mieux prendre les choses du bon côté.

C'est maintenant qu'on va rire! = C'est maintenant que les problèmes commencent!

un gros rire, un petit rire, un rire bête, un rire méchant, un rire de satisfaction

éclater de rire

Quelques genres de comédie

la farce—une comédie bouffonne, caractérisée par le gros rire, les coups de bâton, les insultes, et les gags visuels. Un spectacle de Guignol ou de *Sesame Street* est un exemple de farce.

la comédie de caractère—peint les vices, les faiblesses, et les traits ridicules d'un personnage principal. *L'Avare* et *Le Bourgeois gentilhomme* de Molière sont des exemples de comédies de caractère.

la comédie d'intrigue—provoque le rire par les malentendus absurdes, les complications d'intrigue et les surprises fréquentes. Les comédies de vaudeville et les « sit-coms » américains à la télévision sont des exemples de comédies d'intrigue.

Sujets de composition

Utilisez, pour vous aider, des expressions tirées du *Vocabulaire utile.*

1. Y a-t-il un sens de l'humour particulier aux Américains? Décrivez le genre d'humour que vous rencontrez souvent à la télévision ou au cinéma.

2. Dans les plaisanteries entendues à la télévision américaine, quelles personnes sont souvent objets de moquerie—les hommes politiques, les médecins, les femmes? A votre avis, pourquoi se moque-t-on souvent de ces catégories de personnes ou de professions?

3. A votre avis, quel(s) genre(s) d'humour domine(nt) le conte, *Le Passe-muraille*—le comique de situation, de caractère, de jeux de mots? Donnez des détails tirés du texte pour justifier votre opinion.

4. Les Français exaltent l'esprit et la facilité verbale. Presque tous les chefs du gouvernement ont été spirituels et éloquents. Est-ce vrai chez les Américains? Quelles qualités est-ce que les Américains cherchent chez un Président?

5. Quel genre d'humour vous plaît? Qu'est-ce qui vous fait rire? Citez des livres, des films, des programmes de télévision ou des situations humoristiques.

6. Le rire a beaucoup de masques et de déguisements. Choisissez quelques expressions du *Vocabulaire utile* (par exemple, *rire du bout des lèvres*) et décrivez des situations qui illustrent leurs sens.

Chapitre 11

Vive le Québec!

Le vieux Québec

Introduction

Comment vivre et penser en français en Amérique du Nord? Comment préserver son identité francophone, bien que sa nation soit entourée° sur trois côtés de millions d'anglophones°? Voilà le défi° que le Québec affronte depuis plus de deux siècles.

surrounded
(*mf*) English-speaking persons / challenge

La présence française au Canada date du 16ᵉ siècle. L'explorateur français Jacques Cartier, cherchant une route vers l'Orient, a débarqué en Amérique du Nord en 1534. Samuel de Champlain y a fondé, en 1608, la ville de Québec, première colonie européenne. Les Québécois gagnaient leur vie comme trappeurs°, forestiers et fermiers, et, familles très prolifiques, formaient une communauté très unie. En dépit de° la conquête anglaise de Québec par le Traité de Paris (1763), les francophones ont réussi, à force de volonté,° à garder leur langue et leur culture. L'Acte de Québec, adopté par le gouvernement anglais en 1774, a garanti protection à la langue, à la religion catholique, aux lois et aux traditions des Québécois, reconnaissant et préservant ainsi l'identité de ce peuple.

fur traders
in spite of

through determination

Descendants de cette petite colonie de 7.000 âmes, les francophones sont aujourd'hui au nombre de huit millions (dont 5.300.000 habitent au Québec), soit 30 pour-cent de la population totale du Canada. Depuis plus de deux cents ans, c'est-à-dire, depuis la conquête anglaise du Canada, les anglophones et les francophones ont eu des rapports tendus°. Ce sont les « Anglais » (comme les francophones les appelaient) qui ont dirigé° pendant longtemps le commerce, les industries, et le gouvernement fédéral, tandis que les Canadiens français travaillaient souvent dans des postes inférieurs et mal payés.

tense
directed

Formant une société essentiellement rurale et agricole, soumise à un clergé catholique conservateur, les Québécois se sentaient séparés des autres Nord-américains, anglophones et protestants qui ne partageaient° pas leurs valeurs, et exilés de leur terre d'origine, la France, avec laquelle

did not share

ils n'avaient guère de contacts. Refusant de s'intégrer au monde anglophone, les Québécois ne participaient pas à la prospérité nord-américaine.

L'époque de la Seconde Guerre mondiale est une époque de transformation radicale de la société québécoise. Quittant leurs fermes pour travailler dans les usines°, les femmes découvrent un nouveau monde. L'afflux° énorme des immigrés au Québec après la guerre de 1939–1945 change peu à peu le mode de vie° québécois. Vers la fin des années 50 et au début des années 60, époque appelée « la Révolution tranquille », le Québec se modernise, devient de plus en plus industrialisé, et jouit d'un niveau de vie° plus élevé°. C'est en même temps une période où le Québec prend conscience de° son identité. Les francophones veulent être appelés désormais° « Québécois » et non plus « Canadiens français,» signifiant ainsi que le Québec (et non plus le Canada ou la France) est leur patrie, leur nation.

(f) factories
(m) influx, flow
lifestyle

un niveau... standard of living / high
prend... becomes aware of
from this time on

Les années 60 et le début des années 70 sont une période de troubles: manifestations, actes de terrorisme et répression par la police. Beaucoup de Québécois réclament° la création d'un état francophone indépendant. Le cri historique de Charles de Gaulle pendant sa visite au Québec en 1967—« Vivre le Québec libre! »—transporte de joie beaucoup de Québécois, tout en causant la colère des conservateurs et des Canadiens anglais. Le mois d'octobre 1970 est un mois de crise: des groupes séparatistes radicaux enlèvent° un diplomate anglais, James Cross, et un ministre québécois, Pierre Laporte, assassinant ce dernier. Réagissant à ces actes isolés comme à une déclaration de guerre, le gouvernement d'Ottawa envoie l'armée au Québec et proclame la loi martiale. Cet état d'occupation dure plusieurs mois.

demand

(ici) to kidnap

La création d'un Québec indépendant semble probable en 1976 quand René Lévesque (1922–1989), chef du parti québécois (le parti séparatiste), est élu Premier ministre du Québec. Cependant, sur la question de leur indépendance, au référendum de 1980, les Québécois votent « Non ». Robert Bourassa, du parti libéral, élu Premier ministre du Québec en 1985, affirme le désir des Québécois de modifier leur société au sein d'° un Canada uni.

au... within

Tout en affirmant leur identité et leurs différences d'avec les Etats-Unis et le Canada anglais, les Québécois ont préféré, jusqu'à présent, effectuer des réformes sans se séparer du Canada. Le Québec adopte en 1977 la Charte de la langue française, loi qui fait du français la langue officielle du gouvernement, de l'enseignement, des communications et du monde des affaires au Québec. Aujourd'hui le bilinguisme doit être pratiqué à tous les niveaux du gouvernement fédéral. Depuis vingt ans, le système d'enseignement au Québec subit aussi de nombreuses réformes pour adapter les cours aux exigences° d'une société technologique. On a créé de nouvelles écoles laïques° et une nouvelle université, l'Université du Québec, fondée en 1968, qui reçoit plus de 78.000 étudiants.

(f) demands, requirements
secular

L'année 1990 est une nouvelle période de crise: la majorité des provinces canadiennes ont refusé de ratifier l'Accord du Lac Meech, qui aurait reconnu le caractère distinctif du Québec, et aurait protégé sa langue et ses lois. L'esprit séparatiste est de nouveau fort au Québec. Y aura-t-il un jour un Québec indépendant? Quoi qu'il arrive, les Québécois sont plus résolus que jamais à préserver leur héritage français et leur caractère distinctif en Amérique du Nord.

Avant de lire les textes

Dans les textes suivants, des Canadiens de diverses professions et classes sociales parlent de la possibilité de créer un état québécois indépendant. Ils expriment ces points de vue dans la revue québécoise *L'Actualité* en mai 1990, à l'époque de la crise concernant l'Accord du Lac Meech.

1. La définition donnée par le *Dictionnaire Larousse* du mot *nation* est la suivante: c'est « un groupement de personnes ayant une même origine ou au moins une même histoire et des traditions communes. » A quelle nation est-ce que vous vous identifiez? Est-ce que vous vous identifiez davantage à une région ou à un pays particulier? Expliquez pourquoi.
2. D'après l'introduction de ce chapitre, est-ce que les Québécois s'identifient davantage à la nation canadienne ou à la province de Québec? Pourquoi?
3. A votre avis, quels seraient pour les Québécois les avantages de créer un état indépendant? Et les inconvénients?

Interviews avec des Québécois

« Le Parti québécois a perdu le référendum° à cause de la faiblesse du nationalisme ». [C'est pour la même raison, que] « les Etats du sud des Etats-Unis furent incapables jadis° de réussir leur sécession. »

(de 1980, sur la question de l'indépendance du Québec)
a long time ago

Marcel Rioux,
sociologue et écrivain

« Plusieurs pensent que les droits° des anglophones seraient mieux protégés dans un Québec indépendant que dans le contexte actuel° où ils deviennent des otages° entre Québec et Ottawa. »

rights
(faux ami) present
(m) hostages

Peter Blaikie,
homme d'affaires anglophone

« Après [le référendum de 1980] j'ai cessé d'être, même timidement, nationaliste. Je déteste les causes perdues. Pour moi, la question était réglée° pour de bon°. »

settled / for good, once and for all

Denys Arcand,
cinéaste

« Les agriculteurs ont toujours considéré que leur véritable gouvernement se trouvait à Québéc. »

Jacques Proulx,
agriculteur, président de l'Union des Producteurs agricoles

« Quand on regarde ce qui se passe dans les pays d'Europe de l'Est[1], on note une volonté° claire de veiller à° son propre destin. Je ne vois pas pourquoi le Québec échapperait à ce mouvement. »

will / to look after

Gérald Larose,
président de la Confédération des syndicats nationaux

« Quand on voit cette souveraineté-association qui est en train de naître en Europe de l'Ouest,° on ne peut s'empêcher de° penser que l'évolution mondiale va dans ce sens. En URSS, la question balte montre qu'un peuple ne se console jamais d'avoir perdu son statut° de peuple. »

La Communauté européenne unit les pays de l'Europe de l'Ouest.
on ne… one cannot help but
(*faux ami*) status

Bernard Landry,
homme d'affaires francophone

« Quand je suis arrivé au Québec, j'étais absolument contre l'indépendance. Maintenant, je pense qu'à long terme ça serait la meilleure solution. Les Québécois se sentiraient° moins menacés°. Ça réglerait bien des problèmes. »

would feel
threatened

Bodhan Raciborski,
jeune immigrant polonais installé au Québec depuis cinq ans

« [Le Québec] c'est comme quelqu'un qui demande une augmentation de salaire. Si on la lui refuse, il faut qu'il fasse quelque chose. Sinon°, cela veut dire qu'il accepte son sort°. Et, pour tout le monde, il devient inférieur. »

If not
(*faux ami*) fate, lot

Renée Dagenais,
jeune psychothérapeute montréalaise

Extraits tirés de ''Les Québécois sont-ils vraiment nationalistes?'' et ''Où va le Québec?'' *L'Actualité*, l mai 1990, pp. 8, 12, 16, 17, 20, et 22. Copyright © 1990, Editions Maclean Hunter Canada.

1. **les pays de l'Europe de l'Est**—En 1989–1990, des pays tels que la Pologne et la Hongrie ont rejeté le communisme pour créer des états démocratiques, et des pays baltes tels que la Lithuanie, l'Estonie et la Latvie ont commencé leur lutte pour l'indépendance.

Note culturelle

De quoi s'agit-il?

1. Quel pourcentage des Canadiens cités dans l'article précédent favorisent un état québécois indépendant?
2. Lequel ou laquelle de ces Canadiens vous semble pessimiste dans sa vision de l'avenir du Québec? Quelles sont les sources de ce pessimisme?
3. Choisissez, parmi les phrases suivantes, celle qui correspond le mieux aux pensées de chaque Canadien(ne) cité(e) dans l'article. (Il y a parfois plusieurs réponses possibles.)

    a. Un Québec indépendant protégerait les droits des francophones.
    b. L'indépendance du Québec est fort improbable; la majorité des Québécois ne veulent pas se séparer du Canada.
    c. Les francophones doivent créer un état indépendant pour affirmer leur statut de peuple.
    d. Un Québec indépendant serait préférable pour sauvegarder les intérêts des anglophones.
    e. Les changements politiques récents en Europe ont créé un climat favorable à l'indépendance du Québec.

A votre tour

Utilisez, pour vous aider, des expressions du Vocabulaire utile.

1. Débat: pour ou contre le Québec libre. Divisez la classe en deux équipes. Une équipe discutera des arguments en faveur du Québec libre; l'autre équipe soutiendra le point de vue opposé. Après quelques minutes de discussion dans chaque équipe, commencez le débat. Un membre de chaque équipe présentera ses arguments à toute la classe, et les membres de l'autre équipe devront trouver une réponse à chaque argument. Un « juge », désigné par les étudiants, décidera quelle équipe a gagné le débat.
2. Un des Canadiens cités dans l'article compare le Québec aux états du sud des Etats-Unis, qui voulaient se séparer en 1861. Un autre Canadien le compare aux pays de l'Europe de l'Est, qui cherchaient à se

séparer de la Russie dans les années 80 et 90. Laquelle des comparaisons vous semble la plus juste? Expliquez pourquoi.

3. *Travail oral par groupes de trois ou quatre.* Choisissez un des sujets suivants à présenter sous forme de sketch. Après quelques minutes, jouez votre sketch devant l'ensemble de la classe.

Emission radio-diffusée sur le Québec. Un(e) étudiant(e) jouera le rôle de reporter qui interviewe des Canadien(ne)s anglophones et francophones, rencontré(e)s dans la rue.

a. Comment envisagez-vous le Canada de l'avenir? Quelle solution possible voyez-vous aux conflits entre le Québec et le Canada anglais?

b. Depuis 1977, la Charte a fait du français la langue officielle du Québec, celle du gouvernement, de l'enseignement, des affaires et des média. Les immigrants et les Canadiens anglophones arrivant au Québec sont obligés d'apprendre le français. Que pensez-vous de cette loi? Est-ce qu'on doit obliger tous les habitants du Québec à apprendre le français?

Vocabulaire utile: le Québec

Le (la) francophone = quelqu'un qui parle le français comme langue maternelle

l'anglophone (m,f) = quelqu'un qui parle l'anglais comme langue maternelle

le bilinguisme ≠ l'unilinguisme

le pluralisme culturel

revendiquer = réclamer = demander

s'identifier à = avoir des affinités (f) avec

s'intégrer à = s'assimiler à

refuser de s'intégrer à = vouloir préserver son caractère distinctif

la prise de conscience = la découverte (prendre conscience de)

le québécois = la langue parlée au Québec = le joual

magasiner = faire des emplettes

le char = la voiture

la débarbouillette = la serviette de toilette utilisée pour laver le visage (barbouiller = salir)

Le temps

neigeâiller, neigeotter, neigeasser = neiger faiblement

la neige en sel = la grêle

faire tous les temps = faire très mauvais

un petit temps = un temps pluvieux

l'hivarnante (f) = la neige qui ne fondra qu'au printemps

Quelques expressions québécoises

le magasin de seconde main = le magasin d'occasion

La littérature québécoise et Robert Gurik

Le Québec jouit aujourd'hui d'une richesse culturelle extraordinaire. Pour ne mentionner que quelques-uns des artistes contemporains les plus célèbres, il y a les poètes Michelle Lalonde, Gaston Miron et Gilles Vigneault, les romanciers Gabrielle Roy (*La Montagne secrète*), Yves Thériault (*Aaron*), Anne Hébert (*Les Chambres de bois*) et Claude Jasmin (*La Sablière*), et les dramaturges Michel Tremblay et Robert Gurik.

Le théâtre québécois connaît une renaissance depuis la fin de la Seconde Guerre mondiale. Les pièces de Michel Tremblay (*Les Belles-Sœurs*), écrites en joual, reflètent la prise de conscience de l'identité nationale des Québécois. Celles de Robert Lepage (*Vinci, Trilogie des dragons*) et de René-Daniel Dubois (*Ne blâmez pas les Bédouins*), figures importantes des années 80, se préoccupent non pas des thèmes nationalistes mais du spectacle comme genre « magique ».

Ingénieur avant de devenir dramaturge, Robert Gurik (né en 1932) est considéré comme un des chefs de file° d'une école théâtrale québécoise leaders née pendant les années 60. Reflétant les troubles au Québec pendant les années 60 et 70, les pièces telles que *API 1967* (1966) et *La Palissade* (1968) mettent en scène des personnages isolés, frustrés et incapables d'agir ou d'accomplir quoi que ce soit. La pièce que vous allez lire, *D'un séant à l'autre*, a été écrite en octobre 1970, à l'époque des actes de terrorisme. Elle fait partie d'un recueil de pièces en un acte, intitulé *Les Tas de sièges°*. Cette pièce a été remaniée en 1973 et donnée à la radio sous le nouveau titre, *Un plus un égale zéro*.

(Gurik joue sur les deux sens de ces mots) the piles of chairs, *(l'état de siège)* the state of siege

Avant de lire la pièce

La courte pièce qui suit décrit le premier rendez-vous d'un jeune homme et d'une femme, arrangé par une agence matrimoniale. Gurik, faisant allusion aux troubles qui menacent le « mariage » des francophones et des anglophones au Canada, crée dans *D'un Séant à l'autre* une allégorie politique: les deux personnages dans la pièce symbolisent le peuple anglophone et francophone qui tentent, malgré les obstacles, d'arriver à un rapport harmonieux. Essayez de penser aux deux intrigues parallèles, en lisant *D'un Séant à l'autre*.

1. Avez-vous jamais lu une fable ou un roman allégorique? Lequel? Qu'est-ce que les personnages symbolisent dans cette œuvre? Dans *Animal Farm* de George Orwell, par exemple, qu'est-ce que les animaux symbolisent?
2. Connaissez-vous des agences américaines qui utilisent un ordinateur° pour assortir° des couples? Quels sont les avantages et les inconvénients de cette sorte d'agence pour les célibataires solitaires?

(m) computer
to match

D'Un Séant° à l'autre

derrière *(humoristique)* posterior

Personnages

LUI: (*Pierre*) Mince, nerveux, a du mal à regarder en face mais lorsqu'il y parvient, se fixe, se passionne, dépasse les bornes°. A la fois timide et violent. « Il parle sur une corde raide° » manquant chaque fois de tomber, d'aller jusqu'au bout, mais se rattrapant au dernier moment. Il parle sans affectation mais on sent qu'il se force pour bien parler. Il porte des gants de cuir°, veste tweed et foulard° dans le cou.

dépasser... (*f*) to go beyond limits, to overact
tightrope

leather / scarf

ELLE: (*Roberte*) Jolie, coquette, fausse timide *mentalement*, vraie timide physiquement. Elle est embarrassée de son corps. Pleine de points d'exclamation. Elle n'a qu'une seule chaussure, au pied droit. Elle porte une robe noire. Elle a des lunettes. Très « première d'école°. »
La pièce peut être jouée par deux hommes.

Goody Two-shoes

Elle est assise.
Lui est debout, une carte perforée° à la main, il parle sans la regarder.

punched card

LUI: « Main de fer dans un gant de velours° », c'est moi, mademoiselle.

Iron hand in a velvet glove (made-up name)

ELLE: Entrez, monsieur.
(Après une fausse entrée, il entre sur une impulsion, très rapidement et se retrouve debout près de l'autre chaise, la faisant un peu sursauter° par sa brusquerie°. Un silence.)

to start, jump
brusqueness

LUI: C'est l'agence Elliot qui m'envoie. *(Il récite.)* Agence matrimoniale Elliot, l'ordinateur au service de l'amour. Choix unique, satisfaction garantie. *(Un temps.)* Ils vous ont prévenue°? S'ils ne vous ont pas prévenue... *(Il fait mine de° partir.)*

let you know
goes through the motions of

ELLE: Si! Si!

LUI: *(toujours sans la regarder)*: Ah bon! *(Un temps.)* *(Inquiet.)* Vous êtes bien...(?)

ELLE: Oui! « chaussure à son pied° », c'est moi, Monsieur... Monsieur « main de velours dans un gant de fer ».

a shoe that fits-*trouver chaussure à son pied* to find the right one

LUI: *(un peu sec)*: « Main de fer dans un gant de velours ».

ELLE: Oh! Excusez-moi. Je m'en veux d°' avoir insulté votre famille.

Je... I'm sorry

LUI: Mais ce n'est pas mon vrai nom.

ELLE: Non?

LUI: Non.

ELLE: Moi, non plus. Ah! c'est merveilleux! nous avons tous les deux pensé à prendre un autre nom.

LUI: Parce que « pantoufles° »...

slippers

ELLE: Chaussures.

LUI: Je veux dire « chaussure » ce n'est pas...(?)

ELLE: Mais, non.
(Elle rit. D'abord hésitant, il se laisse entraîner° à un rire forcé.)

se laisser... lets himself be carried away

ELLE: Oh! vous riez. Ils m'avaient bien dit à l'agence que nous aimions tous les deux les mêmes choses.

LUI: Oui! j'aime rire... je ne ris pas souvent mais j'aime ça.

ELLE: C'est tout de même extraordinaire la science; en deux jours, à travers le monde entier,... vous et moi...

LUI: Oui! tout concorde°... le couple modèle... fait l'un pour l'autre.
(Après des faux départs, il se dirigera brusquement vers elle.)

matches

ELLE: *(coquette, l'arrête)* Il faut aller lentement...

LUI: *(très gêné°, comme essoufflé°)*:... oui, excusez-moi, j'ai tout gâché°.
(Il va pour sortir.)

embarrassed / out of breath / spoiled

ELLE: Mais non! *(Se trémoussant°.)* Je vous comprends! venez vous asseoir.

wiggling

(Il hésite et se décide, va vers la chaise, s'asseoit, très raide°, les mains sur les genoux. Il porte des gants de cuir.)

(ici) stiff

LUI: Oui, ce serait trop bête...

ELLE: C'est si dur d'être seule...

LUI: Seul dans une foule qui n'a pas d'oreille...

ELLE: Une foule qui semble parler une autre langue.

LUI: Qu'on ne comprend jamais...

ELLE: Qui ne nous comprend pas.

LUI: Oui, ce serait trop bête.

ELLE: Maintenant qu'on s'est trouvé...

LUI: Et qu'on sait que c'est possible de... (*Il cherche le mot.*)

ELLE: Communiquer.

LUI: Oui! c'est ça; de communiquer.
(*Il se détend° un peu, elle se redresse.°*)   relaxes / sits up
(*Long silence.*)

(*Il se tend° à nouveau, elle reprend son attitude un peu courbée°.*)   tightens up / bent over
(*Elle prend un plat sur la table et lui offre.*)

ELLE: Une petite menthe?

LUI (*prenant sans regarder*): Oui, merci. J'aime les bonbons à la menthe.
(*Il met le bonbon dans sa bouche.*) Aïe°!   Ouch!

ELLE: Qu'est-ce qu'il y a?

LUI: Ils sont durs.

ELLE: Vous n'aimez pas?

LUI: Je les préfère fondant°, (*Elle se raidit°, il cherche à se rattraper*) ...mais j'aime la menthe.   soft / stiffens

ELLE (*radoucie°*): J'ai eu peur... en général les gens ne partagent pas mes goûts.   calmed down

LUI: C'est la même chose pour moi.

ELLE (*enthousiaste*): Mais l'ordinateur a dit que vous aimiez les mêmes choses.

LUI: La soupe aux pois°? (*Elle acquiesce de la tête.*)   Pea soup? (*plat québécois*)

ELLE: Les cornichons° sucrés trempés° dans du lait!   pickles / soaked

LUI: Des œufs quinze minutes°!   Hard-boiled eggs!

ELLE: Du steak haché°!   Hamburger!

LUI: Saignant°!   Rare!

ELLE: Des pommes de terre à l'eau°.   Boiled potatoes

LUI: De la bière tiède°.   lukewarm

ELLE: Et puis mon plat préféré...?

LUI (*excité, attendant*): Oui... votre plat préféré?

ELLE (*prenant son temps*): ...la tar-te.

LUI (*presque criant*): ...au sucre°!   *la tarte au sucre* sugar pie (*plat québécois*)

ELLE ET

LUI (*follement heureux*): La tarte au sucre!

LUI (*se retournant vers elle et la regardant*): Ah c'est merveilleux!

ELLE (*exaltée*): C'est extraordinaire!

LUI (*faux départ puis déplacement brusque vers elle*): Nous sommes faits l'un pour l'autre! mademoiselle, vous êtes vraiment la femme de ma vie.

ELLE (*coquette*): Vous êtes charmant, si...si gentil, (*il est à ses genoux*) ... mais il ne faut pas tout brusquer... vous recommencez...
(*Il se relève penaud° et s'éloigne.*)   contrite

ELLE: Nous avons encore tant de choses à nous dire, avant...

LUI: Oui, vous avez raison, tant de joies à explorer.

ELLE: Comme la tarte au sucre.

LUI: Ah oui! la tarte au sucre; chaude et molle.°   soft

ELLE   (*décontenancée*°): Mais non! sèche et dure.°   disconcerted / hard

LUI   (*froid*): Je l'aime très chaude et très molle.

ELLE: Et moi je l'aime très sèche et très dure.
        (*Un flottement*°—*silence*)   hesitation

LUI: Vous ne changez pas d'avis°?   You're not changing your
                                                                                                            mind?

ELLE   (*sèche*): Non!

LUI   (*se levant*): Dans ce cas...

ELLE   (*se levant et lui tournant le dos*): C'est la seule solution.
        (*Il se dirige lentement vers la porte.*) (*Quelques mesures de O Canada.*)[1]

LUI: Il va falloir retourner au silence.

ELLE: J'aurais tellement voulu...

LUI: C'était trop beau, vous étiez trop belle.

ELLE   (*conciliante*): ...il y avait quand même des points de rencontres°   common interests, concerns
        importants.

LUI   (*s'arrêtant*): Oui, il y avait quand même la tarte au sucre.

ELLE   (*hésitante*): On pourrait peut-être...

LUI   (*espérant*): Oui... on pourrait...

Restaurant québecois sur la rue Laval.

ELLE: L'homme c'est comme l'ordinateur, c'est pas parfait.

LUI: (*sec*): ...La femme non plus.

ELLE: Ce que je voulais dire, c'est qu'on pourrait oublier.

LUI: (*conciliant*): Oui, on peut essayer.
(*Ils se rassoient tous deux. Silence.*)
(*Elle va pour lui offrir une autre menthe, mais se ravise.*)

ELLE: C'est vrai, vous les aimez fondant...
(*Petit silence froid.*)

LUI: Je m'excuse pour tout à l'heure.

ELLE: Ce n'est rien.

LUI: C'est que je suis mal à l'aise en ce moment. Ils ont tué ma sœur.
Pas vous?

ELLE: Je n'ai pas de sœur.

LUI: Alors vous ne pouvez pas comprendre.
(*Un silence.*)

ELLE: Qui, « ils »?

LUI: La foule, « Ils » l'avaient montée contre° moi.   set her against

ELLE: Ah! Moi, c'est mon père°.   (*entendu—c'est mon père qui a été tué*)

LUI: Un père ce n'est pas une sœur.

ELLE: Non, c'est vrai... d'ailleurs une sœur ce n'est pas un père.

LUI: C'est vrai. C'est pour ça que j'ai pensé au mariage.

ELLE: Moi aussi.

LUI: (*la regardant, très Hollywood*): ...mariés... tous les deux...

ELLE: (*encouragée*): J'ai espéré, un moment, qu'on m'enlèverait°, mais on   (*ici*) would abduct
enlève toujours ceux qui ont quelque chose à se reprocher, un
père ou une sœur, et on ignore ceux qui ont vraiment besoin
d'être enlevés.°   allusion aux enlèvements politiques en Octobre 1970.

LUI: Ceux qui souffrent.

ELLE: Ceux qui ont de la peine.

LUI: Ceux qui ne pourront jamais s'en sortir°.   pull through

ELLE: Moi.

LUI: Moi.

ELLE: Oui, ils ont beau dire° que nous sommes tous menacés°, mais ce   ils..., mais... they can say..., but / threatened
n'est pas vrai: c'est pas eux qui nous protègent, c'est nous qui les
protégeons.   allusion à l'armée qui occupe le Québec

LUI: ... moi ...moi ...(*Il se précipite à ses pieds.*)... je vous enlèverais. (*Il
se rend compte de° son geste.*) ...Excusez-moi... je me suis encore   se rend... he realizes
laissé emporter°... (*Il retourne à sa chaise.*)   got carried away

ELLE: Vous êtes gentil... si! si! vous êtes gentil... et puis vous êtes un
homme... c'est extraordinaire!
(*Gêné, il esquisse un geste° de protestation.*)   esquisser... half-makes a gesture

LUI: Tellement peu.

ELLE: (*horrifiée*): Quoi? homme?

LUI: Non! gentil. Je ne suis pas gentil... mais avec vous, c'est pas
pareil.°   c'est... (*fam*) it's not the same
(*Long silence.*)

LUI: ...Ce que je préfère c'est... aller au cinéma.

ELLE: Oh! moi aussi!

LUI: Dans le noir on ne voit pas les yeux des autres…

ELLE: On est presque bien.

LUI: …Je m'assois toujours à côté d'une femme…

ELLE: D'un homme.

LUI: D'une femme!

ELLE: D'un homme!

(Ils se font de nouveau face°, comme des ennemis. Lui serre les poings° et cherche à se contenir°, même jeu° pour elle, ses mains sont comme des serres°.)

    face one another again / clenches his fists
    control himself / (*ici*) gesture
    claws

ELLE: C'est vrai que c'est normal. Je suis une femme et vous…

LUI: *(se détendant):* …c'est vrai.

(Petit rire hoqueteux° de part et d'autre.)

    hiccoughy

LUI: *(se reprenant°):* Mais je vous ennuie, peut-être?

    regaining control

ELLE: Mais non, au contraire. Dites!

LUI: Je raconte mal°.

    Je… I express myself poorly

ELLE: Vous êtes trop modeste.

LUI: …Alors je m'assois à côté d'une femme et je me laisse envahir par sa présence. Je sens la jambe qui est de son côté se tendre au point de me faire mal. Je pose ma main sur mon genou° pour en contrôler le tremblement qui l'agite… *(Il s'arrête, gêné.)*

    knee

ELLE: *(excitée):* Après, dites!

LUI: Mon genou se rapproche lentement, très lentement de ma voisine jusqu'à… jusqu'à ce qu'il y ait contact mais un contact à peine perceptible. Souvent je me demande si je la touche vraiment où si c'est la tension et la fatigue des muscles qui me donne une fausse impression.

ELLE: Ou, quelquefois c'est simplement le manteau qui pend° dans le vide° et on peut perdre jusqu'à une demi-heure avec le manteau sans qu'on soit vraiment en contact.

    hangs free
    dans… in the void

LUI: Et puis j'appuie° de plus en plus et s'il n'y a pas de recul…

    press down

ELLE: Continuez.

LUI: Je n'ose pas°…

    I don't dare

ELLE: Mais si continuez, je vous sens, je sens votre main…

LUI: S'il n'y a pas de recul°, ma main, lentement se déplace, remonte, écartant doucement les obstacles, s'appuyant° de plus en plus à la chair° chaude et palpitante, les doigts d'abord en éclaireur°, puis la paume° qui vient rejoindre les doigts comme un serpent…

    drawing back
    leaning on
    flesh / (*m*) scoutlike
    palm

ELLE: Et ma main croise° l'autre main et se déplace de plus en plus rapidement vers son but. Je donne et je prends, par dessus les laines, les poches, les boutons.

    crosses

LUI: Toujours plus haut, je grimpe° et le vertige me saisit à la gorge, à la tête… les yeux grands ouverts et aveugles fixés sur l'écran°… et enfin j'y parviens°, la joie m'étourdit,° c'est comme… comme… comme une fanfare assourdissante° qui éclate° dans mes tempes°.

    climb
    (*m*) screen
    get there / makes me giddy
    deafening / bursts / temples

ELLE: Un opéra de Wagner, les chutes du Niagara.

LUI: Ma main est là, contre sa peau brûlante que je sens à travers mes gants et sa respiration haletante°... je referme doucement mes doigts autour de... sa gorge° et c'est là... toujours là... qu'elle se lève et me laisse tremblant, la bouche vide, étourdi dans le froid glacial qu'elle fait en se déplaçant.

     panting
     throat

ELLE: (*elle a changé d'attitude au mot gant*): Avec vos gants, vous faites ça avec vos gants?

LUI: Oui, bien sûr.

ELLE: Mais ce n'est pas normal, moi c'est avec ma main nue, les ongles qui griffent° légèrement le cou et c'est au moment...

     scratch

LUI: (*le souffle coupé°*): La main nue! mais c'est... c'est... pathologique.

     his breath taken away, stunned

ELLE: Pathologique!? Qu'est-ce que ça veut dire?

LUI: Pathologique... ça veut dire... ça vaut pas d'la m'° (*Il se contrôle.*)... Ça ne vaut rien c'est obscène, ça manque d'hygiène.

     ça vaut pas d'la m' (*vulgaire*) it's a worthless piece of s...

ELLE: Mais avec des gants... c'est... c'est malade.

LUI: (*se levant*): Christ de tab'. (*Il se contrôle.*) Je crois que nous n'avons plus rien à nous dire. Je ne suis pas pour la nudité, j'ai des principes, moi!

ELLE: (*se levant*): Je ne suis pas pour aller me jeter à la tête du premier venu°... même si c'est un homme. Surtout s'il garde ses gants pour tout, même pour aller pi... (*Elle se contrôle.*) Même pour aller au cinéma.

     anyone who happens by

(*Il se dirige lentement vers la porte, elle se rassied lui tournant le dos. Il s'arrête.*) (*Quelques mesures de* O Canada.)

LUI: C'est pourtant la première fois que je parle autant à une femme.

ELLE: Il y avait quand même des points importants d'entente.°

     important points of agreement

LUI: La tarte au sucre.

ELLE: Le cinéma.

LUI: Si on n'y parvient pas ensemble, on n'y parviendra jamais.

ELLE: C'est notre dernière chance.

LUI: On pourrait peut-être...

ELLE: Oui! Essayer... essayons!

(*Il revient sans la regarder.*)

ELLE: Vous voulez bien?

LUI: (*s'asseyant*): Oui.

(*Long silence.*)

LUI: (*au sujet de sa robe noire*): Vous avez une belle robe.

ELLE: Merci.

LUI: C'est à cause de votre père?

ELLE: Non, c'est moi qui l'ai achetée.

LUI: Je veux dire; le noir, c'est à cause de votre père?

ELLE: Ah! non, c'est ma couleur préférée.

LUI: (*se retournant, enthousiaste*): Moi aussi!

ELLE: (. . .*battant des mains°*): J'adore le noir, je mets du noir partout. Vous avez vu, la porte... je l'ai peinte en noir moi-même... un jour quelqu'un est venu, c'est rare, je ne laisse jamais monter per-

     clapping

	sonne, surtout pas les hommes… les vrais hommes… je ne sais pas pourquoi? (*Minaudant°*) Oh! vous allez me trouver niaise°…	mincing, fluttering / silly
LUI:	Mais non, pas du tout, continuez…	
ELLE:	C'était un chauffeur de taxi, il sentait° la sueur°, je n'aime pas les gens qui sentent fort, les serveurs de restaurant, les conducteurs d'autobus, les travailleurs d'usine°, les plombiers. (*S'arrêtant soudain, ayant peur de l'avoir vexé.*) Vous n'êtes pas chauffeur de taxi?	smelled / sweat (f) factory
LUI:	Non, fort heureusement.	
ELLE:	Où en étais-je? Ah oui! je l'ai laissé monter car j'avais un gros paquet. Il a vu la porte en noir et il m'a dit: « vous avez condamné la porte » et il a ri.	
LUI:	C'est pas drôle.	
ELLE:	Non, c'est pas drôle. J'ai bien le droit d'aimer le noir et puis je peux faire ce que je veux, cet appartement est à moi.	
LUI:	…peut-être à nous.	
ELLE:	(*se trémoussant*): Ah! ce que vous êtes coquin°…	(m) rascal
LUI:	Je m'excuse si je vous semble si brusque, j'ai la manie de l'unité… si j'ai plusieurs œufs, j'en fait une omelette, si j'ai plusieurs fruits j'en fais une salade.	
ELLE:	(*rêvant*): …nous sommes deux.	
LUI	(*tout doucement*): …oui?	
ELLE:	(*se reprenant avec précipitation*): Mais… mais vous aussi vous portez du noir.	
LUI:	J'adore le noir.	
ELLE:	C'est merveilleux d'être comprise. Si vous saviez comme j'ai souffert des autres. Personne ne me prend au sérieux. Vous ne le croiriez pas! un jour, ils ont voulu me déculotter° pour me faire honte.	take off my pants
LUI:	Je vous crois.	
ELLE:	C'est sans défense une femme seule. Une femme seule c'est comme un voyageur sans bagages, sans carte d'identité. Alors ils prennent confiance, ils attaquent, ils agissent.	
LUI	(*s'approchant brusquement*): Mais je suis là pour vous protéger.	
ELLE:	(*coquette*): Doucement… ce que vous êtes fougueux°!	fiery
LUI	(*battant en retraite*): Excusez-moi… mais j'ai ressenti si fort votre désarroi°… car j'ai moi aussi, vécu cette injustice; s'ils vous ont importunée, Mademoiselle, moi ils m'ont insulté, pourchassé°, mais ils ne peuvent rien contre moi, Mademoiselle, parce que je les méprise°.	disarray, helplessness hunted down scorn
ELLE:	(*admirative*): Vous êtes tellement fort, viril. (*Geste de protestation de sa part de lui.*) Non! non! ne protestez pas, je dis bien, viril. Je me sens avec vous en sécurité. (*Autre geste de protestation de sa part.*) Mais si! mais si! je dis bien « en sécurité ».	
LUI:	J'aimerais alléger° le lourd fardeau° que pèse° sur vos frêles épaules. Déjà vous pouvez me considérer comme votre grand frère…	to lighten / burden / weighs
ELLE	(*se trémoussant*): Oh!… plus tard… tous les deux…	

LUI: Dites!

ELLE: Je n'ose pas.

LUI: Mais si, dites.

ELLE: ...dans le même lit... le frère et la sœur.

LUI: (*se précipitant sur elle*): Ah! ça serait merveilleux!

ELLE: (*le contenant avec peine*): Tellement romantique!

LUI: Tellement excitant!

ELLE: (*cri de douleur*): Aïe!

LUI: (*se relevant*): Qu'est-ce qu'il y a?

ELLE: (*en furie*): Vous m'avez marché sur le pied.

LUI: Je m'excuse.

ELLE: Il n'y a pas d'excuse, vous l'avez fait exprès.

LUI: Mais non, je vous assure.

ELLE: Vous êtes comme les autres, tout ce que vous pensez c'est m'écras-er°. — to crush me

LUI: Mais vous êtes folle!

ELLE: Folle! folle! Ah! quand je pense que j'allais confier° ma candeur, ma fraîcheur à un mal embouché° qui m'insulte. — to entrust — *mal...* coarse man

LUI: OUI, folle, une folle qui se promène les mains nues°. — bare hands

ELLE: Un maniaque qui n'enlève pas ses gants... (*Sarcastique.*) mains de velours!

LUI: Savate°! — worn-out slipper (*allusion au pseudonyme d'Elle*)

ELLE: Omelette!

LUI: Femmelette°! — (*diminutif du mot* femme) weakling, sissy

ELLE: Jeune pete°! — (*vulgaire*) (*abrév. de péteux*) coward

(*Ils se tournent le dos en silence.*)

LUI: Je crois que l'on s'est tout dit.

(*Elle hoche° la tête, il avance d'un pas vers la porte.*) — nods

LUI: J'avais pourtant confiance dans l'ordinateur.

ELLE: On avait d'importants points de rencontre.

LUI: La tarte au sucre.

ELLE: Le cinéma.

LUI: La couleur noire.

ELLE: (*soupirant*): Ah! le caleçon° noir. — underpants

(*Ils hésitent mais ne se retournent pas. Il fait un autre pas vers la porte.*)

ELLE: Moi aussi.

LUI: (*essayant*): L'automobile...

ELLE: Ah! j'adore l'automobile.

LUI: La jaguar!

ELLE: La Renault!

LUI: La jaguar!

ELLE: La Renault.

LUI: Avec la jaguar on fait Montréal Asbestos[2] et retour sans s'en aper-cevoir... l'amiante° c'était l'bon temps. — (*m*) asbestos

ELLE: (*perdant le contrôle*): J'ai rien à foutre° à Asbestos. — *J'ai rien...* (*vulgaire*) I don't give a damn

LUI: (*se contrôlant*): Et puis les voyages.

ELLE: (*revigorée*): Ah! les voyages.

LUI: Les Indes, la Chine, l'Angleterre.

ELLE: (*émerveillée°*): L'Angleterre! — dazzled

LUI: La Suisse, l'abord à Plouffe°. — *l'abord…* (*expression québécoise*) a town in the boondocks

ELLE: Etre ailleurs°… — elsewhere

LUI: Pour mieux être ici.

ELLE: Et nos ambitions…

LUI: Etre le premier.

ELLE: Etre le premier.

LUI: L'unique premier.

ELLE: Premier de classe, premier servi, premier parti.

LUI: L'unique.

(*Ils se retournent l'un vers l'autre.*)

ELLE: ET

LUI: Nous sommes faits l'un pour l'autre.

(*Ils s'avancent lentement, se touchent tout doucement, leurs mains remontent le long du corps de l'autre, jusqu'à leur gorge et soudainement ils serrent et s'étranglent sauvagement, sur la musique de* O Canada).

Robert Gurik, « D'Un Séant à l'autre », *Les Tas de sièges.* Montréal: Leméac, 1971, pp. 9–22.

Notes culturelles

1. *O Canada!*—l'hymne national du Canada. Notez tous les moments de la pièce où l'on joue cet hymne.

2. *Montréal Asbestos*—ville au nord-est de Montréal, autrefois très prospère, qui est devenue une ville morte après la découverte que l'amiante, produit dans les mines près d'ici, a causé le cancer. Gurik fait rire ses spectateurs en faisant allusion à l'actualité.

De quoi s'agit'il?

Vrai/faux.

Dites si les idées suivantes sont vraies ou fausses selon la pièce *D'un Séant à l'autre.* Si la phrase est fausse, expliquez pourquoi.

1. C'est une amie de la jeune femme qui la présente à Lui.
2. Lui et Elle se servent de leurs vrais noms quand ils se parlent.
3. Lui ne se détend pas et ne rit pas souvent dans la pièce.
4. Elle a peur des brusqueries de Lui.
5. La femme trouve l'homme ennuyeux, et elle a envie de le quitter.
6. Les deux jeunes gens ont des goûts culinaires semblables.
7. Le rêve de la femme, c'est d'être comprise et protégée.
8. Le rêve de l'homme, c'est un mariage avec une féministe.
9. Lui et Elle ont tous les deux un côté sauvage, brutal.
10. Lui et Elle vont probablement se marier.

Points d'entente.

Complétez le schéma suivant, en indiquant les goûts de Lui et d'Elle.
Dites si les goûts des deux gens sont les mêmes.

	Lui	**Elle**
la nourriture	le steak haché saignant	les bonbons à la menthe (durs)
les automobiles		
les couleurs		
les passe-temps		
la destination	la Suisse	
d'un voyage		

Questions d'interprétation

1. Lui et Elle s'accusent mutuellement d'être « fou » et « maniaque ». Qui a raison? Relevez les détails qui montrent les goûts pervers de l'un ou de l'autre. Est-ce que les images stéréotypées de l'Anglo-Saxon « puritain » et du Français « libéré » s'appliquent aux attitudes sexuelles de ces deux personnages?
2. Robert Gurik écrit cette pièce en octobre 1970, au moment où le Canada est en pleine crise. On peut considérer Lui et Elle, des per-

sonnages anonymes, comme les réprésentants d'une société malade, déchirée: ce sont les Canadiens francophones et anglophones. Cherchez dans la pièce les allusions suivantes à la situation politique canadienne:

a. Les anglophones et les francophones ne partagent pas les mêmes idées et valeurs.

b. Chaque groupe ethnique se méfie de l'autre.

c. L'armée occupe le Québec.

d. La société ne protège pas les gens contre la violence.

e. Les anglophones et les francophones, malgré leurs différences, sont unis par le même héritage canadien.

f. Les anglophones et les francophones cherchent constamment à se détruire mutuellement.

3. Quelle est la vision de l'avenir du Canada que Gurik présente dans cette pièce? Comment expliquez-vous le goût des deux personnages pour le noir? L'auteur suggère-t-il comment les anglophones et les francophones pourraient éviter le conflit et les malentendus?

A votre tour

Dialogue.

Voici une partie d'un dialogue inspiré par le dialogue dans *D'un séant à l'autre*. Complétez ce dialogue avec un(e) camarade de classe. Après avoir joué le sketch une fois, inversez les rôles.

LUI: Ils m'ont dit à l'agence que nous aimions tous les deux les mêmes choses.

ELLE: Le poulet frit el les pommes de terre au gratin?

LUI:

ELLE: Bien cuit! La tarte aux pommes?

LUI:

ELLE: Le yaourt glacé?

LUI:

ELLE: Et votre plat préféré?

LUI:

ELLE: C'est extraordinaire! Nous sommes faits l'un pour l'autre!

LUI: Aimez-vous les voyages? Moi, je rêve de faire un safari au Kenya.

ELLE:

LUI: Aïe!

ELLE: Qu'est-ce qu'il y a?

LUI:

ELLE: Je ne l'ai pas fait exprès!

LUI:

ELLE: Mais vous êtes fou!

LUI:

ELLE: Vous êtes comme tous les autres hommes! Vous

LUI: Et vous êtes comme toutes les autres femmes! Vous

ELLE: Imbécile!

LUI:

ELLE: Quittez mon appartement tout de suite!

LUI:

1. *Travail oral par groupes de deux.*
   Utilisez, pour vous aider, des expressions du Vocabulaire utile.
   Choisissez un des sujets suivants à discuter dans votre groupe, puis à présenter sous forme de sketch. Après quelques minutes, jouez votre sketch devant la classe.

   a. Ecrivez ensemble une nouvelle conclusion imaginative pour la pièce, en résolvant la dispute entre Lui et Elle.

   b. Vous avez sans doute remarqué tous les stéréotypes des femmes et des hommes dans la pièce de Gurik. Relevez quelques phrases pleines de cette sorte de clichés, et ajoutez d'autres images sté-réotypées des hommes et des femmes, pour créer une dispute entre un homme et une femme.

   c. Choisissez une des annonces matrimoniales suivantes. Discutez avec votre camarade la signification des abréviations. Ensuite im-provisez un petit sketch concernant le premier rendez-vous de deux gens qui se sont rencontrés par cette annonce.

JF blde, 33 a., ch ami-amant, tendre, cult., séduis., +35 a. prof. intell. ht niveau.	H qtaine, cadre sup., libre, voyages, tennis ch F, si entente, relat. durable. Souh. photo + tél.	F 39 a. y verts, humour, art, ch H 34/44 a., b. sit. cult. pour rel., vue mariage
Gérard, 27 a., ét. sup. humour, ch F amitié ou plus	H grand mince 44 a. cult. ch une amie pour rire, vie pétill., voyages	

Vocabulaire utile: les disputes

se disputer avec quelqu'un = se quereller avec quelqu'un

rompre avec quelqu'un = se séparer de qq ≠ se réconcilier avec qq

être en désaccord avec quelqu'un ≠ être d'accord avec quelqu'un (le désaccord entre les points de vue, les intérêts) Ce que tu dis (vous dites) est en désaccord avec ce que tu fais (vous faites).

accuser quelqu'un de faire quelque chose (lancer des accusations contre quelqu'un)

se fâcher contre quelqu'un à propos de quelque chose Si tu continues (vous continuez) je vais me fâcher tout rouge!

exploser, éclater = avoir une crise de colère

avoir mauvais caractère ≠ avoir bon caractère, être d'un caractère égal

parler franchement, ne pas mâcher les mots = dire ce qu'on pense, dire à quelqu'un ses quatre vérités

dire n'importe quoi = dire des bêtises

faire la sourde oreille à quelqu'un = refuser d'écouter quelqu'un

Expressions utilisées dans les disputes

Vous êtes tous pareils! = Tu es (vous êtes) comme tous les autres!

Tu l'as fait (vous l'avez fait) exprès! ≠ Tu l'as fait (vous l'avez fait) sans le vouloir, par erreur

J'en ai marre! = J'en ai assez!

Tu ne comprends (vous ne comprenez) jamais!

A quoi bon l'expliquer? = Je perds mon temps à l'expliquer!

Je n'en crois rien! = Je n'en crois pas un mot!

Ne va pas (n'allez pas) croire ça! = Crois-le (croyez-le) et bois (buvez) de l'eau!

Tout cela, c'est du vent! = Tout cela, ça n'a pas de sens!

Ne me parle pas (ne me parlez pas) sur ce ton! = Ne me parle pas (ne me parlez pas) de cette façon!

Je ne t'adresse (vous adresse) plus la parole! = Je ne te (vous) parle plus!

Pratique de la langue

Exercice de vocabulaire

Donnez un synonyme pour chaque expression soulignée. Trouvez le synonyme dans la liste qui suit, tirée des textes de ce chapitre:

jadis	tiède	prévenir
serrer	ailleurs	gâcher

1. C'était une belle journée de mai. Le vent <u>assez chaud</u>, agréable, agitait nos cheveux.
2. Ne <u>gâtez</u> pas notre plaisir; ne nous dites pas ce qui va arriver dans le film.
3. Je voudrais vous <u>avertir</u> que nous serons en retard ce soir.
4. Cet homme n'est pas de notre ville; il vient d'<u>autre part</u>.

5. L'enfant <u>pressait</u> la poupée contre son cœur quand elle est arrivée à l'école au <u>début</u> de septembre.
6. <u>Il y a longtemps</u>, le Canada de l'Est s'appelait « la Nouvelle France ».

Attention aux faux amis!

Les mots suivants, tirés des textes que vous venez de lire, ressemblent à des mots anglais, mais <u>leur sens est différent</u>. Essayez de déterminer la signification de ces mots dans les phrases à droite, et choisissez la définition a, b ou c.

1. le conducteur Notre <u>conducteur</u> ne s'est pas arrêté, même quand l'agent de police a essayé de lui <u>parler</u>.

Le conducteur veut dire (a) quelqu'un qui dirige un orchestre, (b) quelqu'un qui conduit une voiture, un autobus ou un train ou (c) quelqu'un qui dirige une entreprise?

2. les bornes (*f*) Au cours de notre promenade, nous avons découvert une immense plaine sans <u>bornes</u> devant nous.

Les bornes veulent dire (a) les limites, (b) les enfants ou (c) les plantes?

3. veiller à Allez-vous <u>veiller à</u> ces champs de blé pendant l'absence des fermiers?

Veiller à veut dire (a) récolter, (b) couvrir d'un tissu ou (c) s'occuper de?

4. le sort Les ouvriers refusent d'accepter leur <u>sort</u>: un salaire très maigre et des conditions de travail insalubres.

Le sort veut dire (a) le travail habituel, (b) la situation ou (c) le genre d'usine?

5. le statut Cette tribu d'indiens américains n'a jamais accepté de perdre son <u>statut</u> de nation.

Le statut veut dire (a) la loi, (b) la statue ou (c) la position?

Les familles lexicales

Regardez les mots à gauche. Vous les connaissez déjà. Essayez de comprendre le sens des mots de la même famille lexicale à droite. Ces mots se trouvent dans les textes que vous venez de lire dans ce chapitre.

1. lever N'oubliez pas d'<u>enlever</u> vos bottes avant d'entrer dans la maison.

2. sauter   En entendant le bruit de l'ambulance, Marianne <u>a sur</u>-<u>sauté</u>.

3. venir   Le jeune homme <u>est parvenu</u> au sommet de sa carrière par sa diligence et son intelligence.

4. vrai   Est-ce que sa <u>véritable</u> patrie est le Canada ou le Québec?

5. le souffle,
le soufflé   Elle arrive tout <u>essoufflée</u> après son match de tennis.

6. le sucre   Beaucoup de Français trouvent le yaourt américain trop <u>sucré</u>.

Sujets de composition

1. A votre avis, les Québécois peuvent-ils préserver leur identité et leur caractère unique, bien qu'ils représentent une minorité francophone en Amérique du Nord? Selon vous, par quels moyens peuvent-ils assurer la préservation de leur identité?
2. Trouvez-vous des ressemblances entre le nationalisme des pays de l'Europe de l'Est pendant les années 80 et 90, et celui du Québec? Quelles différences y a-t-il entre leurs situations politiques?
3. Les Etats-Unis sont un creuset° de beaucoup de nationalités. Décrivez comment ces groupes ethniques différents réussissent, ou ne réussissent pas, à garder leur héritage culturel tout en s'intégrant au pays.   melting pot
4. Avez-vous des conflits de loyauté; c'est-à-dire, appartenez-vous à plusieurs nations ou groupes ethniques à la fois? Comment résolvez-vous ces conflits?
5. Avez-vous jamais fait un voyage au Québec? Racontez vos impressions sur cette province et son peuple.

Chapitre 12

Science et Technologie: Où Allons-Nous?

Centrale nucléaire française

Introduction

Quelles images avez-vous de la France? Pensez-vous à la beauté des châteaux de la Loire, ou au charme d'un village de campagne? Serez-vous surpris d'apprendre que la France est un des pays les plus avancés du monde dans le domaine de la technologie? Savez-vous, par exemple, que c'est la France qui a inventé la photographie (en noir et en couleur), le cinéma, la bicyclette, a découvert le radium, le vaccin contre la rage°, le test du syndrome immuno-déficitaire acquis (S.I.D.A.)°, et a construit les trains et les avions les plus rapides du monde, pour ne mentionner que quelques réalisations° importantes?

    Ayant surmonté les crises économiques des années 70 et 80, la France commence la nouvelle décennie en bonne forme: inflation maîtrisée, industries prospères, et révolution technologique en plein essor°. La science et la technologie avancent tellement vite, en effet, en France comme aux Etats-Unis, qu'elles provoquent parfois des questions auxquelles on n'a pas encore trouvé de réponses.

    Les Français s'intéressent beaucoup, bien sûr, au progrès dans la lutte contre la maladie et le vieillissement. Dans la lutte contre le cancer, de nouvelles méthodes thérapeutiques (chimiothérapie°, radiothérapie°) et de nouveaux médicaments (interféron) ont beaucoup amélioré les chances de survie. Les recherches poursuivies° en France et dans le monde entier pour vaincre le S.I.D.A. nous laissent espérer qu'une guérison sera bientôt trouvée. Les progrès des dix dernières années dans le domaine de la procréation—insémination artificielle et fécondation in vitro°—offrent aux femmes de nouvelles armes contre la stérilité.

    Mais cette « procréation médicale assistée » soulève en France des controverses juridiques et éthiques. D'après un sondage° récent, la majorité des Français (76%) sont favorables aux techniques telles que la fécondation in vitro, qui permettent aux couples de résoudre un problème de stérilité, mais ils sont contre (75%) l'utilisation de ces tech-

rabies	
AIDS	
achievements	
in full development	
chemotherapy / radiation therapy	
carried out	
fécondation... in vitro fertilization	
scientific survey	

216

niques pour permettre à un homme (ou à une femme) seul(e) ou à un couple homosexuel d'avoir un enfant. Les Français expriment des craintes au sujet des bébés éprouvette° et « des manipulations génétiques » d'un enfant avant sa naissance. Le progrès technologique a-t-il facilité la maternité ou a-t-il créé le « meilleur des mondes » envisagé par Aldous Huxley?[1]

test-tube babies

L'énergie est un élément indispensable à toute société industrielle moderne. Ayant une production nationale de pétrole très faible, la France est obligée d'importer le pétrole ou de découvrir de nouvelles sources d'énergie. Une des conséquences de la crise de l'énergie des années 70 a été la création de nombreuses centrales nucléaires° en France. La France possède aujourd'hui le plus ambitieux programme nucléaire d'Europe, produisant 65% de son énergie électrique dans ces réacteurs. Si l'accident de Tchernobyl en 1986 a provoqué beaucoup d'inquiétude en France, comme partout dans le monde, sur les dangers de la radioactivité, les centrales nucléaires sont néanmoins° indispensables à ce pays pour maintenir un niveau de vie° élevé et pour réduire sa dépendance vis-à-vis des pays arabes. Quel sera l'avenir de l'énergie nucléaire? Quels risques court-on en utilisant cette source d'énergie?

nuclear power plants

nevertheless
standard of living

C'est aussi l'informatique° qui a révolutionné la vie française depuis dix ans. Minitel, terminal d'un ordinateur lié au téléphone d'une dizaine de millions de Français, a été donné gratuitement° au public par les P.T.T.[2] pour remplacer l'annuaire téléphonique° imprimé. Chaque consommateur, payant une taxe de base de 60 francs ($10) par heure d'emploi, tape° un code pour obtenir une grande variété de services: le solde de son compte en banque, la météo° du jour, les horaires° des trains et des avions et le prix des billets, les renseignements concernant les chambres libres dans un hôtel, les avis d'un médecin ou d'un vétérinaire, et même l'opinion d'un candidat politique sur des questions qu'on lui pose. Grâce au service de messages personnels, Minitel a arrangé des rencontres sentimentales et même des mariages!

(*f*) computer science

without charge
telephone directory

types
(*abrév. de* « *les prévisions météorologiques* ») weather report
(*m*) schedules

Les produits électroniques tels que micro-ordinateurs, magnétoscopes°, lecteurs de disque laser° et téléphones dans la voiture passionnent les Français, et la vente de ces produits monte rapidement en

VCRs / compact disk players

France. Mais la révolution technologique n'est pas acceptée en bloc par
la majorité des Français; elle suscite° souvent des inquiétudes et des   raises
craintes. Le robot, adoré par les enfants, est ressenti° par les adultes   (*faux ami*) is felt
comme une menace dans les usines°. D'autres Français trouvent que les   (*f*) factories
ordinateurs, ayant accès à toutes sortes de renseignements personnels,
menacent leur liberté. La Commission Nationale de l'Informatique et
des Libertés, créée en 1978, surveille l'emploi des ordinateurs en France,
s'assurant qu'ils ne portent pas atteinte aux° libertés ou aux droits des   do not damage
citoyens.

Autre conséquence des progrès technologiques, la pollution sous
toutes ses formes, pose de graves dangers pour la qualité de la vie en
France, comme aux Etats-Unis. Les automobiles et les avions sont la
cause de plusieurs formes de pollution: bruits nocifs°, air pollué et pa-   harmful
ralysie de la circulation. Si la qualité de l'air s'améliore° depuis dix ans   is improving
dans la majorité des villes françaises grâce aux efforts du gouvernement,
la qualité de l'eau se détériore en France. L'eau de consommation est
polluée dans beaucoup de régions à cause des déchets° industriels, et   (*m*) waste material
30% des plages françaises sont aujourd'hui inutilisables à cause de la
pollution.

La science et la technologie ont-elles amélioré la qualité de la vie?
Sont-elles un bienfait° ou une menace pour la société? Voilà le sujet que   godsend
deux auteurs français vont explorer dans ce chapitre.

1. **Aldous Huxley** (1894–1963)—auteur anglais qui dans son roman célèbre,   *Notes culturelles*
Le Meilleur des mondes (*Brave New World*) (1932), a décrit une société déshu-
manisée par la technologie.
2. **Les P.T.T. (Postes, Télégraphes et Téléphones)**—administrés par le gouvernement français, sous la charge du ministère des Postes et Télécommu-
nications.

Avant de lire le texte

Christiane Rochefort

Née à Paris (en 1917) dans un quartier ouvrier, Christiane Rochefort
dépeint dans ses romans, tels que *Les Petits Enfants du siècle* (1961), *Les
Stances à Sophie* (1963) et *Printemps au parking* (1969), les transformations
radicales de la société française—l'urbanisme, les H.L.M.[1], la société de
consommation—qui ont bouleversé les mœurs et les valeurs des
Français.

L'extrait qui suit, tiré de *Les Stances° à Sophie*, présente une conversa-   stanzas

tion entre deux couples: la jeune narratrice Céline, son mari Philippe
Aignan, cadre°, son collègue au bureau, Jean-Pierre Bigeons, et la femme   manager
de ce dernier, Julia. Le sujet de conversation, le progrès, provoque un
échange de vues à la fois comique et violent.

---

1. les H.L.M. (Habitations à loyer modéré)—de grands immeubles résiden-   *Note culturelle*
tiels pour la classe ouvrière, subventionnés par le gouvernement français.

---

1. Dans la conversation qui suit, on parle de l'agrandissement des villes,
   et de la création de nouvelles villes industrielles dans des régions
   rurales. A votre avis, quels sont les aspects positifs et négatifs de ces
   transformations urbaines?
2. Aux Etats-Unis, le gouvernement fait-il des efforts pour préserver
   l'environnement contre les dangers de la pollution? Décrivez ces efforts. A-t-il eu du succès?

Les Stances à Sophie

(extrait)

—Moi° je tente de mettre sur pied° la Décentralisation de certaines in-   *C'est Philippe qui parle ici, et*
dustries dont l'implantation sur Paris° n'est pas indispensable, et de les   *c'est sa femme Céline, la*
implanter dans des régions sous-développées qu'elles pourraient faire   *narratrice, qui l'interroge tout*
revivre et prospérer.   *de suite après.* / to set up
   —Pourquoi?   in the Paris area
   —Mais parce que ces régions, sinon°, sont mortes, et c'est irrationnel   otherwise
dans un Pays de laisser de la place° perdue.   (*ici*) space
   —Place perdue? Mais il y a bien quelque chose dessus... des arbres.
De l'herbe.
   —Et qu'est-ce que tu veux faire avec des arbres et de l'herbe? Ça ne
fait pas vivre° des gens. Essaye de me suivre: vois-tu Paris c'est comme   *ne fait pas...* doesn't provide
le soleil, et les autres villes c'est comme des planètes qui tourneraient   a living
autour. Il faut qu'il y ait une harmonie tu comprends? Et c'est ce que
nous nous efforçons d'°établir.   we're trying to
   Heu [pense Céline]. Paris c'est une entrecôte° et les autres villes sont   (*f*) rib steak
comme des frites qui seraient posées autour. Paris c'est comme un
éléphant, et les autres villes c'est comme des puces° que cet éléphant   fleas
aurait; alors il se gratterait.° Moi la preuve par l'analogie j'aime ça. Je   he'd scratch himself
peux lui en tirer une bonne vingtaine s'il en est à court.° Quant à faire   *s'il en est...* if they're in short
reposer° la vie d'un pays dessus c'est hautement poétique voilà ce   supply / (*ici*) to make a
qu'on peut dire. Et que cette poésie soit entre les mains de Philippes   foundation for
Aignans et de Jeans-Pierres Bigeons° il y a de quoi être parfaitement
rassuré.   *de Philippes Aignans...* comical
                                                                                 misspelling of plurals

—Tandis que Jean-Pierre, vois-tu, poursuit mon doux rêveur, il s'efforce de regrouper dans un secteur donné des industries complémentaires en quelque sorte, supposons voyons… pour te donner un exemple…

—Des canards et des petits pois°. Une manufacture d'armes° et des condamnés à mort. Une filature° et des strip-teaseuses. Un ogre et des jardins d'enfants°.

—Des chevaux et des alouettes°, dit Julia.

—Elles ne sont pas sérieuses, dit Philippe. On ne peut pas essayer de leur parler sérieusement.

—C'est d'ailleurs ce qui fait leur charme, dit Jean-Pierre. Sinon on ne les aimerait pas tant.

—Plus on est con° plus ils nous aiment, dit Julia.

—Faut pas s'en plaindre° c'est reposant°, dis-je.

—C'est toi qui demandes qu'on t'explique! dit Philippe. Et après tu n'écoutes pas.

—Mais c'est fait j'ai tout compris! c'est vous qui assassinez les paysages, et souillez° les rivières.

—La poésie c'est très beau mon chéri et c'est charmant le tourisme, mais il faut d'abord que les hommes mangent.

—De la merde°?

Silence consterné. Philippe se racle la gorge.° Jean-Pierre, galant, enchaîne° avec sa finesse habituelle.

—Peut-être exagérez-vous un peu chère amie, vous poussez au noir.°

Philippe se racle la gorge pour finir de faire glisser la pilule.°

—Ma femme est une réactionnaire. Elle se dit progressiste—je crois? dit-il tourné vers moi qui n'ai jamais rien proféré° de pareil, et en réalité elle est une farouche° réactionnaire. Elle crache sur° le progrès. Elle voudrait filer° elle-même ses robes et faire du feu en frottant° deux silex°. Et aller chercher l'eau, non polluée, à la source dans la montagne; à l'aube°. Hein mon chéri tu aimerais ça?

—Je ne suis pas contre le progrès, je suis contre la conne°—contre le mauvais usage, du progrès. Le progrès, enfin le vôtre, est une entreprise de viol°.

—Oh oh, dit Jean-Pierre, égrillard°, et Philippe: Mais voyons Céline tu ne tiens aucun compte° des faits… jamais de reste.

—Et vous autres vous ne tenez compte que d'un certain ordre de fait: la quantité. Plus précisément la quantité de fric° que ça peut rapporter° dans le délai le plus bref. Vous pensez avec des bulldozers.

—Nous sommes pressés, Céline, figure-toi. La population s'accroît° à un rythme…

—Que vous faites tout pour accélérer! Y a-t-il un Conseiller° au Plan de la Natalité?° J'aimerais le voir celui-là tiens; lui dire deux mots.

—La question n'est pas là.

—Elle est bel et bien° là la question. C'est presque la seule. Et celle-là

Glossary (right margin):

(*m*) peas / munitions factory

mill

kindergartens

(*f*) larks

(*vulgaire*) stupid

to complain about it / restful

pollute

(*vulgaire; ici*) filth

clears his throat

continues

poussez… look on the black side / *faire…* (*fig*) to make the pill easier to swallow

uttered

fierce / spits on

weave / by rubbing / (*m*) flints

(*f*) dawn

(*abrév. de la connerie; vulgaire*) stupidity

rape

with a lecherous look

tu ne tiens… you don't take any account

(*fam*) money / to produce (money)

is growing

adviser

(f) birth rate

really and truly

vous n'y touchez pas. Sujet tabou. La France a même l'honneur d'être un des deux pays qui se sont opposés à l'examen international du problème. Et pendant ce temps-là vous démolissez, vous dégradez,° vous enlaidissez° tout. Développement vous appelez ça. Merde.

tear down
make ugly

—Céline, ne t'ai-je pas déjà dit...

—C'est dévastation qu'il faut dire. Cette planète, c'est un vrai chantier.° Vous n'avez que le bonheur des gens en tête et vous leur faites bouffer° du poison, respirer du poison, vous les faites vivre dans la laideur. La beauté ça alors ça n'existe pas du tout.

(ici) dump
(fam) eat

—La beauté n'est pas un facteur... dit Jean-Pierre.

—Tiens je ne vous le fais pas dire.

—... facteur primordial. Il y en a de plus urgents et importants à considérer d'abord.

—Plus importants. Ah oui. Vouz savez ça, vous, ce qui est important. Vous savez ce que c'est, des hommes, sans le sens de la beauté? Bien moins que des bêtes. Vous n'avez pas par hasard remarqué que des civilisations disparues il ne reste que ça, la beauté?°

des civilisations... normal written word order is: « *il ne reste que la beauté des civilisations disparues.* »

—Mais est-ce qu'on a à s'occuper de ce qui va rester quand ça sera disparu! braille° Philippe. On vit dans le présent!

yells

—Moi j'adore les Egyptiens, dit Julia.

—On ne peut tout de même pas arrêter le progrès pour que tu puisses te promener dans un musée ma chérie, lui rétorque° le sien°.

retorts / (ici) her husband

—C'est une belle question, dis-je. Ma réponse serait oui. Malheureusement elle ne se pose pas, car avec votre sacrée° bombe nous on° ne laisserait même pas de musées si on faisait de quoi y mettre.

(fam) damn / nous on (fam, redundancy) as for us

—Ça y est!... soupire° excédé° Philippe, et aux autres: n'y faites pas attention, c'est une maniaque°.

sighs / exasperated
fanatic

Extrait de Christiane Rochefort, Les Stances à Sophie. Paris: Editions Bernard Grasset, 1963.

De quoi s'agit-il?

Vrai/faux.

Dites si les déclarations suivantes sont vraies ou fausses. Donnez la bonne réponse, si la déclaration est fausse.

1. Selon Céline, l'argent est le facteur qui dicte toutes les décisions des entreprises industrielles.
2. Céline aimerait retourner à l'époque d'avant la révolution industrielle.

3. Selon Philippe, il y aura plus de prospérité et moins de chômage si on implante les industries dans les régions rurales.
4. Céline trouve l'analogie de son mari illogique.
5. L'augmentation de la population est approuvée par Céline.
6. Philippe et Jean-Pierre pensent que l'environnement sera protégé par leurs projets.
7. Philippe s'intéresse au problème de la pollution.
8. La menace de la bombe atomique préoccupe Céline.
9. Céline est très traditionaliste et s'oppose au progrès.
10. Philippe et Jean-Pierre voudraient décentraliser l'industrie.

Caractérisez les personnages à gauche, en choisissant parmi les adjectifs suivants, ou en choisissant d'autres adjectifs. Donnez les détails qui justifient votre choix.

Céline	têtu(e)	grossier(ère)	plein(e) d'esprit
Philippe	docile	indépendant(e)	conservateur(trice)
Jean-Pierre	poli(e)	condescendant(e)	perspicace
Julia	drôle	ennuyeux(se)	réservé(e)

A votre tour

1. Est-ce que les problèmes urbains décrits par Céline ressemblent aux problèmes des villes américaines? Trouvez-vous ses critiques de l'urbanisme justes, ridicules, exagérées ou réalistes? Expliquez pourquoi.
2. Avez-vous entendu des arguments semblables à ceux de Philippe et de Jean-Pierre? Dans quels secteurs de la société est-ce qu'on présente souvent ce point de vue?
3. *Travail oral par groupes de trois ou quatre.* Choisissez un des sujets suivants à discuter dans votre groupe. Après quelques minutes de discussion, un membre de chaque groupe résumera les idées de ses camarades pour l'ensemble de la classe. Utilisez, pour vous aider, des expressions du *Vocabulaire utile,* qui suit.

   a. Avec quelles idées du texte de Christiane Rochefort êtes-vous d'accord? Quelles idées vous amusent ou vous choquent? Donnez quelques détails pour justifier votre opinion.
   b. Imaginez que vous faites partie d'un comité pour étudier la transplantation des industries en dehors des villes américaines. Proposez quelques solutions aux dilemmes discutés dans le texte de Christiane Rochefort.
   c. Imaginez que vous êtes élu(e) maire d'une ville française où l'industrie est importante. Faites, avec vos camarades, qui sont vos assistants, une liste de vos priorités pour préserver la prospérité et la beauté de cette ville.

Vocabulaire utile: l'urbanisme

la banlieue = la région autour d'une grande ville ≠ le centre-ville

les espaces verts = les parcs et les terrains non-construits d'une région

le grand ensemble = le groupe d'habitations constituant une véritable agglomération (logements, centre commercial, centre administratif)

la démolition ≠ la construction des bâtiments

la région sous-développée ≠ la région urbanisée

la pollution (des rivières, de l'air, de l'océan, des lacs, des forêts) ≠ l'épuration (*f*) de l'environnement

maintenir l'équilibre écologique = préserver l'environnement ≠ détruire l'équilibre écologique

mener une campagne contre la pollution

l'embouteillage (m) = la paralysie de la circulation = l'encombrement (*m*) d'une grande route (encombré(e) ≠ dégagé(e))

la tension nerveuse ≠ la détente

le bruit (bruyant(e)) ≠ la tranquillité

Jean Tardieu

Poète et auteur dramatique, Jean Tardieu (1903–   ) exprime, sous forme souvent humoristique, l'angoisse de l'existence. Comme d'autres dramaturges généralement rattachés au style du Théâtre de l'Absurde—Ionesco, Beckett, Genêt et Adamov—Tardieu met en question les conventions scéniques du théâtre, se moquant par exemple des conventions traditionnelles comme le monologue et l'aparté°. Ses pièces, réunies dans des recueils tels que *Théâtre de chambre* (1955–1965), et *Poèmes à jouer* (1960), dépeignent la solitude et le vide spirituel des êtres humains contemporains.

    Le titre de la pièce qui suit, *Faust et Yorick*, tirée du *Théâtre de chambre*, fait allusion à deux célèbres personnages littéraires: Faust, personnage principal d'un drame de Goethe (1749–1832), et Yorick, mentionné dans *Hamlet* (vers 1601) de Shakespeare (1564–1616). Faust vend son âme au démon Méphistophélès pour obtenir en échange des connaissances infinies, le pouvoir, les richesses et l'amour. Quant à Yorick, bouffon du roi de Danemark, Hamlet découvre son crâne dans un cimetière, et se lamente sur la brièveté de la vie et sur la vanité des efforts humains. Tardieu reprend dans sa pièce les thèmes associés à ces deux personnages.

°stage whisper

Avant de lire la pièce

1. Le personnage principal de la pièce *Faust et Yorick* est un savant°. Dans quelles autres œuvres ou dans quels films est-ce que le personnage principal est un savant? Est-il le plus souvent admiré ou tourné en ridicule dans ces œuvres?

°scientist, scholar, wise man

2. A votre avis, est-ce que la science peut faire comprendre les plus grands mystères de la vie? Quels facteurs limitent les possibilités de la science pour déchiffrer ces mystères?

Faust et Yorick
Apologue°   (f) fable

Personnages

LE SAVANT:	Jeune au début, vieillit rapidement au cours du sketch.	
LE REPORTER:	Jeune à sa première entrée en scène, vieux à la seconde.	
LA NOURRICE°:	sans âge.	wet-nurse
L'EPOUSE DU SAVANT:	Jeune (trop occupée ensuite par ses nombreuses maternités pour reparaître° en scène).	to reappear
MADELEINE:	D'abord sous la forme d'un nouveau-né, puis d'une jeune fille, puis d'une jeune femme.	

On ne voit sur la scène, vers la droite, qu'une table de travail très large, très haute—presque comme un comptoir ou un tribunal—et recouverte d'un tapis qui la masque entièrement jusqu'au sol.

Sur la table, beaucoup de livres, des papiers, un encrier°, une balance°, une mappemonde°—et une tête de mort°.   (m) inkwell / scales / globe / skull

Le savant, assis à cette haute table, face au public, paraît presque englouti° derrière les livres: la lampe éclaire son visage et son buste; le reste de la pièce est plongée dans l'obscurité.   swallowed up

Le savant ne bougera pas de sa table jusqu'à la fin.

LE SAVANT	(*D'abord dans la force de l'âge°*):	prime of life
	J'ai travaillé toute ma vie. J'ai énormément travaillé. J'ai commencé par lire tout ce que les autres ont écrit, dans toutes les branches du savoir°— puis j'ai cherché par moi-même. Comme c'est toujours à l'Homme que l'homme revient après avoir fait le tour de la Création, je me suis spécialisé dans la science qui étudie cet étrange animal. Comme la partie la plus noble de l'homme est celle où, justement, tous les bons auteurs placent le siège du savoir, j'ai dirigé mes recherches du côté de la *tête* et du *cerveau°* de l'Homme. Enfin, comme il y a un rapport étroit entre le contenu° et le contenant°, j'ai jeté mon dévolu° sur le *crâne* humain: le crâne, voilà toute la question!	knowledge brain contents / container / j'ai... I set my choice on
	Il prend le crâne sur la table et le considère.	
LE REPORTER	(*surgissant de l'ombre, un carnet et un crayon à la*	

main): On dit, maître, que vous seriez sur le point de découvrir « l'échelon° supérieur » du crâne humain. Qu'entendez-vous par: échelon supérieur?

(m) level, step

LE SAVANT: A vrai dire, je ne l'ai pas encore découvert: je le cherche, je le pressens°. *L'échelon supérieur*, c'est un ensemble de constatations et d'indices° qui m'a conduit à penser que le crâne humain était en train de se transformer et qu'il était prêt à contenir un cerveau infiniment supérieur au nôtre.

I have a foreboding of it
(m) signs

LE REPORTER: Je vous remercie, maître, de cette précieuse déclaration.

Il disparaît dans l'ombre.

LE SAVANT: Ah! *L'échelon supérieur!* Que de° veilles° il m'a coûté! Que de travaux, que de voyages! J'ai mesuré des milliers et des milliers de crânes sous toutes les latitudes, j'ai accumulé les observations, j'ai fait la critique de toutes les hypothèses et je m'aperçois, après tant d'efforts, que je suis bien loin de toucher au but°. Ce crâne merveilleux, le crâne génial° de l'Homme Futur, où est-il, où est-il? Quand l'aurai-je enfin découvert?

how many / (ici) sleepless nights

toucher... to be near the goal
(faux ami) brilliant

LA NOURRICE (*apparaissant*): Comment, mon pauvre enfant, encore en train de travailler, un jour pareil°!

on such a day

LE SAVANT (*contrarié*): Comment? Quoi? Eh, qu'y a-t-il donc, voyons?

LA NOURRICE: Mais c'est le jour de ton mariage, mon petit! Allons, vite! Prépare-toi! Ta fiancée t'attend sous ses voiles°. Les témoins°, les invités sont sous le porche de l'église. Dépêche-toi!

veils / witnesses

On entend naturellement, pendant quelques minutes, la Marche Nuptial *de Mendelssohn! Cependant le savant n'a pas bougé de sa place.*

LE SAVANT: Dès le lendemain de la noce, je me remis à° travailler. Ma femme était charmante et douce. Elle assistait, silencieuse, à° mes recherches...

je me... I began again to

Elle... (faux ami) She was silently present at

Un coup de projecteur fait surgir de l'ombre la jeune femme. Elle est assise à côté de la table de son mari et tricote. On entend sonner minuit à un clocher.

LA JEUNE FEMME: Ne crois-tu pas, mon ami, que tu as assez travaillé aujourd'hui? Il se fait tard°.

It's getting late

LE SAVANT (*avec douceur*): Non, ma chérie! Il faut encore que j'établisse des corrélations entre différentes mesures que l'on vient de m'envoyer de plusieurs points du globe. Mais toi, va te coucher, je t'en prie. Tu te fatigues à veiller ainsi, dans l'état où tu es!... Va!...

La jeune femme disparaît.

LE SAVANT: Les jours, les années passèrent. J'entrevoyais° déjà la courbe° ascendante du crâne humain, depuis ses origines les plus lointaines jusqu'aux premiers âges civilisés, et ce tracé° devait faire apparaître°, en pointillé°, la suite° de cette prodigieuse aventure. C'était un émouvant spectacle!

got a glimpse of
curve

line / reveal
pencilled in / continuation

LA NOURRICE (*sortant de l'ombre, elle tient dans ses bras un nouveau-né recouvert de voiles*): Regarde! Regarde comme il est beau!

LE SAVANT (*comme sortant d'un rêve*): Hein! Quoi! Qu'y a-t-il?... Ah oui, c'est le petit Magdalénien° qui m'est annoncé? Posez-le là, je vous prie!

skull from the Magdalenian civilization in Europe, dating from about 15,000 B.C.

LA NOURRICE (*riant*): Mais non! C'est ton premier rejeton°! Tout le portrait° de son père! J'espère qu'il en aura, des frères et des sœurs!

offspring
tout... the spitting image

Elle disparaît.

LE SAVANT: Mes travaux commençaient à attirer sur moi l'attention du monde savant. Plusieurs académies étrangères me reçurent dans leur sein°. Seul, mon pays natal doutait encore de moi.

(ici) midst

On frappe doucement.

LA VOIX DE MADELEINE (*petite jeune fille*): Papa! Tu permets que je vienne un moment près de toi?

LE SAVANT: Mais oui, Madeleine, entre!

MADELEINE (*surgissant° debout aux côtés de son père*): Mon pauvre papa! Comme tu travailles!... Et comme les gens sont injustes envers toi!

appearing suddenly

LE SAVANT: Pourquoi dis-tu cela?

MADELEINE (*fondant en larmes*): Oh, papa, si tu savais!

LE SAVANT: Qu'y a-t-il? Parle! (*Doucement.*) Tu as été refusée à ton examen?

MADELEINE: Il s'agit bien de cela! C'est beaucoup plus grave!

LE SAVANT: Quoi donc?

MADELEINE: Mon frère aîné est revenu ce soir de la Faculté°. Il était bouleversé. Il paraît que l'on a organisé un chahut° monstre... à ton sujet!

(faux ami) division of a university
rumpus

LE SAVANT: A mon sujet?

MADELEINE: Oui! Un monôme°! Les étudiants portaient un gros crâne de carton éclairé par des lanternes vénitiennes et ils chantaient une vilaine chanson, où tes travaux sont tournés en ridicule!

noisy demonstration

On entend la voix des étudiants chantant qui s'approche, puis s'éloigne.

VOIX DES ETUDIANTS:	Ah, le crân', le crân', le crân'!
	C'est toute une affaire!
	Ah, le crân', le crân', le crâne!
	C'est tout' la question!
LE SAVANT	(*riant*): Ah! ce n'est que cela? Ma pauvre Madeleine, qu'est-ce que ça peut faire°! Laisse-les chanter, ils sont jeunes! Ils n'empêcheront pas mon œuvre de s'accomplir! Un jour, tu verras, tout le monde s'inclinera devant mes découvertes. Je suis sur la bonne voie°! (*Madeleine disparaît.*) Aucune déception°, aucune injustice ne pouvait m'arrêter. Ma vie s'écoulait°, paisible en somme, et ma collection de crânes avait pris de telles proportions qu'il fallut acheter un hangar pour la contenir…
MADELEINE	(*surgissant de l'ombre, affolée° C'est maintenant une belle jeune femme*): Papa! Papa! Oh, papa!
LE SAVANT	(*agacé*): Qu'y a-t-il encore?
MADELEINE:	Papa, je n'en peux plus°! Mon mari me fait une vie impossible! Son caractère est devenu insupportable°. Je viens de m'enfuir de chez moi avec mes enfants. Quel parti prendre°, oh, mon Dieu, mon Dieu!
LE SAVANT:	Eh bien, mais divorce, mon enfant! La belle affaire°! Pourquoi te mettre dans un état pareil? C'est si simple!
MADELEINE:	Ah, tu trouves cela simple, toi! Oui! Toujours dans tes livres et tes mesures et tes crânes! Mais il n'y a pas que les crânes! Les crânes sont morts! Il y a la vie, notre vie! Ah! tu n'y prêtes guère d'attention°! *Elle disparaît.*
LE SAVANT	(*haussant les épaules*): C'était curieux de voir à quel point les hommes attachent de l'importance à de minces événements! Qu'est-ce que c'était que notre petite histoire familiale à côté de la colossale aventure de l'Homme! Ah! il en a bien vu d'autres, l'Homme, depuis sa création! Et il en verra bien d'autres, avant que son crâne ait atteint son volume maximum!… Voyons… où en étais-je?… Mais qu'est-ce que j'ai fait de ce livre, bon sang!… Une précieuse monographie de mon meilleur disciple, un Danois!… Le livre a dû tomber sous ma table!… (*Il se baisse un moment sous la table et reparaît vieilli, les cheveux tout blancs. Un peu de musique—de préférence romantique—s'est*

Glossary (right margin):

Qu'est-ce… What does it matter?

the right track
(*faux ami*) disappointment
flowed along

terrified

je n'en… I can't take any more!
unbearable
What should I do?

Nothing to it!

tu n'y prêtes… you hardly pay attention to it!

fait entendre pendant ce temps. Puis d'une voix cas-
sée°:) Où est le temps où j'égarais° mes livres, tant   broken
ma table et mon cabinet en étaient encombrés!   mislaid
Maintenant, ma bibliothèque occupe un étage en-
tier de ma maison et le monde entier vient la
consulter! (*On frappe.*) Entrez!

LE REPORTER   (*Il a, lui aussi, vieilli*): Maître! Il y a bien des années que je ne suis venu vous saluer! Je regrette
que ma seconde visite ait lieu en de si pénibles
circonstances: Madame votre épouse, hélas!

LE SAVANT   (*Avec angoisse*): Hein! Quoi! Que dites-vous, mon
épouse!... (*Se ravisant°.*) Ah oui, c'est vrai, j'ou-   Coming back to the matter at
bliais!... Pauvre chère compagne de ma vie!... Eh   hand.
oui, elle est partie comme elle était venue, discrè-
tement, sans bruit!... En quarante ans de vie commune, je n'ai eu qu'à me louer d'°elle! Elle m'a   praise her
donné dix enfants, dont six, hélas! sont morts
avant elle. Les quatre autres sont établis maintenant et j'ai sept petits-enfants qui font la joie de
ma vieillesse!

LE REPORTER: Ainsi, dans votre deuil°, vous avez heureusement   loss
des consolations! Mais la plus belle, maître, n'est-
elle pas cette consécration que votre pays vient de
donner à vos travaux!...
Il disparaît.

LE SAVANT: En effet, mes collègues français avaient enfin,
après ceux des autres pays, reconnu l'intérêt de
mes recherches: un cours au collège de Navarre,
l'Institut, un haut grade dans l'Ordre National—
j'étais comblé d'honneurs!... Et cependant, une
amertume° subsistait au fond de mon cœur: je   (f) bitterness
touchais au but, certes, mais je ne l'avais pas encore atteint. Tout le monde parlait de l' « Echelon

Supérieur » et pourtant personne—pas même moi!—n'avait encore la preuve définitive de son existence! Combien d'années me faudrait-il encore, avant de pouvoir tenir entre mes mains le Crâne tant cherché? Un jour enfin, tandis que je travaillais comme à l'ordinaire, j'éprouvai° un vertige° soudain!... ma tête... me parut lourde... lourde... et... — I felt / dizziness

Il s'affaisse°, la tête en avant, sur sa table. Comme il est caché par les livres, il disparaît complètement. — He collapses

VOIX DE SPEAKER A LA RADIO: ...La France vient de perdre un de ses plus illustres savants: il s'est éteint hier soir, à sa table de travail, terrassé° par soixante ans de labeur, alors qu'il touchait au but de ses recherches... — overcome

Un peu de musique funèbre°. Puis, aussitôt, apparaissent trois ou quatre jeunes savants en redingote°. L'un d'eux—celui qui va parler aux autres—pose sur la table un paquet enveloppé dans un journal. — mournful / frock coat

LE JEUNE SAVANT: Messieurs, ce n'est pas sans une profonde émotion que nous venons saluer, ici même, le souvenir vénéré° de notre maître. Sa vie nous offre l'exemple d'un dévouement sans réserve, à la Science. Je dirai plus: non seulement sa vie, mais sa mort elle-même—sa mort surtout!—auront servi à nous donner la preuve de cette découverte immense qu'il n'avait fait—et pour cause!—qu'entrevoir! Comme vous le savez, Messieurs, notre illustre maître, avant de mourir, avait recommandé que l'on fît l'autopsie de son corps et, plus précisément, que l'on prît les mesures de son crâne. Eh bien, Messieurs, ce crâne qu'il avait cherché toute sa vie, ce crâne humain—ou plutôt surhumain,—capable de contenir toute la Science, ce crâne, Messieurs, le voici: c'était le sien! — revered

Tout en finissant de parler, il a défait le papier, il en sort un crâne, qu'il montre à ses collègues. Ceux-ci applaudissent. On entend—naturellement!—les premières mesures de la Danse macabre *de Saint-Saëns.*

Rideau.

De quoi s'agit-il?

Vrai/faux.

Dites si les déclarations suivantes sont vraies ou fausses. Donnez la bonne réponse si la déclaration est fausse.

1. D'après le Savant, une nouvelle espèce va bientôt remplacer l'espèce humaine.
2. Le cerveau de l'homme futur sera plus grand que celui de l'homme actuel, d'après le Savant.
3. La femme de Savant fait aussi des recherches scientifiques.
4. Le Savant s'occupe beaucoup de ses enfants.
5. La fille du Savant a un mariage malheureux.
6. Le Savant est couvert d'honneurs à la fin de sa vie.
7. Le Savant découvre enfin le crâne de l'homme futur.
8. La veuve du Savant poursuit les recherches de son mari après la mort de celui-ci.
9. Plusieurs de ses enfants survivent au Savant.
10. C'est l'amour et l'amitié qui ont finalement donné sa plus grande joie au Savant.

Complétez le dialogue suivant, inspiré de *Faust et Yorick*, avec un(e) de vos camarades. Après avoir joué le dialogue une fois, changez de rôles.

L'EPOUSE DU SAVANT:	Chéri, tu as l'air fatigué. Ne veux-tu pas venir te coucher maintenant?
LE SAVANT:	
L'EPOUSE:	J'ai une surprise à t'annoncer, chéri. Tu seras bientôt papa.
LE SAVANT:	
L'EPOUSE:	N'as-tu pas assez travaillé aujourd'hui? J'ai une bonne nouvelle à te donner: nous serons grands-parents dans quelques semaines.
LE SAVANT:	
L'EPOUSE:	Viens te reposer. Tu as l'air épuisé ce soir, mon chéri. Il n'y a plus de lit, mais nous pouvons dormir sur l'herbe. Hier, un incendie a détruit la plus grande partie de notre maison, chéri.
LE SAVANT:	
L'EPOUSE:	Excuse-moi de te déranger. Je viens te dire au revoir. J'ai décidé de divorcer.
LE SAVANT:	
L'EPOUSE:	Tu as l'air surpris. Mais j'ai quatre-vingt-trois ans (tu t'en souviens?) et j'ai envie de m'amuser. La vie est courte, et il faut en profiter.
LE SAVANT:	

Questions d'interprétation

1. Relisez vos réponses à la question 2, *Avant de lire la pièce*. Tardieu semble-t-il croire à la science? Trouvez des détails pour soutenir votre opinion.

2. Tardieu modifie un élément important du théâtre, le temps. En raccourcissant le temps dans cette pièce, quelles idées Tardieu veut-il exprimer? Un seul personnage de la pièce ne vieillit pas—la nourrice. Selon vous, pourquoi Tardieu a-t-il décidé de mettre ce personnage en dehors du temps?

3. Pensez au titre de la pièce. Quel rapport y a-t-il entre le Savant et le personnage de Faust?

4. L'immobilité du Savant contraste avec le mouvement des autres personnages de la pièce, et l'éclairage sur le Savant contraste avec l'obscurité qui couvre les autres personnages. Comment est-ce que ces effets scéniques renforcent les thèmes de la pièce?

5. Tardieu a choisi le crâne comme l'objet des recherches du Savant. Quelles associations symboliques fait-on avec les crânes? (Pensez à la pièce, *Hamlet*, à la scène où Hamlet contemple le crâne de son ami Yorick.)

6. A votre avis, quels sont les aspects comiques des situations suivantes de la pièce?

    a. les rapports entre le Savant et sa femme
    b. l'attitude de sa femme et ses enfants envers le Savant
    c. la réaction du Savant face aux crises diverses, telles que le chahut des étudiants, le divorce de sa fille, et la mort de sa femme.

A votre tour

1. Jean Tardieu et Christiane Rochefort sont tous les deux sceptiques en ce qui concerne le progrès et la science. Lequel des deux auteurs vous semble le plus pessimiste? Citez les détails qui justifient votre opinion.

2. Selon vous, la science et la technologie jouissent-elles de beaucoup de prestige dans la société américaine? Nommez quelques sujets actuels de controverse concernant la technologie ou la recherche scientifique.

3. *Travail oral*—Débat. Divisez la classe en deux équipes, pour soutenir ou réfuter la déclaration qui suit. Après avoir discuté les idées par groupe, commencez le débat. Un représentant de chaque équipe présente un argument à l'ensemble de la classe, et un étudiant de l'autre équipe répond à cet argument. Après avoir présenté tous les arguments, décidez qui a gagné le débat.

    Déclaration à débattre: Le progrès technologique va améliorer de plus en plus la qualité de la vie dans notre société. La prochaine génération aura moins de travail, plus de loisirs, et un niveau de vie plus élevé que celui de notre génération.

4. *Travail oral par groupes de quatre ou cinq.* Discutez le pour et le contre des déclarations suivantes et décidez si votre groupe accepte ou rejette chacune des idées. Après quelques minutes de discussion, un membre de chaque groupe résumera les opinions de ses camarades pour l'ensemble de la classe.

   a. La recherche scientifique sans application utilitaire est importante et valable.

   b. L'examen des crânes et d'autres restes préhistoriques nous donnent des renseignements importants sur les êtres humains.

   c. Il est plus important d'améliorer la condition des pauvres et de vaincre les maladies actuelles que de faire des recherches scientifiques sans application immédiate.

   d. L'exploration d'autres planètes et d'autres galaxies vaut l'effort et l'argent dépensé par le gouvernement.

   e. L'environnement de notre planète sera probablement détruit un jour par notre technologie.

Pratique de la langue

Exercice de vocabulaire.

Choisissez, parmi les expressions suivantes, tirées des textes de ce chapitre, un synonyme pour chaque expression soulignée.

bel et bien	être à court(e) de	excédé(e)
éprouver	toucher à	génial(e)

1. Si tu <u>manques d'argent</u>, en attendant ton jour de paie, je t'en prêterai.
2. En regardant les diplômes de sa fille, Claire <u>ressent</u> beaucoup de joie et de fierté.
3. Madame Auriol, <u>agacée</u> de tant de négligence, gronde son fils qui n'a pas fait ses devoirs.
4. La pollution, c'est <u>vraiment</u> le grand problème de notre époque.
5. Après quarante ans de travail, le savant va enfin <u>arriver à</u> son but.
6. J'ai une idée <u>formidable</u>! Je vais t'en parler ce soir à la maison.

Attention aux faux amis!

Les mots suivants, tirés des textes de ce chapitre, ressemblent à des mots anglais, mais *leur sens est différent.* Essayez de déterminer la signification de ces mots dans les phrases à droite, et choisissez la définition a, b ou c.

1. assister à   Emile Lang, biologiste de Strasbourg, <u>assiste à</u> la réunion des savants.

Assister à veut dire (a) aider à, (b) être présent à ou (c) protester contre?

2. la manufacture   Je suis surpris de voir cette <u>manufacture</u> de tabac au milieu de la ville.

La manufacture veut dire (a) l'usine (*f*), (b) la production ou (c) le grand magasin?

3. la faculté   <u>La Faculté</u> de Médecine de Montpellier a très bonne réputation en France.

La faculté veut dire (a) l'ensemble des savants, (b) l'ensemble des professeurs ou (c) la section d'une université?

4. la déception   Maurice a connu beaucoup de <u>déceptions</u> au cours des dernières années, mais la perte de son emploi est la <u>plus cruelle</u>.

La déception veut dire (a) la tromperie, (b) la contrariété ou (c) l'infirmité (*f*)?

5. le cabinet   Le médecin invite la malade à entrer dans son <u>cabinet</u>.

Un cabinet veut dire (a) une salle où se trouvent des chaises et une table, (b) une armoire ou (c) une réunion de médecins?

Les Familes lexicales

Regardez les mots à gauche. Vous les connaissez déjà. Essayez de deviner le sens des mots de la même famille lexicale à droite. Ces mots se trouvent dans les textes que vous venez de lire.

1. laid(e)   Si on continue à jeter les déchets des piqueniques sur le bord de la route, le paysage sera bientôt <u>enlaidi</u>.

2. sentir   Je ne sais pas quelle sorte de société nous verrons dans l'an 2000, mais je <u>pressens</u> des changements merveilleux.

3. faire   La tempête de neige nous a forcés à <u>défaire</u> nos plans.

4. voir   L'astronome <u>entrevoit</u> la galaxie lointaine malgré le manque de puissance de son téléscope.

5. paraître   Ce personnage récite un monologue au début de la pièce, et puis il ne <u>reparaît</u> plus sur scène.

6. contenir   Hier, j'ai écouté un discours sur l'écologie. Les idées du discours étaient excellentes, mais l'orateur n'avait pas une voix persuasive. <u>Le contenant</u> est aussi important que <u>le contenu</u>.

Vocabulaire utile: la technologie

l'Ordinateur (m)

l'informatisation d'une entreprise—l'emploi des ordinateurs dans une entreprise

le micro-ordinateur—ordinateur souvent utilisé à la maison

l'écran (m)—panneau d'un terminal où apparaissent les mots et les dessins

le clavier—partie d'un ordinateur contenant touches, lettres et chiffres

l'imprimante (f)—appareil qui imprime les données d'un ordinateur

le logiciel ≠ le hardware

le disque souple ≠ la disquette

le bogue—problème informatique

le traitement de texte—ordinateur utilisé pour réviser et imprimer des textes

être branché(e) (*mot à double sens*)—être lié(e) au réseau informatique; être dans le vent, suivre la mode (*fam*)

Quelques inventions technologiques récentes

le magnétoscope—appareil pour enregistrer des émissions à la télévision.

le lecteur de disque laser—stéréo pour jouer des disques laser

le guichet automatique de banque—guichet ouvert 24 heures par jour, qui accepte des cartes en plastique

le four à micro-ondes
le lave-vaisselle

Aliments qui vous aident à rester mince et à réduire le risque d'une maladie de cœur

le faux beurre, le faux sucre—produits qui remplacent le beurre et le sucre

les produits allégés—les produits à taux réduit de matières grasses

les produits basses calories, hypo-caloriques

les produits sucrés à l'aspartam (un faux sucre)

La Technologie médicale

le tranquillisant, l'anti-dépresseur (m)—médicaments contre la dépression

la scintigraphie (*CAT scan*), la scintigraphie osseuse (*bone scan*), l'imagerie cérébrale (*brain scan*)

la mammographie (*mammogram*), l'échographie (*ultrasound*), la radiothérapie (*radiation therapy*)

les soins intensifs à l'hôpital (*intensive care*)

le respirateur (*respirator*)

la faute professionnelle—erreur faite par un médecin, dans les soins portés à un malade

Sujets de composition

1. D'après vous, quels aspects de la technologie ont beaucoup amélioré notre société? Y a-t-il des inventions qui causent du mal à la société?
2. Pensez-vous que les ordinateurs et les appareils audio-visuels pourront remplacer un jour les livres et les journaux? Que pensez-vous de cette possibilité?
3. Aimeriez-vous qu'un Minitel soit accessible partout aux Etats-Unis, comme il l'est en France? Quels emplois du Minitel vous intéressent? Proposez quelques nouveaux services.

4. L'énergie nucléaire est-elle dangereuse pour notre société? Quels sont les risques associés aux réacteurs nucléaires? Proposez d'autres sources d'énergie pour la société de l'avenir.

5. Quelles mesures peuvent protéger notre environnement contre les effets nocifs de la technologie?

6. Pensez-vous faire une carrière scientifique? Quel domaine scientifique vous intéresse? Quels buts aimeriez-vous atteindre dans votre carrière?

Lexique

abjurer to recant

abonnement (*m*) subscription

abord à Plouffe (*m*) (*québécois*) town in the boondocks

aborder to take up, tackle, approach

abréger to shorten

abrogation (*f*) annulment

abuser de to exploit, misuse

accablant(e) overwhelming

accablé(e) depressed

accéder à to attain, reach

accommodé(e) (à) prepared with

s'accommoder (*de*) to tolerate, put up with

accorder to grant

s'accroître to grow

accroupi(e) crouched

accueil (*m*) welcome; *accueillant(e)*, warm

accusé(e) defendant

achat (*m*) purchase; *faire des achats*, to go shopping

acquérir to acquire

actualités (*f*) news

actuel(le) (*faux ami*) present-day

adonné(e) (à) addicted (to)

aérateur (*m*) ventilator

affaire (*f*) business; *la belle affaire*, nothing to it

s'affaisser to collapse

affamé(e) famished

affectif(ve) emotional

afflux (*m*) flow, influx

affolé(e) frightened

affreux(se) (*fam*) horrible

affût: à l'affût de on the lookout for

agacé(e) annoyed

âgé(e) older, elderly

agonisant(e) dying

agrandir to increase

ahurissement (*m*) astonishment

aïe! ouch!

aïeux (*m pl*) ancestors

aigre bitter

aiguille (*f*) needle

ailleurs elsewhere

aisance (*f*) ease

allégé(e) light (in calories)

alléger to lighten

aller to go; *aller à la rescousse de*, to come to the rescue of; *aller et retour* (*m*), round trip; *s'en aller*, to go away; *aller-simple* (*m*), one-way trip; *le va-et-vient*, round trip

allocation chômage (*f*) unemployment benefit

allonger to stretch out

s'allumer to light up

alors then, and so

alouette (*f*) lark

amant(e) lover

amarré(e) moored

ambiance (*f*) mood, atmosphere

ambigu(e) ambiguous

ambre (*m*) amber

âme (*f*) soul; *âme-sœur*, soulmate

amélioration (*f*) improvement

améliorer to improve

amener to bring

amer (amère) bitter

américain(e) American; *à l'américaine*, American style

amertume (*f*) bitterness

amiante (*m*) asbestos

amitié (*f*) friendship

amoindri(e) diminished

amorcer to start

an (*m*) year

ananas (*m*) pineapple

ancien(ne) former, old

ange (*m*) angel

anglophone English-speaking

animer to inspire

année (*f*) year; *les années 30*, the thirties (decade)

annuaire (*m*) telephone directory

aparté (*m*) stage whisper
s'apercevoir to notice
aplanir to level
aplati(e) flattened
apologue (*f*) fable
appareil (*m*) appliance, device
appartenir (à) to belong (to)
appel (*m*) appeal
appeler to call; *s'appeler*, to be called
s'appliquer (à) to apply to
apporter to bring
approfondir to deepen
appui (*m*) support
appuyer (sur) to lean on, press down
s'appuyer sur to lean on, to count on
argot (*m*) slang; *argotique*, slangy
arme (*f*) weapon
arpenter to pace
arracher to tear; *s'arracher à*, to tear oneself away from
s'arranger to manage
arrêter to stop, arrest; *s'arrêter*, to stop
arrière-grand-mère (arrière-grand-père) great-grandmother, great-grandfather
arriver to arrive, happen; *arriver à*, to manage to
artisanat (*m*) craft
s'asseoir to sit
assister à (*faux ami*) to be present at
assortir to match
assourdi(e) muffled
assourdissant(e) deafening
assouvir to satisfy
assurance (*f*) insurance
astiquer to polish
astucieux(se) clever
atteindre to reach, attain; *atteint(e)*, wounded
attenant(e) adjoining
attendre to wait (for); *attendre un enfant*, to be pregnant

s'attendre à to expect
attentat (*m*) attack
atténuer to ease
atterré(e) appalled
atterrir to land
attirer to attract; *attirant*(e), attractive
attrait (*m*) interest
au-dessous de below
au-dessus de above
aube (*f*) dawn
auberge (*f*) inn
audacieux(se) bold
augmenter to increase
aumône (*f*) charity, alms
auparavant previously
auto-stop (*m*) hitch-hiking
autobus (*m*) bus
autochtone native inhabitant
autoritaire bossy
autrefois in the past, formerly
autruche (*f*) ostrich; *faire l'autruche* (*fig*), to bury one's head in the sand
autrui other people
avaler to swallow
avare stingy
avion (*m*) airplane
avis (*f*) opinion
aviser to notice
avocat (*m*) lawyer; avocado
avoir to have; *avoir besoin de*, to need; *avoir envie de*, to desire; *avoir honte de*, to be ashamed of; *avoir horreur de*, to hate
avortement (*m*) abortion
avouer to admit

babiole (*f*) trinket
baccalauréat (*m*); **le bac** (*fam*) French high-school diploma
se **bagarrer** to fight
bague (*f*) ring
baignoire (*f*) ground-floor box (theater)
bain (*m*) bath; *bain de soleil*, sunbathing

balade (*f*) stroll
balance (*f*) scale
balancer (*argot*) to inform against
balayage (*m*) sweeping
balayer to sweep
balbutier to stammer
balle (*f*) (*fam*) franc
ballon (*m*) ball
banaliser to remove the horror, render ordinary
bande (*f*) group
bande dessinée (*f*) comic strip
barbe (*f*) beard; barb
barbiche (*f*) goatee
barreau (*m*) bar
bas(se) low
bataille (*f*) battle
bateau (*m*) boat
bâtiment (*m*) building, ship
battre to beat; *battre des mains*, to clap
bavarder to chat
béant(e) gaping, open
béatifiant(e) blissful
beau (belle) beautiful; *avoir beau (dire)*, to (say) in vain, to no avail
bégayer to stammer
bénir to bless
berge (*f*) river bank
besoin (*m*) need
bête (*f*) beast; *bête de somme*, beast of burden
bêtise (*f*) stupidity
beugler to bellow
bien well; *bien que*, although
bien (*m*) good
bienfait (*m*) godsend, blessing
biens (*m pl*) goods, possessions
bienveillant(e) kindly
bizarre strange
blesser to wound, offend
blouse (*f*) blouse; *blouse de laboratoire*, lab coat
blouson (*m*) casual jacket
bogue (*m*) computer bug

bois (*m*) wood
bon(ne) good; *pour de bon,* for good, once and for all
bon marché inexpensive
bondir to leap
bonhomme (*m*) fellow, chap
bonté (*f*) goodness
bordure (*f*) edge
borne (*f*) limit
botté(e) wearing boots
bouche (*f*) mouth; *bouche béante,* open-mouthed
bouchée (*f*) mouthful
boucler to lock up
boue (*f*) mud
bouffer (*fam*) to devour
bougeoir (*m*) candlestick
bouger to move
bougie (*f*) candle
bouleversant(e) upsetting
bouleversé(e) upset
bouleversement (*m*) upheaval
boulot (*m*) (*fam*) work
bouquin (*m*) (*fam*) book
bourdonner to buzz
bourgeois(e) middle-class
bourreau (*m*) executioner
bourse (*f*) purse; *tenir les cordons de la bourse,* to hold the purse strings
bout (*m*) end, fragment, depth; *au bout de,* at the end of
bouton (*m*) button
boutonnière (*f*) buttonhole
boyaux (*m pl*) guts
brailler to yell
branché(e) plugged in; (*fam*) with it, turned on
brandir to wave
bras (*m*) arm; *à son bras,* arm in arm
brave brave, fine
bref (brève) short; (*en*) *bref,* in short
brin (*m*) grain
brodequin (*m*) boot
bronzage (*m*) suntanning
brouillé(e) cloudy

bruit (*m*) noise
brûlant(e) passionate
brusquerie (*f*) brusqueness
bruyant(e) noisy
bureau (*m*) desk, office
but (*m*) goal
butor (*m*) boor

cabinet (*m*) office
cacher to hide
cachet (*m*) style, character, pill
cachot (*m*) dungeon
cadeau (*m*) gift
cadre (*m*) manager, executive; environment, frame
cafard (*m*) (*fam*) sneak, tattletale
caisse (*f*) box, crate
cale (*f*) hold (of ship)
calebasse (*f*) gourd
caleçon (*m*) underpants
se **caler** to plant oneself
cambré(e) arched
cambriolage (*m*) robbery with breaking and entering
campagnard(e) from the country
campagne (*f*) country, campaign
cancrelat (*m*) cockroach
cantine (*f*) school lunch
caractère (*m*) character; *avoir bon caractère,* to be good-natured
carnet (*m*) notebook, book (of tickets, checks)
carreau (*m*) tile; *à carreaux,* checked
carrière (*f*) career
carte (*f*) map, card; *carte de visite,* business card
case (*f*) square, box
casqué(e) wearing a helmet
casquette (*f*) cap
cassé(e) broken
casserole (*f*) (*faux ami*) saucepan
catéchisme (*m*) Sunday School (Catholic)

cauchemar (*m*) nightmare
caudron (*m*) kettle
ce qui (ce que) what, that which
céder to give in
cela va de soi it goes without saying
célibataire unmarried
centrale nucléaire (*f*) nuclear power plant
cerné(e) outlined, with shadows (under eyes)
cerveau (*m*) brain
cesser to stop; *il n'a de cesse que* (*+ subjonctif*), he will not rest until
chacun(e) each (one); *chacun pour soi,* everyone for himself
chahut (*m*) rumpus
chaîne (*f*) chain; *à la chaîne,* assembly line
chaîne stéréo (*f*) stereo record player
chair (*f*) flesh
chance (*f*) luck; *porter chance,* to bring luck
chanteur(se) singer
chantier (*m*) work site, dump
chapeau (*m*) hat; *chapeau melon,* bowler hat
charpenté(e) built
chasse (*f*) hunting
chauffer to heat; *se chauffer,* to warm oneself
chaussure (*f*) shoe
chauvinisme (*m*) excessive patriotism
chef (*m*) leader; *chef de file,* head (of movement)
chemise (*f*) shirt
chevet (*m*) bedside
cheveux (*m pl*) hair
cheville (*f*) ankle
chiffon (*m*) rag
choix (*m*) choice
chômage (*m*) unemployment
choper (*fam*) to pinch, nab
chou (*m*) cabbage
chouette (*fam*) great

chuintant(e) hushed
chute (*f*) fall
chute d'eau (*f*) waterfall
ci-dessus above, previously
cinéaste (*mf*) film producer
circuit (*m*) tour
cirer to wax
cité de transit (*f*) temporary housing development
citer to quote
citoyen(ne) citizen
clair(e) light, clear
claque (*f*) slap
classement (*m*) grading
classifier to classify
clavier (*m*) keyboard
clientèle (*f*) customers
clignotant(e) flickering
clochette (*f*) sleigh bell
clôture (*f*) fence, wall
clou (*m*) nail
cocher to mark off
coéquipier (*m*) teammate
coffre-fort (*m*) safe
colère (*f*) anger, *être en colère*, to be angry
colis (*m*) trunk
collant(e) clinging
collectionner to collect
coller to glue; (*fam*) press
combine (*f*) (*fam*) scheme, trick
comble (*m*) height; *pour comble*, to crown it all
commander to order
comme tout (*fam*) as can be
commerçant (*m*) shopkeeper
commissaire (*m*) police superintendent
commune (*f*) administrative district
comparer to compare
compassé(e) stuffy, formal
complainte (*f*) lament
complet (*m*) suit
complexé(e) (*fam*) hung-up, having complexes
complice friendly
complice (*mf*) partner
comportement (*m*) behavior

se comporter to behave
comprendre to understand, to include
compter to be worth, to count
comptoir (*m*) counter; *comptoir caisse*, cash register
con (conne) (*vulg*) stupid
concevoir to conceive, create
concierge (*f*) building caretaker
conciliant(e) conciliatory
concorder to match
concours (*m*) contest
conducteur (*m*) (*faux ami*) driver
conduire to drive, to lead
conduite (*f*) behavior
confiant(e) confident
confier à to entrust; *confier son sort (à)*, to abandon one (to)
confrère (*m*) colleague
congé (*m*) leave of absence
connaître to know; *se connaître*, to know oneself, each other
se consacrer à to devote oneself to
conseil (*m*) advice
consigne (*f*) order, baggage claim
consommateur (consommatrice) consumer
contenant (*m*) container
contenu (*m*) contents
contourner to bypass
contrainte (*f*) constraint, restriction
contrarier to annoy
contre son gré against one's will
se contredire to contradict oneself
contrée (*f*) region
convaincre to convince
convenir (à) to be suitable, appropriate (for)
copain (copine) pal, buddy
coquille (*f*) shell

coquin (*m*) rascal
cordonnier (*m*) shoe mender
cornichon (*m*) pickle
corps (*m*) body
costume (*m*) suit, costume
côté (*m*) side; *d'un côté (d'un autre côté)*, on the one (other) hand
coudre to sew
couler to flow
couloir (*m*) corridor
coup (*m*) blow; *coup de pied*, kick; *vilain coup*, ugly deed; *coup de poing*, punch
coupable guilty
couper to cut
cour (*f*) courtyard; courting; *faire la cour à*, to woo
couramment fluently
courant(e) current, well-known
courbe (*f*) curve
courbé(e) bent
courir to run
couronner to crown
court(e) short; *être à court(e) de*, to be short of
coût (*m*) cost
coûter to cost; *coûte que coûte*, at all costs
coûteux(se) expensive
couvée (*f*) brood
couverts (*m pl*) silverware
cracher to spit
crainte (*f*) fear; *de crainte de*, for fear of
craintif(ve) fearful
créateur, créatrice creative
crèche (*f*) day-care center; manger
créer to create
creuser to dig
creuset (*m*) melting pot
criard(e) showy
criblé(e) de riddled with
crier (*faux ami*) to scream
critique (*f*) criticism
croire to believe; *croire à*, to believe in
croiser to cross

croissant(e) growing
croyance (*f*) belief
cueillir to gather; *se laisser cueillir (fam)*, to let oneself be caught
cuiller (*f*) spoon
cuir (*m*) leather
cuisine (*f*) cooking, food, kitchen
cuisinière (*f*) stove
culpabilité (*f*) guilt
cupidité (*f*) greed
curé (*m*) priest

d'abord first
d'ailleurs besides
d'après according to
d'autant plus all the more
d'occasion used
d'outre-tombe from beyond the grave
darder to shoot (spear)
davantage more
de même que just as
débarquement (*m*) landing
débarras (*m*) junk, garbage
débarrasser (de) to clear (of); *se débarrasser de*, to get rid of
débile (*fam*) idiotic
débouché (*m*) outlet
debout standing
débrouillard(e) resourceful
se **débrouiller** to cope, manage
débuter to begin
déchaîné(e) wild, raging
déchaîner to unleash
déchet (*m*) waste, scraps
déchirer to tear
décimer to decimate
décoller to take off (airplane)
décontenancé(e) disconcerted
décor (*m*) scenery
découper to cut out
découverte (*f*) discovery
découvrir to discover
décrire to describe
dédommager to compensate
défaire to undo
défaite (*f*) defeat

défaut (*m*) fault
défavoriser to put at a disadvantage
défendre to defend; *défendre à quelqu'un de faire quelque chose*, to forbid someone to do something
défi (*m*) challenge
défraîchi(e) stale
dégrader to tear down
déguenillé(e) ragged
déguster to savour (a dish)
dehors outside; *en dehors de*, outside of
délaisser to abandon
demain tomorrow
démarche (*f*) gait
déménagement (*m*) moving (residence)
démissionner to resign
démodé(e) out-of-date
dénouement (*m*) ending
dénouer to unknot
dent (*f*) tooth; *être sur les dents*, to be under great pressure
dénué(e) de devoid of
dépasser to go beyond
dépaysement (*m*) disorientation
dépeindre to depict
dépenser to spend
dépensier(ière) extravagant, spendthrift
se **dépêtrer de** to extricate oneself from
dépeupler to depopulate
dépit (*m*) spite
se **déplacer** to move
déplaisant(e) unpleasant
déposer to set down, leave (object)
déprécier to belittle
déprimé(e) depressed
depuis since
déranger to disturb
dernier(ère) last
dérobée: à la dérobée secretly
dès as early as, from; *dès*

avant, before; *dès que*, as soon as
désaccord (*m*) disagreement
désespéré(e) desperate
désespoir (*m*) despair
désigner to point out
désormais from this time on
désarroi (*m*) disarray
dessin (*m*) drawing
dessin animé (*m*) cartoon
dessinateur (*m*) cartoonist
dessiner to draw
dessous (*m*) bottom; *au-dessous de*, below; *avoir le dessous*, to be defeated
dessus on it, on top of it
désuni(e) disunited, divided
détendu(e) relaxed
détente (*f*) relaxation
détenu(e) (*mf*) prisoner
détourner to turn away
deuil (*m*) mourning
deviner to guess
dévisager to stare at
devise (*f*) motto
devoir must, have to, should; *Il a dû (dormir)*, he must have (slept), he had to sleep
devoir (*m*) duty, obligation
dévouement (*m*) dedication
se **dévouer à** to devote oneself to
dictionnaire (*m*); **dico** (*fam*) dictionary
différemment differently
différer to differ
diminuer to lower
dînette (*f*) dolls' tea party
direct (*m*) jab
directeur (*m*) director
dirigeant (*m*) leader
diriger to direct
discours (*m*) speech
disponible free, available
disque (*m*) record; *disque souple*, floppy disk
se **divertir** to enjoy oneself; *divertissant(e)*, entertaining
divertissement (*m*) distraction

divorcer d'avec sa femme (son mari) to divorce one's wife (husband)
dizaine (*f*) about ten
dodu(e) plump
doigt (*m*) finger
doigt de pied toe
domestique (*mf*) servant; *domesticité* (*f*), staff of servants
don (*m*) gift
donc thus, therefore
se donner du mal to go to great pains
donner envie (de) to make one feel like
dorénavant henceforth
dormir to sleep; *dormir debout,* to fall asleep on one's feet
dos (*m*) back; *le dos rond,* bent over
douane (*f*) customs office; *douanier* (*m*), customs officer
douceâtre sickly sweet
doucement softly, gently
doué(e) talented
douleur (*f*) grief, sorrow
doute (*m*) doubt; *sans doute,* probably
douter to doubt; *se douter,* to suspect
dramaturge (*mf*) dramatist
drap (*m*) material, sheet
drapeau (*m*) flag
se dresser to stand up
drogue (*f*) illegal drugs
droit (*m*) right; *droits d'auteur,* author's royalties
drôlement extremely
dur(e) hard, firm; *à la dure,* roughing it
durable long-lasting
durcissement (*m*) hardening
durée (*f*) length
durer to last

écaille (*f*) shell
écart (*m*) difference; *à l'écart,* on the side

échafauder to construct
échapper à to escape, avoid
échec (*m*) failure
échelon (*m*) level, step
éclabousser to stain, smear
éclairer to light
éclat (*m*) brightness; *rire aux éclats,* to roar with laughter
éclatant(e) dazzling, glaring
éclaté(e) (*fam*) heterogeneous
éclater to explode, burst, break out
écœuré(e) disgusted; *jusqu'à l'écœurement,* ad nauseam
écolier (écolière) schoolboy, schoolgirl
économe thrifty
économiser to save (money)
écorcher to skin
écorchure (*f*) scrape
écorner to make a hole in
s'écouler to flow
écran (*m*) screen
écraser to crush
s'écrier to exclaim
écrivain (*m*) writer
éducation (*f*) upbringing, education
effacer to erase
effaré(e) frightened
effarement (*m*) trepidation
effectuer to achieve
effrayé(e) frightened
égalitaire egalitarian
égard: à l'égard de regarding
égarer to mislay
égayer to brighten
égoût (*m*) sewer
égratignure (*f*) scratch
égrillard(e) lecherous
s'élancer to dash forward
élevé(e) high; *bien élevé(e),* well-mannered
élever to bring up
éloge (*m*) praise
éloigné(e) distant
émail (*m*) enamel
embouteillage (*m*) traffic jam
embrasser to kiss, hug; *Je*

vous embrasse, I send you my love.
embuscade (*f*) ambush
émerveillé(e) dazzled
émission (*f*) broadcast
s'emparer de to grab
empêcher to prevent
s'empêcher de to stop oneself from
emploi (*m*) use, job
s'emporter (*fig*) to get carried away
empressement (*m*) eagerness, willingness
ému(e) moved, touched
en fin de compte in the final analysis
en marge de cut off from
en solde on sale
s'en sortir to pull through
encan (*m*) auction
enceinte (*f*) pregnant; *enceinte de ses œuvres,* with child by him
enchaîner to continue
encombré(e) congested
encrier (*m*) inkwell
s'endormir to fall asleep
endurci(e) hardened
enfantin(e) childish
enfer (*m*) hell
enfermé(e) shut in, locked up
enfin finally
s'enfoncer (dans) to plunge (into)
s'enfuir to flee, fly away
engendrer to create
englouti(e) swallowed up
engourdi(e) numb
engourdissement (*m*) numbness
engrenage (*m*) gears; (*fig*) fateful first step
enivré(e) drunk
enlaidir to make ugly
enlever to take off, kidnap
ennui (*m*) boredom, trouble
s'ennuyer to be bored
enquête (*f*) inquiry

enquêteur (*m*) investigator
enrichissement (*m*) enrichment
enseignement (*m*) education
ensemble together
ensemble (*m*) whole; *grand ensemble*, housing development
ensuite then
entamer to begin
entendre to hear; *entendre parler de*, to hear about; *s'entendre (avec)*, to get along (with)
entente (*f*) understanding; *point d'entente*, point of agreement
enthousiasmer to fill with enthusiasm
entouré(e) de surrounded by
entourer to surround
entracte (*m*) interlude, intermission
s'entraider to help one another
entraîner to carry along; *se laisser entraîner (fig)*, to get carried away
entrecôte (*f*) rib steak
entrecouper to intersperse
entreprenant(e) enterprising
entrevoir to get a glimpse of
envers towards
environ approximately
envisager to view, consider
s'envoler to take off; *envolé(e)*, flying
épais(se) thick
s'épanouir to fulfill oneself
épars(e) scattered
épaule (*f*) shoulder
épée (*f*) sword
épervier (*m*) sparrow hawk
épi (*m*) spike
épier to watch closely, spy on
épingle (*f*) pin
épluchures (*f pl*) potato peelings
époque (*f*) period
épouser to marry
épouvantable horrible

épouvanté(e) terrified
époux (épouse) spouse
épreuve (*f*) ordeal
éprouver to feel
éprouvette (*f*) test tube; *bébé éprouvette* (*m*), test-tube baby
épuiser to use up; *épuisé(e)*, exhausted
épuration (*f*) purification
équilibre (*m*) balance
équipage (*m*) crew
équivoque questionable
érudit(e) scholar
escarpolette (*f*) swing
esclave (*mf*) slave
espace (*m*) space; *espace vert*, greenery
espiègle mischievous
esprit (*m*) mind, wit, spirit; *esprit de corps*, solidarity; *à l'esprit large (étroit)*, broad-minded (narrow-minded)
esquisser (une menace) to make a (menacing) gesture
essayer to try
essence (*f*) gasoline
essor (*m*) flight; *en plein essor*, in full development
essoufflé(e) out of breath
essuyer to wipe
et après? (*fam*) so what?
étalage (*m*) display
étaler to show off, display
étape (*f*) stage, leg (of journey)
état d'esprit (*m*) state of mind
s'éteindre to be extinguished
s'étirer to stretch
étoile (*f*) star; *à la belle étoile*, under the stars
étonné(e) astonished
étonner to surprise
étouffé(e) smothered
étranger (*m*) stranger, foreigner
étranger(ère) foreign
être to be; *être d'accord avec*, to agree with

être censé faire qqch to be supposed to do something
être égal à to make no difference to
être rien (+ adjectif) (*fam*) to be very (+ adjective)
étrenné(e) brand-new
étroit(e) narrow
étroitement narrowly
s'évader to escape
évasion (*f*) escape
éventrer to tear open
éventuellement (*faux ami*) possibly, perhaps
évier (*m*) sink
éviter to avoid
exaltant(e) inspiring
exaucer to grant (wish)
excédé(e) exasperated
exclure to exclude
exercer to use
exigence (*f*) demand, requirement
exiger to demand
exorbité(e) bulging
expérience (*f*) experience; *une expérience vécue*, a real-life experience
exposition (*f*) exhibit
exprès: faire exprès to do on purpose
extrait (*m*) excerpt

fabricant (*m*) manufacturer
fâché(e) angry
facile easy; *facile à vivre*, easy-going
façon (*f*) manner
facteur (*m*) mailman
faction (*f*) guard; *en faction*, on guard
faillite: faire faillite to go bankrupt
faire to do, make
faire (nettoyer) to have (cleaned)
faire chanter to blackmail
faire de l'alpinisme to go mountain climbing
faire du ski to ski

faire face à to confront, face

faire place à to be replaced by

fait (*m*) fact; *faits et gestes*, movements; *fait divers*, local news

familier (familière) colloquial

famille (*f*) family; *famille tribu*, extended family; *famille nucléaire*, immediate family; *famille ouvrière*, working-class family

fantomatique ghostly

farce (*f*) practical joke, farce

fardeau (*m*) burden

farine (*f*) flour

farouche ferocious

fatalement inevitably

fausser to distort

faute (*f*) fault

fauteuil (*m*) seat (theater), armchair

faux(se) false; *faire fausse route*, to be on the wrong track

favoris (*m pl*) sideburns

favorisé(e) lucky

fécondation (*f*) fertilization

fécondité (*f*) fertility

félin(e) catlike

femme (*f*) woman; *femme au foyer*, housewife

femmelette (*f*) sissy, weakling

fermeté (*f*) firmness

ferraille (*f*) scrap iron

festin (*m*) feast

fête (*f*) holiday

feu (*m*) fire; *en feu*, on fire; *prendre feu*, to catch fire; *feu d'artifice*, fireworks

feu(e) the late; *feu le colonel*, the late colonel

feuilleter to leaf through

feuilleton-télé (*m*) TV soap opera

se ficher de (*fam*) to not give a damn about

ficher dehors (*fam*) to kick out

fielleux(se) spiteful

se fier à to trust

figé(e) frozen stiff

figuré(e) figurative

figurer to appear

fil (*m*) cord

filature (*f*) mill

filer to weave; (*fam*) run off

fille (*f*) daughter; *vieille fille*, old maid

film d'épouvante (*m*) horror film

filou (*m*) crook

fin (*f*) end; *en fin de compte*, finally; *à seule fin*, with the sole intent; *une fin en soi*, an end in itself

fin(e) sharp, thin

financier(ère) financial

finir to finish; *en finir avec*, to be done with

flagrant(e) obvious

flair (*m*) intuition

flânerie (*f*) stroll

flanquer une raclée à (*fam*) to give a thrashing to

fléau (*m*) plague

fléchir to yield

flic (*m*) cop

floraison (*f*) flowering

flottement (*m*) hesitation

foi (*f*) faith; *foi de médecin*, on my physician's oath

foie (*m*) liver

fois (*f*) time; *à la fois*, at the same time, all together

fonctionnaire (*m*) state employee

fond (*m*) back

fondant(e) soft

fonder to start

fondre to melt

football (*m*) soccer

forger to create, mold

formaliste formal

formation (*f*) training

former to train

formule (*f*) formula, system, way, expression

fossé (*m*) gap

fou (folle) mad, insane person

foudroyant(e) (*fam*) fantastic

fougueux(se) fiery

foulard (*m*) scarf

foule (*f*) crowd; *une foule de*, a lot of

four (*m*) oven

fourchu(e) forked

foyer (*m*) home, hearth

fracasser to smash

franchir to cross

francophone French-speaking

frange (*f*) bangs (hair)

frapper to strike; *frappant(e)*, striking

fréquentation (*f*) acquaintance

fréquenter to visit often

fric (*m*) (*fam*) money, dough

frileusement with a shiver

frimer (*fam*) to show off

fringues (*f pl*) (*fam*) clothes

frisé(e) curly

friser to skim, graze

friture (*f*) French fries

frivole frivolous

froid(e) cold; *refroidi(e)*, chilled

froisser to crumble

froncer les sourcils (*m*) to knit one's brows

frontière (*f*) border

frotter to rub

fuir to flee, escape

fumant(e) smoking; (*fam*) awesome

fumer to smoke

gâcher to spoil

gagé(e) de employed by

galérien (*m*) galley slave

galon (*m*) braid ornament

galonné(e) striped

galopin (*m*) brat

gamelle (*f*) mess tin

gamin(e) (*fam*) kid

ganté(e) wearing gloves

garde-robe (*f*) wardrobe

garder to keep

garder rancune (à) to bear a grudge (against)
gare (*f*) train station
garnement (*m*) troublemaker
gars (*m*) (*fam*) guy
gaspiller to waste, squander
gâté(e) spoiled
gâteau (*m*) cake
gauche left, clumsy
gaufre (*f*) waffle
geignard(e) whining
gelé(e) frozen solid
gênant(e) annoying
gendre (*m*) son-in-law
gêne (*f*) embarrassment, financial difficulties
gêné(e) bothered, embarrassed
génial(e) brilliant
genou (*m*) knee
genre (*m*) type; (*fam*) look; *bon genre*, chic
gens (*m pl*) people
gerbe (*f*) spray
gérer to manage
girouette (*f*) weather vane
glabre clean-shaven
glace (*f*) ice; *à glace*, mirrored
glissement (*m*) gliding
glisser to slide; *glisser à l'oreille*, to whisper in one's ear
gober (*fam*) to swallow, to accept gladly
godasse (*f*) (*fam*) shoe
gonflé(e) stuffed, swollen
gorge (*f*) throat; *la gorge serrée*, a lump in one's throat
gosse (*mf*) (*fam*) kid
gourmette (*f*) chain bracelet
goût (*m*) taste
goûter (*m*) mid-afternoon snack
goutte (*f*) drop (liquid)
grandir to increase
gras(se) fatty
gratte-ciel (*m*) skyscraper
se **gratter** to scratch oneself
gratuit(e) free of charge
gravier (*m*) gravel path

gravir to climb
griffer to scratch
grille (*f*) fence
grimper to climb
grisé(e) (*fam*) drunk
grossesse (*f*) pregnancy
grossier(ère) rude, coarse
guéridon (*m*) pedestal table
guérir to cure; *se guérir*, to be cured
guerre (*f*) war
guetter to watch intently, to lie in wait for (enemy)
gueux (*m*) beggar
guichet (*m*) ticket booth, teller window; *guichet automatique de banque*, automatic teller machine
guignol (*m*) puppet, clown

habitué(e) accustomed
hâcher to chop
haine (*f*) hatred
haleine (*f*) breath
haletant(e) panting
hanche (*f*) hip
hasard (*m*) chance; *à tout hasard*, just in case
se **hâter** to hasten
hausser to raise
haut(e) high; *en haut de*, on top of; *au plus haut de*, at the peak of; *haute société*, high society
héritier (*m*) heir
heure (*f*) hour; *tout à l'heure*, in a little while, a moment ago
heureusement fortunately
heureux(se) happy
hirondelle (*f*) swallow
hocher to nod
hoqueteux(se) hiccupy
horaire (*m*) schedule
hors de outside of
hors du commun uncommon
hôtel (*m*) hotel; *hôtel particulier*, private residence
huître (*f*) oyster
humeur (*f*) mood; *de bonne*

(mauvaise) humeur, in a good (bad) mood
hurler (*faux ami*) to scream
hyacinthe (*f*) reddish-orange stone
hyperbole (*f*) exaggeration
hystériquement in a sick way

ignorer (*faux ami*) to not know
immeuble (*m*) building
immobilier (*m*) real estate
s'**impliquer** to get involved
impotent(e) crippled
impressionner to impress
imprévu (*m*) the unexpected
imprévu(e) unforeseen
imprimante (*f*) printer (for a computer)
impuissant(e) powerless
imputable (à) attributed (to)
inaccoutumé(e) unusual
inattendu(e) unexpected
incommodé(e) disturbed, uncomfortable
incongru(e) incongruous
inconnu(e) unknown
inconvénient (*m*) disadvantage
indice (*m*) sign
indicible unspeakable
indigène native
indigent(e) poor
inébranlable unshakeable
infect(e) filthy
informatique (*f*) computer science
informatisation (*f*) computerization
ingénu(e) innocent, naïve
s'**initier à** to begin
injure (*f*) (*faux ami*) insult
innommable unmentionable, repulsive
inoubliable unforgettable
inoublié(e) unforgotten
inquiet(ète) worried
s'**inquiéter** to worry
insensé(e) crazy
insigne (*m*) badge

insouciance (*f*) carefree attitude

instruit(e) learned, well-read

insu: à son insu without his (her) knowing it

intègre honest

interdire to forbid

interdit(e) stunned

intéressé(e) self-interested

intituler to entitle

intrigue (*f*) (*faux ami*) plot

intrus (*m*) intruder

inusable (*faux ami*) hard-wearing

invectiver to curse

investissement (*m*) investment

issu(e) de descended from, born of

ivre drunk

ivresse (*f*) drunkenness

jadis a long time ago

jamais never; *jamais de la vie!*, not on your life!

jardin (*m*) garden; *jardin d'enfants*, kindergarten

jardinier (*m*) gardener

jetée (*f*) pier

jeter to throw; *jeter son dévolu sur*, to set one's choice on

jeu (*m*) game, gesture

joindre to join

jouir de to enjoy

jour (*m*) day; *de nos jours*, nowadays; *faire jour*, to be daylight; *sous un jour négatif*, negatively

joyau (*m*) jewel

judiciaire judicial

juif(ve) Jewish

jumeau (jumelle) twin

jurer to swear (oath)

jusqu'à until

juste fair, just

juteux(se) juicy

lâche cowardly

laïque secular

laisser to leave; *il ne laisse pas de*, he does not fail to

laisser libre cours à to give free rein to

laisser tomber to drop

lancer to throw, proclaim

lanière (*f*) strap

larcin (*m*) theft

larme (*f*) tear

lasser to tire

laurier (*m*) laurel

laver to wash; *se laver*, to get washed; *lave-vaisselle*, (*m*) dishwasher

lèche-vitrines: faire du lèche-vitrines to window shop

lecteur (*m*) reader; *lecteur de disque laser*, compact disk player

léger (légère) light

lendemain (*m*) the following day

lequel (laquelle, lesquels, lesquelles) which

lessive (*f*) washing, laundry

se lever to get up, to take off

librairie (*f*) (*faux ami*) bookstore

lien (*m*) tie

lier to tie

lieu (*m*) place

lieu commun (*m*) trite observation

lieue (*f*) (*démodé*) league (measurement)

limace (*f*) (*fam*) shirt

lime (*f*) file (tool)

lisière (*f*) edge

lisse smooth

lit (*m*) bed

livre (*f*) pound

livrer to deliver

logiciel (*m*) computer software

lointain faraway

loisir (*m*) leisure; *à loisir*, at leisure

louche sneaky

louer to rent; *se louer de*, to praise

loupe (*f*) magnifying glass

luisant(e) shining

lunettes (*f pl*) eyeglasses

lustre (*m*) chandelier

lutte (*f*) fight

lutter to fight

mâché(e) crushed

mâcher to chew; *mâcher les mots*, to mince words

mâchoire (*f*) jaw

magnétoscope (*m*) videocassette recorder

maigreur (*f*) thinness

maintien (*m*) preservation, maintenance

maïs (*m*) corn

maison (*f*) house; *maisonnée*, household; *maison de santé*, mental hospital

maîtresse (*f*) teacher (grade school)

majestueux(se) majestic

majuscule capital (letter)

mal badly; *mal embouché(e)* coarse, ill-spoken

mal (*m*) evil, sickness, pain

malgré in spite of

malheur (*m*) misfortune

malheureux(se) unhappy, unfortunate

malin (maligne) shrewd, smart

malle (*f*) trunk, suitcase; *faire sa malle*, to pack one's suitcase

malpropre dirty

malveillant(e) malicious

manche (*f*) sleeve

mandat d'arrêt (*m*) arrest warrant

manège (*m*) game, goings on

manger to eat; *manger à sa faim*, to eat one's fill

mangue (*f*) mango (fruit)

maniaque fanatic

manie (*f*) habit, eccentricity

manière (*f*) manner; *de toutes manières*, in any case

manifestation (*f*) demonstration

manque (*m*) lack

manquer to miss, lack; *il ne (nous) manquerait plus que,* all (we) need is

manteau (*m*) coat

manufacture (*f*) factory

mappemonde (*f*) globe

maquisard (*m*) resistance fighter

se marier (avec) to get married (to)

marin (*m*) sailor

marque (*f*) (*faux ami*) brand

marron (*m*) chestnut

martelé(e) hammered

mât (*m*) mast

matelas (*m*) mattress

matelot (*m*) sailor

maussade gloomy

méchant(e) mean, wicked; (*fam*) sorry-looking

méchette (*f*) wisp (of hair)

méconnaître to underestimate

médecin (*m*) doctor; *médecin légiste,* forensic surgeon

méfiance (*f*) distrust

méfiant(e) distrustful

se méfier de to distrust

mégère (*f*) shrew

meilleur(e) better, best

mêler to mix

même same, even, very; *de même que... de même...* just as . . . so . . .

mémère (*f*) (*fam*) old lady

menace (*f*) threat

menacer to threaten

ménage (*m*) household; *ménagère* (*f*), housekeeper, housewife

ménager(ère) (*adj*) household

mendiant(e) beggar

mendier to beg

mener to lead

mener une enquête to lead an inquiry

menteur(se) false, lying

menteur(se) (*mf*) liar

mépris (*m*) scorn

mépriser to scorn

mer (*f*) sea

mesquin(e) petty, stingy

mesquinerie (*f*) pettiness, stinginess

mesure (*f*) measurement; (*au fur et*) *à mesure que,* as

météo (*f*) (*fam*) weather report

métier (*m*) trade, profession

métissé(e) mulatto

mètre (*m*) meter

mets (*m*) dish (culinary)

mettre to put, to place; *mettre au monde,* to give birth; *mettre en question,* to challenge, to question; *mettre fin à,* to end; *se mettre à* (+ *infinitif*), to begin to, to get down to

meubler to furnish

meurtre (*m*) murder

meurtri(e) wounded, bruised

mi-chemin: à mi-chemin halfway

miette (*f*) crumb

mieux (*adv*) better

milieu (*m*) environment

militer to be a militant

milliard (*m*) billion

millier (*m*) about a thousand

minable (*fam*) pathetic, useless

minauder to flutter

mine (*f*) expression, look; *faire mine de,* to go through the motions of

minette (*f*) (*fam*) chick

miser sur to bet on

misérable (*faux ami*) poverty-stricken, wretched

misogyne woman hating

mixité (*f*) (*fam*) presence of both sexes

mobile (*m*) motive

mobilier (*m*) furniture

moche (*fam*) ugly, lousy

mode (*f*) style, fashion; *à la mode,* in style

mode (*m*) form, method; *mode de vie,* lifestyle

moindre (*mf*) slightest, least

moitié (*f*) half; (*fig*) bride

monde (*m*) world; *tout le monde,* everyone

mondial(e) worldwide

monnaie (*f*) (*faux ami*) change

monôme (*m*) noisy demonstration

montagne (*f*) mountain

montée (*f*) increase

monter to go up, get on (train, bus)

montrer to show

moral (*m*) (*faux ami*) morale; *avoir bon moral,* to be in good spirits

morceau (*m*) piece

morne gloomy

mort (*f*) death

morue (*f*) cod (fish)

mot clé (*m*) key word

motif (*m*) motive

moto (motocyclette) (*f*) motorcycle

mou (molle) soft

mouillé(e) wet, moist

mouiller to wet, moisten

moule (*m*) mould

moyen (*m*) means; *au moyen de,* by means of

moyen(ne) average

se muer en to change, transform into

multipropriété (*f*) time-sharing property

muraille (*f*) high wall

mûrir to ripen

musée (*m*) museum

myope nearsighted

n'importe où (qui) anywhere (anyone)

naître to be born

nappe (*f*) tablecloth

narguer to scoff at

navet (*m*) turnip

navire (*m*) ship

navrer to upset

ne... que only (*Je n'ai acheté que le pain*, I bought only bread)

néanmoins nevertheless

néant (*m*) nothingness

nécessiteux(se) poor

néfaste harmful

neige (*f*) snow

net (nette) clear, clear-cut

netteté (*f*) clarity

nez (*m*) nose; *nez en l'air*, pug nose

niais(e) silly

nid (*m*) nest

nier to deny

niveau (*m*) level; *niveau de vie*, standard of living

noceur (*m*) person who likes to live it up

nocif(ve) harmful

noctambule late-nighter

nœud (*m*) knot

noirâtre blackish

noix (*f*) nut

normatif(ve) prescribing a norm, standard

notaire (*m*) solicitor, lawyer

note (*f*) grade, bill

nourrice (*f*) wet-nurse

nourrir to feed

novateur (novatrice) innovative

noyer to drown

numéroter to number

obsèques (*f pl*) funeral

s'obstiner à to insist on

occasion (*f*) bargain

s'occuper de to take care of

œil (*m*) eye; *à vue d'œil*, before your very eyes

œillet (*m*) eyelet

œuvre (*f*) work

offusquer to offend

oisiveté (*f*) idleness

ombreux(se) dark

omettre to omit

ongle (*m*) nail (finger)

opprimer to oppress

or (*m*) gold

orchestre (*m*) orchestra, ground floor (theater)

ordinateur (*m*) computer

ordures (*f pl*) garbage

orgueil (*m*) pride

orgueilleux(se) proud, vain

os (*m*) bone

oser to dare

otage (*m*) hostage

ouais (*fam*) yeah (skeptical)

oublier to forget; *oublié(e)*, forgotten

outré(e) outraged

ouvreuse (*f*) usherette

paillasson (*m*) mat

pâleur (*f*) paleness

palier (*m*) landing

palmier (*m*) palm tree

pamplemousse (*m*) grapefruit

panne (*f*) mechanical breakdown

panneau (*m*) sign (street)

pansement (*m*) bandage

pantalon (*m*) pants

pantoufle (*f*) slipper

par-dessus tout above all

par rapport à with regard to, compared to

paraître to appear, seem

paravent (*m*) screen

pareil(le) same, similar

parent (*m*) parent, relative

paresseux(se) lazy

parfaire to perfect

parfois sometimes

parmi among

paroi (*m*) inner wall

part (*f*) portion; *autre part*, elsewhere; *de la part de*, from

partage (*m*) sharing

partager to divide up, to share

partenaire (*mf*) partner

particulier (*m*) individual

particulier(ère) specific

partie (*f*) part, game; *partie civile*, legal action filed by prosecutor

partiel(le) partial; *à temps partiel*, part-time

partir to leave

partout everywhere

parvenir à to succeed in, to get there

passé (*m*) past

passer to go by, spend (time); *se passer*, to happen

passerelle (*f*) deck (of ship)

passionnant(e) (*faux ami*) exciting

se passionner pour to be fascinated by

patate (*f*) (*fam*) potato

pâte (*f*) dough

paterner to be paternal

pâteux(se) pasty, thick

patrie (*f*) fatherland

patron (*m*) boss

paume (*f*) palm

paupière (*f*) eyelid

pavillon (*m*) villa, flag

pavoiser to decorate (ship)

payer comptant to pay cash

paysage (*m*) landscape, countryside

paysan (*m*) peasant

peau (*f*) skin; *dans la peau*, under one's skin

pêche (*f*) fishing

péché (*m*) sin

peindre to paint

peine (*f*) pain; *peine de mort*, death penalty; *valoir la peine*, to be worthwhile

peiner to hurt

peintre (*m*) painter

peinture (*f*) painting

pelle (*f*) shovel

penaud(e) contrite

penchant (*m*) fondness

se pencher sur to look into, examine

pendant during

pendre to hang

pendule (*f*) clock

péniche (*f*) barge; *péniche de débarquement*, landing craft
penser to think; *penser du mal de*, to have a bad opinion of
pépère (*m*) (*fam*) old man
percuter to strike
perdre to lose; *se perdre*, to get lost
perpétuer to perpetuate
perpétuité (*f*) perpetuity; *à perpétuité* (*condamnation*), life imprisonment
personnage (*m*) character (literary)
pesant(e) heavy
peser to weigh
péteux(se) coward
petit(e) ami(e) boyfriend, girlfriend
peu few, little; *à peu près*, approximately
peuplade (*f*) tribe
peuple (*m*) people
peupler to populate, fill
peuplier (*m*) poplar
phallocrate (*m*) male chauvinist
physique physical
pièce (*f*) play; *pièce à conviction*, evidence
piécette (*f*) small coin
pied (*m*) foot; *à pied*, on foot; *pied à pied*, every inch of the way
piège (*m*) trap
piétiner to trample on
pilule (*f*) pill, contraceptive pill
pionnier (*m*) pioneer
pique-nique (*m*) picnic
piquer to bite, prick, mark; (*fam*) to steal
piscine (*f*) swimming pool
piste (*f*) track, trail, runway
pistolet (*m*) pistol
place (*f*) seat, space, place; *à la place de*, instead of
plafond (*m*) ceiling
plage (*f*) beach
plaie (*f*) wound

plaindre to pity; *se plaindre (de)*, to complain (of)
se plaire to enjoy
plaire à to be liked (by), to be attractive (to)
plaisanterie (*f*) joke
planche à voile (*f*) windsurfing, surfboard
plat(e) flat, dull
plein(e) de full of
pli (*m*) pleat
plissé(e) creased
plumard (*m*) (*fam*) sack, bed
plupart (*f*) most, majority; *pour la plupart*, for the most part
plusieurs several
plutôt rather; *plutôt que*, rather than
poêle (*m*) stove
poignet (*m*) wrist
poil (*m*) hair; *à poil*, naked
point (*m*) point; *point de rencontre*, common interest
pointiller to apply with dots; *en pointillé*, pencilled-in
pois (*m*) dot; *petits pois*, peas
policier (*m*) policeman, detective
policier(ère) (*adj*) police, detective
pompe: à tout pompe (*fam*) at top speed
pompier (*m*) fireman
portée (*f*) scope
posthume posthumous
poteau (*m*) pole
poudre (*f*) powder
poulailler (*m*) upper balcony
poulet (*m*) chicken
poupée (*f*) doll, puppet
pourboire (*m*) tip
pourchasser to hunt down
poursuivre to pursue; *poursuivre des études*, to continue one's studies
pourtant however
pourvu que provided that
pousser to push; *pousser au*

noir, to look on the black side
poussière (*f*) dust
pouvoir to be able; *on ne peut plus de*, the utmost power; *pouvoir d'achat*, buying power
pratique (*f*) practice
préau (*m*) courtyard
prendre to take; *prendre de très haut*, to react indignantly; *prendre du recul*, to stand back
prendre sur (lui) to force (himself)
préparatifs (*m pl*) preparations
prescrire to prescribe
pressé(e) hurried
pressentir to have a foreboding of
prêt(e) ready
prétendant (*m*) suitor
prétendre (*faux ami*) to claim
prêter to lend; *se prêter à*, to lend oneself to
prévenir to inform, let someone know
prévenu(e) defendant
prévoir to foresee
prière (*f*) prayer
priver (*de*) to deprive (of)
prix (*m*) price, value
procès (*m*) trial
procureur (*m*) prosecutor
produit (*m*) product
proférer to utter
profond(e) deep
se promener to take a walk
promulguer to proclaim
propos (*m*) talk; *propos* (*m pl*), words; *à propos*, timely; *à tout propos*, at every occasion
propre clean, particular, own
provocateur (provocatrice) provocative
prune (*f*) (*faux ami*) plum
publicité (*f*) advertising
puce (*f*) flea

puéril(e) childish
puiser to draw (water)
puiser à to draw from
punition (*f*) punishment

quai (*m*) embankment
quasiment almost
Que voulez-vous? What do you expect?
quelconque some, any
quelque part somewhere
quiproquo (*m*) misunderstanding
quoi que whatever
quolibet (*m*) jeer
quotidien(ne) daily, everyday

rabais (*m*) reduction; *au rabais*, marked down
se **rabattre sur** to fall back on
raccourcir to shorten
se **raccrocher à** to stay close to
racine (*f*) root
racler to scrape; *se racler la gorge*, to clear one's throat
raconter to relate, tell
radouci(e) calmed down
raffermir to tone up, firm up
se **ragaillardir** to perk up
rage (*f*) rabies
raide tight, taut
se **raidir** to stiffen
raison (*f*) reason; *à raison de*, at the rate of; *avoir raison*, to be right
ramasser to collect
ramener to bring back; *se ramener*, to show up
rancœur (*f*) rancor
randonnée à pied (*f*) hike
ranger to put away, tidy up
rappeler to call again; *se rappeler*, to remember
rapport (*m*) relationship
rapporter to bring in (revenue)
se **rapporter à** to relate to
ratatiner (*fam*) to crush
se **rattraper** to catch oneself

se **raviser** to come back to the matter at hand
réalisation (*f*) achievement
se **réaliser** to fulfil oneself
réaliser (*faux ami*) to accomplish
récemment recently
rechercher to look for
récit (*m*) story
réclame (*f*) advertisement
réclamer to demand
récolte (*f*) harvest
réconfortant(e) comforting, fortifying
reconnaissance (*f*) recognition, gratitude
reconnaître to recognize
recoudre to sew on again
récréation (*f*) (*faux ami*) school break
recueil (*m*) collection
recul (*m*) drawing back
rédaction (*f*) drafting, writing
redingote (*f*) frockcoat
redoublement (*m*) doubling
redouté(e) dreaded
redouter to fear
se **redresser** to sit up
réduire to reduce; *en être réduit(e)*, to be reduced to this
réduit (*m*) cubbyhole
réfléchir to think
refléter to reflect
réflexion (*f*) thought; *réflexion faite*, on second thought
régal (*m*) delight, treat
regard (*m*) sight
régler to settle, to adjust
régner to reign
rejeton (*m*) offspring
relâche (*f*) respite; *sans relâche*, without a pause
relancer to chase after
relève de la garde (*f*) changing of the guard
religieuse (*f*) nun; cream-puff pastry
remarquer to notice
se **remettre à** to begin again to

remettre en place to put in one's place
remonter (à) to go back (to), to concern
remontrance (*f*) reprimand
remplir de to fill with
remuer to stir
rencontrer to meet
rendez-vous (*m*) meeting, date
rendre to make, to return; *se rendre à*, to go to; *se rendre compte* to realize; *rendre service à* to do a favor to
rendu(e) returned merchandise
renfermé(e) introverted
renfort: à grand renfort de by means of, accompanied by
renier to reject
renommée (*f*) fame
renouer to tie again, renew
renseignements (*m pl*) information
rentrée (*f*) school opening
rentrer to return home
renverser to overturn
renvoyer to send back, dismiss, expel
reparaître to reappear
réparer to repair
répartir to distribute
repas (*m*) meal
repassage (*m*) ironing
repasser to iron
repérer to notice, spot
répéter to repeat, to rehearse
replié(e) shrinking back, folded up
réplique (*f*) reply
reportage (*m*) research
se **reporter à** to refer to
reposant(e) restful
reposer to lay (down); *se reposer*, to rest, to lie down
repoussant(e) repulsive
repousser to drive back
se **reprendre** to regain control
réprimer to suppress
reproche (*m*) reproach; *faire*

des reproches à, to reproach, blame

repu(e) full, overwhelmed

réseau (*m*) network

résoudre to solve; *se résoudre à,* to resolve to

se **ressaisir** to regain control

ressembler à to resemble

ressentir (*faux ami*) to feel

ressort (*m*) motivation

restaurer to restore

résumer to summarize

retenue (*f*) school detention

retomber to fall again; *retomber sur les bras,* to be a nuisance

rétorquer to retort

retourner to return, turn around

se **retrancher** to fortify oneself, to take refuge

réunion (*f*) (*faux ami*) meeting

réunir to bring together, collect; *se réunir,* to meet

réussir to succeed; *réussi(e),* successful

revanche (*f*) revenge

rêve (*m*) dream

rêvé(e) ideal

réveil (*m*) awakening

revendiquer to demand

revenir to return; *revenir de droit à,* to belong rightfully to

revêtir to adorn

rêveur(se) dreamer

revivre to come to life again

ride (*f*) wrinkle

ridé(e) wrinkled

rideau (*m*) curtain

ridicule silly

ridiculiser to ridicule

rigoler (*fam*) to joke

risible laughable

romancier(ère) novelist

romanesque romantic; fictional

rompre to break, break off; *rompre le rang,* to break up the line, dismiss

ronde (*f*) police patrol

rouleau (*m*) ringlet

roumain(e) Rumanian

routinier(ère) dull, nerdish

roux (rousse) reddish

rupture (*f*) breakup (of couple)

rusé(e) crafty, skillful

sable (*m*) sand

sacré(e) (*fam*) damn

sage wise, good (child)

saignant(e) rare

saillant(e) protruding

sain(e) healthy

salarié(e) salaried employee

sale dirty; *sali(e),* soiled

saluer to greet

sang (*m*) blood

sang-froid (*m*) self-control

sanglant(e) bloody

sanglot (*m*) sob

sangloter to sob

sans without; *sans doute* (*faux ami*), probably

santé (*f*) health; *maison de santé,* mental hospital

sarcler to weed

satisfaisant(e) satisfying, satisfactory

saut(*m*) leap

sauter to jump, leap

sautillant(e) bouncy

sauvage wild; *sauvage* (*mf*), savage

sauvagerie (*f*) wildness

sauveur (*m*) savior

savant (*m*) scientist, wise man

savant(e) clever, learned

savate (*f*) (*fam*) worn-out slipper

savoir (*m*) knowledge

scandaliser to shock

scène (*f*) (*faux ami*) stage

secours (*m*) help; *au secours!, Help!*

secrétaire (*m*) writing desk; *secrétaire* (*mf*), secretary

seigle (*m*) rye

sein (*m*) breast; *au sein de,* within

séjour (*m*) stay

selon according to

semblable similar

sembler to seem

semelle (*f*) sole (of shoe)

sens (*m*) meaning

senteur (*f*) scent

se **sentir** to feel

serment (*m*) oath

serre (*f*) claw

serré(e) tight

serrer to hug, fit tightly; *serrer la main à,* to shake hands with

serviable helpful

serviette (*f*) napkin, briefcase

servir de to serve as

seuil (*m*) threshold

seul(e) alone, lonely

sévir to rage

si if; yes (emphatic)

siècle (*m*) century

siège (*m*) seat

se **signaler** to distinguish oneself

silex (*m*) flint

simulacre (*m*) pretence

singulier(ère) odd

sinon if not

sioniste Zionist

situer to locate

sketch (*m*) skit

ski (*m*) ski; *ski nautique,* water-skiing; *ski de fond,* cross-country skiing; *ski alpin,* downhill skiing

sobriquet (*m*) nickname

société (*f*) de consommation consumer society

soi-disant(e) so-called

soie (*f*) silk

soif (*f*) thirst

soigné(e) polished, elegant

soin (*m*) care; *prendre soin de,* to take care of

soleil (*m*) sun

solitaire lonely

son (*m*) sound; *tache de son* freckle

sondage (*m*) opinion poll

songe (*m*) dream

sonner to ring; *On ne t'a pas sonné!* (*fam*), Nobody asked you!

sonnerie (*f*) alarm, bell

sort (*m*) chance, fate

sortable (*fam*) presentable

sorte (*f*) type, kind

sou (*m*) cent

soucoupe (*f*) saucer

soudain(e) sudden

soudainement suddenly

souffle (*m*) breath; *le souffle coupé*, stunned

souffrir to suffer

souhaiter to wish

souiller to pollute

soûl(e) (*fam*) drunk

soulagé(e) relieved

souligné(e) underlined

souligner to underline, to emphasize

soumettre to subject, to submit

soumis(e) docile

soupçonner to suspect

soupirer to sigh

sourire to smile; *sourire à*, to appeal to

souris (*f*) mouse; (*fam*) cutie pie

se **soustraire à** to escape

soutenir to support

soutien (*m*) support

spirituel(le) witty, spiritual

station (*f*) (**d'été, d'hiver**) (summer, winter) resort; *station balnéaire*, seaside resort

statut (*m*) status

steak (*m*) **haché** hamburger

stoppeur (*m*) hitchhiker

strophe (*f*) stanza

stupéfiant (*m*) narcotic

suaire (*m*) shroud

subir to undergo, be subjected to

subvenir à to provide for

sueur (*f*) sweat

suffisamment sufficiently

suite (*f*) succession, sequel

suivre to follow

superflu (*m*) superfluous

supplice (*f*) torture

supporter (*faux ami*) to stand

surcroît (*m*) excess; *de surcroît*, moreover; *en surcroît*, in addition

surgir to appear suddenly

surmenage (*m*) overwork

sursaut (*m*) jolt, start

surveillant(e) monitor, supervisor

surveiller to watch over

survenir to occur

survivre to survive

susciter to provoke, raise

suspect(e) suspicious

sympathique likeable, nice

syndicat (*m*) union

tabac (*m*) tobacco; *tabac à priser* (*m*), snuff

tableau (*m*) painting, chart

tabouret (*m*) stool

tâche (*f*) chore

tache (*f*) stain; *tache de rousseur* (*f*) freckle

taille (*f*) waist, figure

taillis (*m*) grove of trees

se **taire** to keep quiet

talon (*m*) heel; *talons hauts*, high heels

tambour (*m*) drum

tant so much; *en tant que*, as; *tant pis*, too bad

taper to type

tapis (*m*) rug

tard late; *plus tard*, later

tare (*f*) fault, flaw

tas (*m*) pile; *un tas de* (*fam*), lots of, a bunch of

tâter to touch, experience

tâtonner to grope

taux (*m*) rate

teindre to tint, dye

teint (*m*) complexion

tel(le) que such as

témoigner de to bear witness to

témoin (*m*) witness

tempe (*f*) temple (anatomy)

temps (*m*) time, weather

tendre to stretch; *se tendre*, to tighten up

tendu(e) tense

ténèbres (*f pl*) darkness (used only in plural)

tenir to hold, hold on; *Je tiens notre affaire*, I've got what we need; *tenir compte de* to take into account

tenue (*f*) dress; *en grande tenue*, all decked out

terrain (*m*) ground; *terrain vague*, empty lot

terrasser to overcome

terrestre earthly

terrible (*fam*) cool, neat

tête (*f*) head; *faire la tête*, to make a face

têtu(e) stubborn

tiède lukewarm

timbre (*m*) stamp, doorbell

tirer to take; *s'en tirer, se tirer d'affaire*, to manage; *tirer la langue* to stick out one's tongue

tomber to fall; *tomber amoureux(se) de*, to fall in love with

tonnant(e) thunderous

torchon (*m*) rag, mess

tort (*m*) fault; *à tort*, wrongly; *à tort et à travers*, wildly

toucher to cash; *toucher une retraite*, to receive a retirement pension

toucher (*m*) touch

toucher à to relate to

touffe (*f*) tuft

toujours always, still; *toujours est-il que*, anyhow

tour (*m*) trip, tour; *à son tour*, in turn; *faire le tour de*, to explore; *faire un tour*, to go on a trip

se tourner (vers) to turn (to)
tourniquette (*f*) eggbeater
tousser to cough
tout(e) all; *tout à fait*, completely
toxicomane (*mf*) drug addict
se tracasser to worry
trace (*f*) footprint; cleared land
tracé (*m*) line
traduire to translate
trafiquant (*m*) dealer
trahir to betray
traîneau (*m*) sled
trait (*m*) trait (of character); *trait d'esprit*, witticism
traitement de texte (*m*) word processor
traiter to treat
traître, traîtresse treacherous
trajet (*m*) trip
tranchant(e) sharp
tranquillisant (*m*) tranquillizer
trappeur (*m*) fur trader
traqué(e) hunted
travail (*m*) work; *un drôle de travail*, quite a job
travers: à travers across
se travestir en to disguise oneself as
se trémousser to wiggle
tremper to soak
tromper to deceive; *se tromper*, to be mistaken
trou (*m*) hole; *perdu(e) dans son trou*, alone and lost
truc (*m*) (*fam*) thing, gadget
turbin (*m*) (*fam*) hard work, grind
tutelle (*f*) guardianship
type (*m*) social type
tyrannique bossy

uni(e) united; *désuni(e)*, disunited, divided

union (*f*) union; *union libre*, free love
untel, unetelle so-and-so
usage (*m*) use, habit
s'user to wear out
usine (*f*) factory

vacances (*f*) vacation
vaincre to conquer
vaisseau (*m*) ship
vaisselle (*f*) dishes; *faire la vaisselle*, to do the dishes
valoir to be worth; *valoir mieux*, to be better
vaniteux(se) vain, conceited
vedette (*f*) star (artist)
veille (*f*) day (night) before; sleepless night
veiller (sur) to watch over; *veiller à ce que*, to see to it that
veiller à to look after
vélo (*m*) (*fam*) bicycle
vénéré(e) revered
se venger de to avenge
venir to come; *venir de*, to have just; *le premier venu*, anyone at all
ventre (*m*) stomach
vergogne (*m*) shame
vérité (*f*) truth
vermoulu(e) decrepit
verre (*m*) glass
verrou (*m*) bolt
vers (*m*) verse
verser to pour, to pay; *verser des arrhes*, to pay a deposit
vertige (*m*) dizziness
veston (*m*) (*faux ami*) jacket
vêtements (*m pl*) clothing
veuf (veuve) widower, widow
vide (*m*) void
vieillard (*m*) old person
vieillissement (*m*) aging

vieux jeu old-fashioned
vif(ve) lively
vinaigrette (*f*) salad dressing
viol (*m*) rape
virer (*fam*) to kick out
visage (*m*) face
viser to aim
vitesse (*f*) speed
vitrail (*m*) stained glass
vivant(e) alive
vivre to live; *une expérience vécue*, a real-life experience
voie (*f*) road, path; *la bonne voie*, the right track
voilà there is, there are; *voilà une semaine*, a week ago
voile (*f*) sail; *faire de la voile*, to sail
voilé(e) veiled
voir to see; *voir clair*, to see clearly
voire indeed
vol (*m*) flight, theft
volant: au volant at the steering wheel
voleur (*m*) thief
volontaire willful
volontariste believer in willpower
volonté (*f*) will; *faire ses quatre volontés*, to do whatever one wants
volontiers willingly, gladly
volupté (*f*) sensual pleasure
vomir to spit out
vouloir to want; *en vouloir à*, to bear a grudge against; *vouloir dire*, to mean
voyage (*m*) **à forfait** package vacation
voyou (*m*) lout, hoodlum
vraisemblable believable
vraisemblablement in all likelihood

zébu (*m*) zebu (Asian ox)

Illustration Credits

Photo credits

Text Credits